主体理论

[法] 阿兰·巴迪欧 著　　王欢 译

ALAIN BADIOU

华中科技大学出版社
http://press.hust.edu.cn
中国·武汉

湖北省版权局著作权合同登记　图字：17-2023-051 号

图书在版编目（CIP）数据

主体理论/（法）阿兰·巴迪欧著；王欢译. —武汉：华中科技大学出版社，
2023.3（2023.6 重印）
　ISBN 978-7-5680-8403-1

　Ⅰ.① 主…　Ⅱ.① 阿…　② 王…　Ⅲ.① 主体论　Ⅳ.① B017

中国国家版本馆 CIP 数据核字（2023）第 026806 号

主体理论　　　　　　　　　　　　　　　　　　（法）阿兰·巴迪欧　著
Zhuti Lilun　　　　　　　　　　　　　　　　　　　　　　王　欢　译

总 策 划：薛　蒂
策划编辑：陈心玉
责任编辑：刘　静
封面设计：三形三色
责任校对：王亚钦
责任监印：朱　玢
出版发行：华中科技大学出版社（中国·武汉）　　　电话：（027）81321913
　　　　　武汉市东湖新技术开发区华工科技园　　　邮编：430223
录　　排：华中科技大学出版社美编室
印　　刷：湖北新华印务有限公司
开　　本：710mm×1000mm　1/16
印　　张：25.5
字　　数：318 千字
版　　次：2023 年 6 月第 1 版第 2 次印刷
定　　价：108.00 元

【前言】

"将我引入你们的故事当中！"我亲爱的读者们，这就是这篇前言的真实目的，这样言说这个目的是如此恰如其分，以至于它必须将这本书所研究的概况呈现给你们。

如果不是必须将本书所竭力要证实的东西展现给你们的话，我本没什么要说的，而本书整个的研究工作就在于探讨这个话题，即当代哲学——正如奥古斯特·孔德很久以前所说的那样——是一个有条理的"无产阶级"。

1

哲学在今天被荒废了。

绝对不要对"国家"有任何期许，对于当前向玫瑰致敬的祭酒仪式（我现在写作的时间为 1981 年的 7 月），我几乎不指望人们能从这种喧闹中逃离出来。

雄心壮志的缺乏无可避免地会导致一种庸人政治与一种贬值的伦理学。

事实可能刚好相反。自从将平等主义的普遍性摒弃之后，人们不自觉地便会得出这样的推论：归属于专业知识思想的少数形式，它们至少打破了新闻业界外行的壁垒，也仅仅只能确保"实用主义阶级"的回归。

宣称靠自己的力量便能避开"空"的缺点是不是有些傲慢呢？我不认为这种类型的任何一种事业都有其自身的象征，并且我不是一个人在战斗。

在所有那些知道我对此知晓的人当中——激进分子、朋友、学生、困难的对话者、临时或返回的敌人——我只愿意在这里写下一个人的名字：保罗·桑德维奇。

我们会面了很多次，交流了很多有效对抗我们周遭环境的思想，我对他真的感激不尽。

尽管如此，由于其关于真理纯粹的政治观念，桑德维奇总是使得口头的优先于书面的、指令的优先于分析的，这使得读者们很难在他身上发现现实世界的公共痕迹，甚至都没能对此给予知晓。

2

形式——拉康已经赋予了研讨班一种明确的尊严。

谁会说，组成这项工作的课程是否真的在打断它们的那一天起就被宣告结束了呢？

这种理想的研讨班——一种有效连续、某些反作用、所谓的插入以及书写作品的混合——的确出现了，而这本书便是它的延续。

最简单的方法便是从 1975 年 1 月开端到 1979 年 6 月中止。这种方法鲜被认可，我也知道这不是哲学中的惯常做法。因此，很有必要给予假定，并以读者的想法为前提。

本书的结尾包含了以下内容：

——一个分类索引，它包含了七个标题：艺术与文学、历史环境、上帝、逻辑与数学、传统哲学、狭义精神分析学以及政治理论。当然了，这些标题没有一个与本书的中心主题相关。

——一个专有名词的索引，通过对大他者的了解，也便于对我所处的位置进行了解：这是一种我绝对不反对的抽屉策略。

我说明一下——这样做是为了便于解释我的思想——这个索引并不包含那些很难处理的、使用很久的名字。本书中包含的人物如下。

a. 两位伟大的德国古典辩证学家：黑格尔与荷尔德林。本书的开始便是探讨关于黑格尔的思想。第三部分的最后以及第六部分是关于荷尔德林的。当然在本书的其他地方也有关于这两个学者的思想。

b. 两位伟大的法国现代辩证学家：马拉美与拉康。第二部分有对马拉美的详细讨论，第三与第四部分是关于拉康的讨论。

c. 五位伟大的马克思主义者中的四位：马克思、恩格斯、列宁，以及毛泽东。

第五位是斯大林，他在索引中被列出来了。

3

毫无疑问，不遗余力地书写关于人们所不愿成为的那种人，比在可疑的眼光中书写关于人们所希冀的那种人要有意义得多。

我深深地依恋着我的祖国，法国，即使在今天，这里的人们变得越来越多民族化了——这是由帝国主义对商品和人员的掠夺所间接激发的内部国际主义带来的优势。

在近一个世纪的时间里，这个国家仅仅只产生了三个所谓的英雄事迹，三个真正存在的时刻，三种可能的普遍主义的形象：1871 年的巴黎公社革命，1941—1945 年的法国抵抗运动，以及 1968 年的"五月风暴"。

我知道它们各有各的重要性。尚不清楚它们是否应该被赋予我这个阶级的层级。本书也是为了对这个问题有所阐释。

在这个时期不幸的时刻是不存在的。有时候它们（他们）伴随着其爆炸性的对立物而来：公社革命之后凡尔赛的胜利，解放战争之后的殖民地战争，以及一个极小的"产品"——工厂中革命知识分子出现之后"新哲学家"们的诞生。

两次世界大战带来了灾难性的影响。当人们不需要斗争时，他们（它们）偏要趋之若鹜（1914—1918 年），而正当需要他们起而抗争之时，他们却又坐以待毙（1939—1940 年）。"贝当"这个不祥的能指同时涵盖了这两种贬值。

必须马上申明一点，我不想成为这些屈辱中的任何一部分。如果哲学不能许下这个承诺，即，即使它被严格限制，它也致力于禁止那五场灾难的发生，或者通过那三个真正存在时刻所带来的记忆与教训，禁止与那些灾难类似事件的发生的话，那么哲学就不值得我们为之付出一丁点儿的努力。

更深刻的是，我知道从长远来看，发生在我们身上的事情缺乏本质上的强度与尊严。正因如此，尽管这种入侵声势浩大，但也非常脆弱，它并没有使得可以预测但不是不可避免的道德迷失方向。

这种不足基本上是主观性的。它触碰到了这样一种态度，这种态度使人们心中的潜在力量与其正确的概念保持着一定的距离。

那些对他们自身、对"意识形态"、对马克思主义、对"主人们"以及对他们最不可否认的经验给予蔑视的法国知识分子们，他们将信任给予了形而下与复多、自发性记忆与零散的记忆、权力与幸福、工作与时日，从而对所有这些无责任的事物都有着痛苦的责任。

我一边写作一边行动，就是为了不参与这些失败与痛苦（如果可能的话），然而还是很难在写作与行动之间做出区分。事实上我花了五十年的时间才让自己走出伤痛，因为：如果没有坚定的意志的话，所剩下的只不过是今后走向战争世界的沉船、废墟而已，写作与行动共同屈服于最高层级的赌注，只要有将我们从这种萧条中拯救出来的导向，写作与行动便可以与当今的世界相抗衡。

4

在朱利安·格拉克的《首字花饰》中有一篇精彩描述法国知识分子的文章——仅仅为了成为某种有见识的现实主义领导者，

而当工人们向朱利安·格拉克询问之时，他显得迷茫又无助。文章再一次地关注了这个孜孜不倦的分析者——公社。

波希米亚人的笔，按字付费的记者，头发花白的导师们，超龄的学生们，到处搜索辅导课的尚未毕业的准毕业生们。的确，在某种程度上来讲，《波希米亚人的生活情景》多少令人失望，它为维克多·努瓦尔举办了一场完美的葬礼，并且用这样一种消极说辞在木桶、玻璃、荣耀赞美诗、烟雾以及"小报"会议室里漫长的闲谈中对公社进行了统治。马克思正试图原谅公社的这些领导者们，他很清楚他们的缺点在哪里。这场革命也有它自己的特罗修与加梅兰。瓦莱斯的坦诚让人惊恐，且使这个自封的政府以及那些自封的、在公社最后血腥的一周被美丽城堡街垒上的叛乱者所欺侮的革命者们也惶恐不安。如此不被用心地领导，也难怪不能打一场好仗了。

当阅读到最后几页中那令人心烦意乱的混乱之时，一种糟糕透顶的恶心感产生了，在那里，公社中的那个不幸代表的值星带——他并不敢昭示于众——藏在他胳膊肘下的报纸里。一种非典型的邻域，一个在炮弹横飞中乱窜的点火者夏洛特，和一条流浪狗一样从一个街垒徘徊到另一个街垒，被那些看起来和无秩序摆放的鲱鱼、子弹、枪火凭证一样凶狠的反叛者们所欺侮。他对此无能为力，唯有苦苦哀求这些有恶意的人："请让我安静一会儿。我需要静心思考。"由于不能提供解决问题的办法，他们已经不再对他唯命是从了。

在作为一个英勇的无行为能力者被流放的过程中，他经常在夜间醒来，耳边仍然清晰传来那些在几分钟后即将被屠杀的人们的哭喊声，他们愤怒地哀嚎道："说好的秩序呢？说好的计划呢？"

在所有可能的梦魇当中，对于我来说，最不能承受的便是有一天会成为这种人群中的一分子。显然，对于我来说，要想避开这样一种风险，就必须提供一种彻底的改组方案，它对知识分子与工人阶级都有所触动，因为目前危如累卵的是在他们中间会产生一种前所未闻的邻域类型与政治拓扑学。

我这里写作的目的就是让我与我的对话者们——不管他们是不是知识分子——不要成为那些只有通过分发鲱鱼凭证才能参与伟大历史的人。

1981 年 7 月

目　　录
Contents

第六部分　伦 理 问 题

第一部分

|

主体的位置

属于整体的一切事物，
只要它们还存在于整体之中，
就同时对这个整体构成了威胁

（1975 年 1 月 1 日）

老年黑格尔一分为二—分裂，规定，极限—归位
（esplace）和出位（horlieu）—分为左翼与右翼。

1

黑格尔哲学内部存在着两个辩证对立的部分，这使得那个著名的"外壳""内核"的故事成了一个可疑的谜团。如果一个完整桃子的内核已经在内部自动裂开，那么吃这个桃子就会让人特别恼火，因为只要咬上一口，就会吃到桃子的内核，让人苦不堪言。

在桃子核内部还有一个核，这个杏眼状的、带苦味的小核可以生根发芽，并长成一棵大树。然而按照黑格尔的划分，我们将不再对内核进行再分解，即使在其内部还有一个带苦味的小核。

我们必须要弄明白列宁一直强调的关于"位置"的一个观点：一个陈旧的好消息，黑格尔是一个"唯物主义者"！然而，仅仅让一个（令人满意的）辩证法的内核去反对一个（令人讨厌的）唯心主义的外壳是没有意义的。辩证法，只要它还是现存的律法，就必须是唯物主义的。如果黑格尔曾提及这一点，那么他一定就

是个唯物主义者。否则的话，他就是一个唯心主义的辩证法专家，而这种唯心主义的辩证法与真正的辩证法——即使是辩证法最边缘的部分（站在辩证法的头顶，如马克思所言），是没有丝毫联系的。

因此，在黑格尔辩证法的内部中心，我们必须分清两个过程、两个不同的运动概念，而不是用一种主观的认知体系来取代那个业已崩溃的、曾经合理的生成观念。因此：

a）一个辩证的矩阵是由一个个延伸的项所组成的；项通过延伸变成他者，以此可以作为一个完成的概念回到它自身；

b）一个辩证的矩阵的算符是"分裂"的，分裂的主题旨在表明没有不会分裂开来的整体。断裂后的部分不可能回到自身，在开始与结束之间也没有任何联系，更不用说在与国家分裂之后回到"联合的共产主义"，届时"原初的共产主义"这个概念的解释就显得刻不容缓了。

然而事情远非这么简单。

2

让我们从这样一个空洞的概念开始，这个曾一度虽狭窄但有着巨大普遍性的概念："某物"（quelque chose），黑格尔《逻辑学》中"彼在"最初的形式。

通过他的"某物"的概念，黑格尔的目的很明确，那就是衍生出一与多、有限与无限之间的辩证法，即我们传统的马克思主义者所说的量质互变的关系原理，即量的积累可以带来质的飞跃。

并且，让人无法理解的是，在黑格尔的《逻辑学》中，所有这些原理都可以在"质量"（先于"数量"而解释）这个标题下找到。

　　然而，黑格尔总是正确的，因为：不包含质量和力的事物是不存在的。这也是为什么我们在这里的目标之一就是建立起那个著名的从量变到质变的飞跃原理，而不是成为让所有的温度计爆炸的度量制，包括一个主体的效力的原因所在。

　　不管在何种情况下，在他唯心主义者情怀的推动下，黑格尔总是致力于将多个数列变成一个简单的项，以此作为他取得一切事物的基础。仅仅是"一"怎能衍生出"多"来呢？这是一个与哲学一样古老的问题，但是对于那些宣称要将整体历史化而不是仅仅呈现出它固有规律的人来说，这个问题就很有意义了。历史上那些伟大的奠基者中，除了教父，我们还有必要陈述这样一个事实，即上帝这个长期形式的"一"彻底打败了宇宙这个长期形式的"多"。用自然界的神奇——从青蛙到独角兽（尽管独角兽更能证明撒旦的存在）来证明上帝的存在是一回事，而用上帝来证明自然界的神奇则复杂得多了——因为上帝本身就是神奇中的奇迹。

　　黑格尔是这个基督徒式问题的当代魔法师。黑格尔认为并不是"一"创造了"整体"，相反，黑格尔展示给我们的是这样一种理论，即"整体"是"一"的历史，唯有如此，多维度的空间才是概念所需的时间的产物。在伟大的造物主（上帝）的巧手妙工下，黑格尔用一种自我暴露的方式来代替那长期受压迫的一方。通过这种自我暴露的方式，绝对的主体回归到了它那完全坦露的沉思的自身。这也就是通过"一"的画廊而到达整个世界的旅程。

　　当然，那个被掩盖着的原动力将在以下每段文字中再次出现。正如它推动了全球大机械产业一样，它也是为黑格尔唯物主义框架形成提供来源的、散落在世界各地的地方政府的法令的催化剂。

3

从一开始，黑格尔就没有单独讨论"物"这个概念，而是致力于在"物"与"他物"之间作出区分。这导致了这样一种观念的产生，即如果不以差异为前提，那就没有一种辩证法是可信的。是"二"把其概念让渡给了"一"，而不是相反。

当然，在其著作中，黑格尔用了各种手段来掩饰这种观念。一切皆有可能——尤其在开始于 1812 年的第一版中，这一版是最完美的，因为旧的黑格尔体系并不是像人们通常所说的那样，总是固执地坚守一个现实的准则——就好像"他物"是"物"的后置词，它的类的生成一样。然而这只是一个烟幕弹而已。事实上，黑格尔打算研究的是"某物"的断裂，这个分裂是在最初的断裂所预设的运动中产生的，而这个最初的运动从某种角度来说，是隐藏着的，因为它可以无限地循环：它把自己当作他者，即其他的事物来重复"某物"。这正是逻辑学开始的地方，在那里，"存在"与"虚无"是一个被假设存在了两次的共同体。同样，在这里，人们也可以追寻到某类"物"的生成的分裂，因为：一个人，不管是隐秘地还是公开地，都知道这个细微的原始的差异——"二"先于"一"。

我认为，之所以两次假设"同一事物"，是因为无法从质上确定其中的区别。我们处在质的开端，在其结构的核心点上。"这"只有在位置这个语义上才和"那"构成了区别。我们可以将矛盾中这个有名的静止命名为"能动性静止"。这里有 A 和 A_p（我们称之为"此 A"和"彼 A"，也就是说，p 的位置是由场所的归位或者那个大写的 P 来决定的）。

同一个 A 被两次命名，两次假设。

这足以使它们互相破坏对方。

你既可以从它纯粹、密集的自身来衡量 A，也可以从 A 第二次的分裂中来分析由此给它带来的不同。A 是它本身，但同时也是它自身重复力量的体现，即使在远处，通过它自身依然可以很容易地辨认其自身。事实上，如果在另外一个地方，例如 p 这个地方，A 自身依然可以被辨认。尽管 A 位于其他的地方——就算它无立身之地，但 A 也还是在那里被我们所看见。

黑格尔把这两个规定称之为"自在之物"和"为他之物"。作为一个纯粹的类别，"物"是这两个规定的并集，是它们双重运动的结果。

这就证明了这样一个观点：思考任何一个"物"时，都必须把那个物一分为二。

"自在之物"和"为他之物"是什么意思呢？纯粹的自我与被放置他处的自我；它所被标志的字母与空间；理论与实践。

很有必要将它们（"某物"与"他物"）之间的细微区别缩小到"物"这个固定术语的区别上来，不管它是"物"还是"他物"。正如我们在前面所说的，（作为物体的 A），A 同时是 A 和 A_p，而 A_p 是 A 在任何一个位置的通用术语表达。的确，例如对于所有属于位置 P 的 p_1，p_2，$\cdots$，p_n 来说，A 可以是 A_{p1}，A_{p2}，A_{p3}，$\cdots$，A_{pn}。这也将是我们在后来所看到的：位置是无限的。A_p 表示任何一个位置的 A，于是现在，A 总是用这种方式来呈现它自己（它总是被放置）并拒绝它自己（因为它一旦被放置，它就绝不仅仅是它自身 A 了，而同时是它的位置 A_p）。更进一步说，任何一个事物——不管是一般的"某物"还是特殊的一个事物，都是如此。

因此我们必须设定这样一个关于断裂的基本公式：$A = (AA_p)$。

指数 p 指的是位置 P 的空间，即 A 的任意一个可能复制物的位置。当然这不一定必须是空间学上或者几何学上的知识：一个复制物可能是暂时的，甚至是虚构的。

黑格尔没有说清楚的一点是，从根本上说，"某物"A真正原始的对立物并不是其他的"某物"，甚至也不是哪个同样被"放置"的A、A_p，当然不是！A真实但又隐秘的对立物是位置P所在的空间——用P作为下标。被给予下标的A作为自身被分裂为：

——它纯粹的存在，A；

——它被放置的存在，A_p。

（海德格尔会把这描述为：A被分裂为其自身本体的存在与实体的存在。）这是由其纯粹的自身与其所属的那个被结构化了的空间之间的对立及它的存在与整体之间的对立的相互作用而导致的。辩证法上对A的划分是基于A与P之间的对立及存在物与它的位置之间的对立之上的。这种对立所蕴含的潜在主题就是马拉美所说的（"除了位置什么都不会发生"）通过与A的交融，找到它作为分裂的有效存在本身。

所有的这些都还只是预设，因为A与P之间的对立产生了一种阻碍到达一系列位置的阻力，而我们也还没有到达那个层面。

我只能先掀开冰山的一个小角，否则就画蛇添足了。

无产阶级真正的对立面并不是资产阶级。在资产阶级的世界中，在帝国主义的社会里，无产阶级，我们都知道，是最主要的生产力以及充当着反抗阶级的政治角色。资产阶级与无产阶级之间著名的对立是一个有限制的、结构化的与整体失去了联系的体系，其中，无产阶级作为主体来创造动力。当我们谈论无产阶级与资产阶级时，我们仍然是处于黑格尔主义的圈套之中的："物"与"他物"。为什么这样说呢？因为在无产阶级的宏伟蓝图中，在其内部的存在中，并不是要反对资产阶级或对其斩草除根，无产阶级的崇高理想是共产主义，而不是其他。也就是说，对其他任何一个位置的废除都是为了使像无产阶级这样的"物"能够成立。无产阶级的政治目标就是让所有阶级位置存在的空间消失掉。从历史之物的角度来看，它意味着每个阶级的牺牲。

在社会主义当中，资产阶级与无产阶级是更加对立的，资本主义与共产主义的矛盾日益白热化。社会主义标志着一种阶级位置空间的突然变异。在位置 P 中，社会主义就是那个 P'。最严肃、最重要的事情是共产主义。这也是为什么一直以来政治都在国家中居于统治地位并高于国家，因此我们不能把政治与国家等同起来。我们也不能把所有的问题都降低到资产阶级与无产阶级的斗争及此矛盾所带来的贫困层面上。马克思是从回避这个问题开始的。

4

紧承着黑格尔，我们假定这样一个断裂的公式 $A = (AA_p)$，这个公式体现了 A 同与之相联系的位置的分布点之间完全隐蔽的矛盾关系。每个存在的事物既是它自身同时又是它所处位置的那个自身的体现。

黑格尔认为，决定分裂并赋予它存在特性的并不是 A 这个漠视一切辩证法、关于自身的、最一般的项，而是 A_p，A 通过整体的作用进入它被标记的点 A_p。

例如，我们可以这样来思考，如果工人阶级内部出现了分裂，包括在以大规模运动为标志的、让人热血沸腾的年代里，它们发生的真实的政治意图与潜在的由资产阶级或帝国主义意识形态及实践所带来的腐化都是它们所处的整体的效力导致的，那么不管是在国际上还是在全球背景下，它们都是由资本与帝国统治的。这将两条如此不同的道路在发动起义的实践中召集在了一起，使得它的出现是一个洗涤与其对立物联系的过程。

即使在社会主义中也是如此。例如，当武装起来的小团体们发动了抵制一切大工厂的斗争之时，"没有什么能够分裂工人阶级"是对一个固定位置的如实观察吗？当然不是。它意味着无产阶级必须取得革命的领导权，这是历史性的领导主线，为了它的联合体，也即它的存在（作为政治阶级），它（无产阶级）必须紧握其领导权。

所有它，都是与其有距离的、从其位置出发的它。

如果 $A = (AA_p)$，那么它就由 P 在 A 上的下标作用来决定。因此我们将把 $A_p(AA_p)$ 作为断裂决定的第一个标记，对立物整体的第一个计算程序。

换句话说，这就是黑格尔所说的规定（Bestimmung）。

规定被它所聚集的整体依次划分。规定是辩证法的主要力量，根据它我们可以理解作为对立面整体的"一"是怎样支持位于它的存在中的矛盾的。

让我们以这样一个例子开始：作为（历史性的）实践一方的工人阶级总是作为无产阶级自身的对立，也是它的对立面资产阶级（比如当代的修正主义、法国共产党、贸易联盟等一切使工人阶级团结起来走向帝国主义社会，甚至给工人阶级灌输为白领的直接利益服务的思想，这种思想部分是资产阶级国家中的资本主义所宣扬的）的对立。这个统一体的对立面是由（从黑格尔的规定意义层面上讲）承载了可能的政治上活跃的（马克思主义者）无产阶级统一体的普遍的资产阶级空间以及作为新兴的官僚资产阶级（修正主义）位置的工人阶级所决定的。因此 $A =$ 工人阶级，$P =$ 当代帝国主义社会。由此我们得出 $A_p =$ 当代修正主义，于是 $A \rightarrow A_p(AA_p)$ 这个公式就暗示着，当今无产阶级的辩证现状的决定要素就在于：它内部的洗涤是来自当代修正主义的。

然而"规定"意味着什么呢？意味着两方面的事情：

一方面，工人阶级中好战的马克思主义群体，是由新兴的资产阶级修正主义者所决定的。这是个很辩证的规定，我们可以写作 $A_p(A)$。

另一方面，在最终的分析评估中，那种修正主义不是其他的什么事物，而是在普遍的资产阶级和帝国主义空间或 P 中，迎合工人阶级的特殊而又同质的一种形式。在这场净化自我的斗争中，无产阶级（作为权威的项）揭露它在修正主义中的部分自身，并假定它是外部对立项不可分割的一部分。这一部分，正如我们所见，不是资产阶级而是帝国主义社会，其中，法国共产党、联盟等都是现代积极有效的制度承载体。正因如此，限定不过是再召集（再重复）位置的空间，那个普遍的、还原的 P。p 是 A 的指数，于是我们将这样表达：$A_p(A_p)=P$。这是辩证法发展过程中的一个死穴，我们需要注意的是断裂 A（AA_p）的决定因素要追溯到 A 存在于点 P 这个事实中来。这是总体决定中惰性的、可分割的一部分——它同另一部分一起被标记为 $A_p(A)$，并真正构成了决定 A 的密切因素。

总体上讲，我们可以说分裂存在的决定因素都是可分配的：

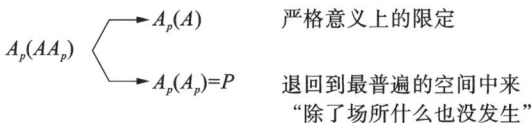

$$A_p(AA_p) \begin{cases} A_p(A) & \text{严格意义上的限定} \\ A_p(A_p)=P & \text{退回到最普遍的空间中来} \\ & \text{"除了场所什么也没发生"} \end{cases}$$

黑格尔真的是在谈辩证法发展过程中的僵局吗？当然不是。他把它们称呼为"返回原状"，它们不过是位置在它纯粹让人回忆的空间中的投影罢了。换句话说，限定是一个新的起点。

到了这个阶段，我们就取得了如下伟大的辩证法概念，它们生来具有一种绝对的、普遍的本体论意义。

a) 自身的差异来源于自身，A 和 A_p 都受制于力量 A 与位置 P 的空间，其中 A_p 是 A 指数上的一个任意点。我们必须注意到很重要的一点是，矛盾对立导致了差异，而不是相反。

b）这个分裂是"某物"作为普遍存在的唯一形式：$A = (AA_p)$。

c）作为整体的分裂的规定只有从带下标的项（而不是纯粹项）的角度才能被思考：$A_p (AA_p)$。

d）规定一分为二，是根据它所决定的事物而得来的：

——新事物的规定，$A_p (A)$；

——倒退，$A_p (A_p) = P$。

倒退的本质就是位置的空间，即场所。

一个术语上的表达：如果一个人将力量对立于场所，而我执意这样做，我们就可以说"位置的空间"指定了结构的行动。使用"归位"这个术语会更好。相反，如果一个人所说的"位置"更加马拉美式，那么我们就需要用拉康的方式说，"位置"被"隐藏"了或被"代替"了，而"力量"就类似于指定了一个异构结构的拓扑一面。用"出位"这个表达会更合适。

在"硝烟弥漫"的种类斗争的竞技场中，辩证法就是"出位"与"归位"之间的较量。

5

只有当 $A_p (A)$ 包含一个特别抵制被任意指数项 A_p 完全决定的 A 时，它的倒退才是严格决定的、很惰性的消极面。若非如此，$A_p (A)$ 就会被 A_p 彻底吞噬。换句话说，它只会存在倒退。这就是各种形式的结构主义原则。

但我和黑格尔都不是结构主义者。我认为，例如，在新兴的资产阶级中的修正主义的对立限定面，无产阶级作为一个新兴的积极力量便出现了。在法国 1968 年的"五月风暴"中，上述情况都悄然发生了。适合 A 的内在化状态就在于对规定的规定。除非辩证法过程中的新事物在纯粹倒退到 P（场所或位置的空间）中被取消了，否则很有必要假定一个规定的规定，我们称之为 A（A_p（A））。

这是一个挠（torsion）的过程，通过这个过程，力量再次把自己运用到其充满争议地出现之处。

规定的规定用一种分发的方式将自己像规定一样一分为二。的确，它可以是一个对纯粹个体“A：A（A）”的简单再确认，也就是说，一个它自身纯粹的出现，与规定对立（但在规定之外），而这与退回到 P 的位置严格平行。因此，一个没有反抗的未来，将使得工人阶级中好战的一部分人，仅仅以丢失了纯粹性的名义，去反抗法国共产党及联盟中新兴的资产阶级，而不去考虑内部现象中的新因素。这在“五月风暴”中得到了极大的体现，它导致了许多人要么幻想一个“革新了的”法国共产党，要么幻想一个净化了的工人阶级，它紧承着 19 世纪前辈们的学院派风格。与 A 紧密相关的力量在终止自身的重复幻想，以及心有余而力不足地支持其决定当中，被再次召集起来了。

在“向右”的过程中发生了一点背离，这使得它又回到了那个客观无情的 P 点，以此来否认旧事物中可能蕴含着新的事物。然而在“向左”的过程中也无可避免地存在背离，这维护了力量原初的、完整的纯粹性，尽管它否认了新事物内部蕴含着旧的事物，即限定。对于这两个背离我们可以用这两个公式来表示，即 A_p（A_p）$=P$，A（A）$=A$。

关键并不在于重新回到那个本质的根源，而是在于对规定进行实际限制，在于运用位置的力，在于 A 的微分回归其指数以缩小其必要的范围。这就是 A（A_p），对 A 的效力直接有限的运用以到达它自身的限定。

位置中的一切事物，都会回到它自身由除去位置而决定的那个部分当中，它限定了限定并超越了界限。

黑格尔将这个反向的过程命名为“极限”，“极限”必须在

"限定资产阶级的法权"的层面上来理解——例如减少脑力劳动与体力劳动、城市与乡村、农业与工业之间的差距等。规定与极限是积极劳动力的本质所在。

属于整体中的一切事物，只要它们还存在于整体之中，就同时对这个整体构成了威胁。

这也就是为什么"极权主义"并不存在。它是一个没有任何历史依据的纯粹结构的轮廓。它持有这样一种理念：在这个世界上，只有向右的倒退和风烛残年的左翼主义才是存在的。用公式表达为 $A_p(A_p)$ 或间断的 $A(A)$，也即，在它们毫无效力的外延中的 P 和 A。

国家和平民。

然而，我们更愿意把所有历史性的生命的真实项称之为 $A_p(A)$ 及其限定 $A(A_p)$。极限这个项通过整体肯定了自身，并不会封闭，包含于自身的元素也不会无效。

行动，主体的管辖区

（1975 年 1 月 14 日）

一种辩证的序列中的结构合成—父亲与儿子是一体的—诺斯替和阿里乌教派信徒，议会与国会—循环与历史分期—一切事物都必须探寻其渊源。

1

从下面的图解中我们随意就可以发现一些辩证法的碎片，例如我们在上一章中从黑格尔的《逻辑学》中推导出来的"物"的概念：

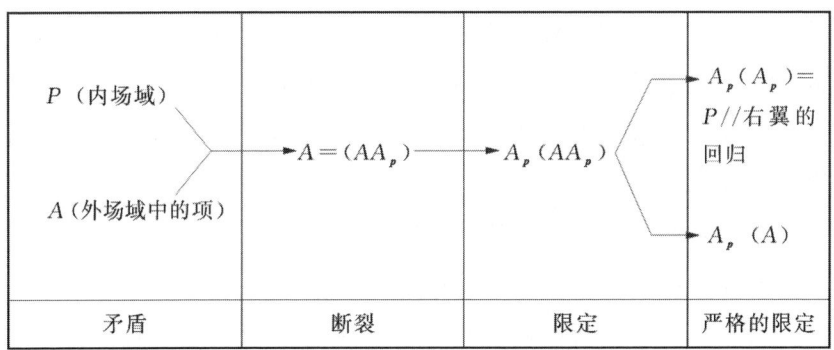

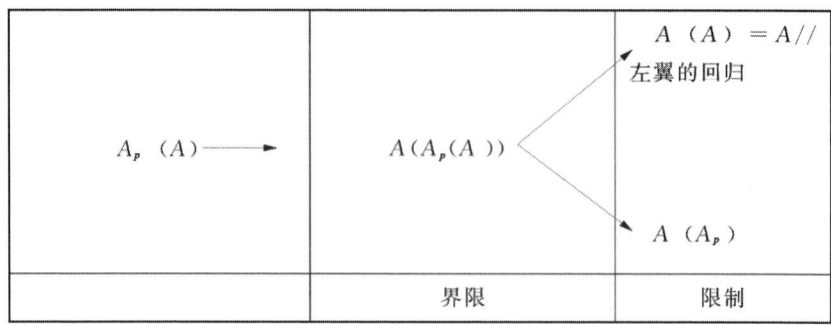

我们必须清楚地理解 A/p 之间的矛盾只有在结构的界限范围中才存在。它总是反对它所在位置的项。任何一种对立基本上都是不对称的，原因就在于任何一个项都维持着和其他项之间的关系。所包含的那个项，也就是场所、位置所在的空间，被命名为主导项，或者说是矛盾的主要方面。被包含的那一方，就它的作用来说，是矛盾的主体。对于其他项来说，它是主体，接受标记、印记以及下标。A 根据位置 p 才形成一个 A_p。把这个反过来就没有任何意义。

黑格尔提到这一点了吗？没有。黑格尔揭露了不对称原则。或者更进一步说，他把 A 又重新与那个不可分割的整体理念联系在了一起，这个整体将追溯性地把每一个序列都标上下标。我们应该回到这一点上来。

严格说来，矛盾并不存在。既然"存在"准确来说就是成为"物"，也就是说，产生了分裂后果而矛盾是分裂的原因，那么，矛盾又怎么能够存在呢？矛盾是一个纯粹的结构原则。它包含于 A 的下标 p 当中，它标记了 A 的重复，但是在任何地方你都不能获得位于 A 和 p 被计算的、可孤立的项之间真实存在的对立。p，作为一切孤立与重复的归位，不能被孤立，也不能被重复。出位 A 只有在归位的分裂中才能被重复。

除了断裂，矛盾没有其他的存在样式。

在具体的军事哲学中，很有必要宣布这样一个消息，即关于辩证法的律法只有一条：一分为二。这就是那个可观察到事实以及行动的准则。

帝国主义和革命群众的对立，在现实秩序上意味着什么？答案是对人民的政治划分，因为资产阶级与无产阶级这两种政治样态，只有在自己的项内组织起民众之时才能掌握现实。一种"没有人民"参与、不是基于组织化的大众政治是不存在的。因此，在像法国这样的国家中，无产阶级与帝国主义之间，以及无产阶级政治与资产阶级政治的主要矛盾——这种矛盾不得不说，在形式上仍然是不成熟的——除了对人们历史性的划分以外，没有任何实质性的内容。

这就是为什么政治上的无产阶级，如果不进行革命性的内战，就不能取得牢靠且充分发展的存在的原因所在。这也是为什么我们不仅要关注国家资本主义，也要关注私人资本主义及其高度受欢迎的原因所在。

我们必须不断重复存在于归位与出位之间矛盾的力量作用，不管它们是什么，它们都是出位的断裂。断裂是包含于作为出位场所中的项所决定的。关于矛盾再没有其他的内容了。

2

鉴于我所举的例子，一些人可能会提出这样的质疑：所有这些辩证法的公式和定理，只有在绝对地依赖于它们所组织的内容——无产阶级、帝国主义、修正主义等——基础上才得以成立，而这是一个对它所迫使的语义时刻都毫无兴趣的句法。

我反对这种观点。

——首先，这对于我来说是个无关紧要的问题。因为作为一个马克思主义者，我事实上是假定了内容抽干了形式而不是相反。可以确定的是，辩证法的规则是植根于直接的政治实践当中的。

——其次，这不是真的。黑格尔隐性的理论构架模型是基督教，而我也将马上来证明这种宗教学模型的合理性。

我把 P 作为有限的归位，A 作为无限的上帝，因此，也就是彻底的出位。

由此，这个矛盾的二元性还没有辩证的含义，因此也就根本没有意义。

使得它有意义的是它在历史中看待分裂，这使得它在有限中得以无限地存在。因此，这就使得基督教的才能有必要地显现出来。为了使这能够发生，上帝"（A）"被指数化为"（A_p）"并以此作为有限的归位中具体的出位：这就是基督教道成肉身的准则。上帝成为人。上帝把自己划分为自身（圣父）和位于有限中的自身（圣子）。A 是圣父，A_p 是圣子，那个历史上著名的圣子。通过他，上帝得以存在。上帝因此作为出位的断裂而发生了，$A＝AA_p$，上帝＝圣父/圣子，尼西亚大公会议——历史上首次伟大的、关于政治意识形态的现代会议，将把这个断裂作为那个著名的、辩证的公理（"圣父与圣子是一体的"）中单独的存在——作为对立面的整体。

——A_p（A）通过上帝在有限归位中的标记，而赋予上帝（无限）个体的限定。这种激进的限定就是激情：上帝以圣子的身份死去。这种无限升华了耶稣的受难。

——A（A_p）通过圣父的永恒性而指定了一个反抗限制的事物（死亡的界限）：圣子复活并重新纳入（且升华到了）圣父的怀中，这就代表了一个象征意义上的出位。

圣子圣父是一个一体的两个位格，即道成肉身，无限（激情）的死亡，而非死亡（复活）是分裂、规定和极限的理论内容。

在这个救赎过程的最后，你可以发现：在天堂中，上帝在它历史性的自我展现中协调自身，成为有限与无限的统一体。在大地上，只有完整过程的空的轨迹才是存在的，也即基督教的坟墓。对此，黑格尔这个将其痕迹废除的人（即对已废除事物的废除神秘地进行了象征的人）会说：意识已经"从经验中认识到，它实际上存在的、不可改变的坟墓，没有丝毫真实性可言"（Ph132）。

除了马拉美在他的诗歌中多次祝圣的葬礼、偶然的浪费以外，事情又回到了原点。这种升华了的界限，在荣耀上帝的结合中，重新分配了归位与出位。在他自己的右侧，上帝（圣子）只不过是上帝（圣父）特别法庭的一个代祷者而已。革命已经渗入国家内部了。归位，就它的作用来说，尤其是对那些沉迷于社会主义国家的人来说，宣告了通过力量从内部被阐释的魅力。

这样一个停止点及循环只是幻象和宗教学的优势。为了充分享有它们，离经叛道者们必须被烧死，而这就要求必须承认这一切都被承认是真的。

3

的确，我们向左与向右的回归，很明显地标志着基督教整个意识形态的历史。

$A_p(A_p) = P$ 重新回到圣子的有限身份，它反对归位世界中的任何扭曲。这些宗教异端单方面地强调了基督的人性，即他领悟超验的能力。简而言之，这些宗教异端植入有限与无限的客观他律性，打破了尼西亚公理——上帝是圣父与圣子的二分的同一体。事实上，对于阿里乌教派来说，圣子只是由圣父产生的第一个存在而已。

自然地，这种"右倾"的唯理论者，废除了基督教辩证法所预设的本质。

同样的，那些预设重新回到 $A(A) = A$，单方面地展现了神的无限，并减弱了规定 $A_p(A)$。也就是说，上帝之死是无限的（耶稣受难记）极限，它什么也不是，只是一个假象，一个外观。在诺斯替宗教异端长长的历史名单中，第一个是幻影说，它假定了圣子是完全神性的，这就禁止他有一个真实的肉身，真实地死在十字架上，他还有一个不稳定的伴侣，等等。只是在表面上，在寓言启迪人的道德层面上，上帝才承担起永恒无限的形象。诺斯替激进主义者在圣父的原始纯粹性，与其在死亡、世界、性中的污点之间存有毋庸置疑的分歧。上帝如果来到世间，就是为了给人们指示那条真理的道路，他不可能在其本质中来构建他自己。

着迷于这种纯粹的、原始且暴力的、有可能走向摩尼教的理论，这种极左的宗教异端就和阿里乌教派所建议的那种理性和平的等级秩序一样，阻碍了辩证法信息的多样性。

在这个层面上，黑格尔帮助我们建立了一个普遍接受的正统律法，并以此来反对对归位（阿里乌教派、右倾机会主义）的客观再现。

诺斯替及阿里乌教派还没有完成阻碍——以及培养——"新"的道路。

每个政党的国会，与每个委员会一样，都声称要反对它们。

4

让我们来密切关注一下在宗教例子中辩证法的那部分内容。

下面这个图表实际上是循环的，因为在它的末端，我们只是获得了圣父与圣子作为绝对救赎这一整体概念的纯粹分裂。A（A_p）最终不会超过 $A = (AA_p)$，它只是回到了它自身而已。

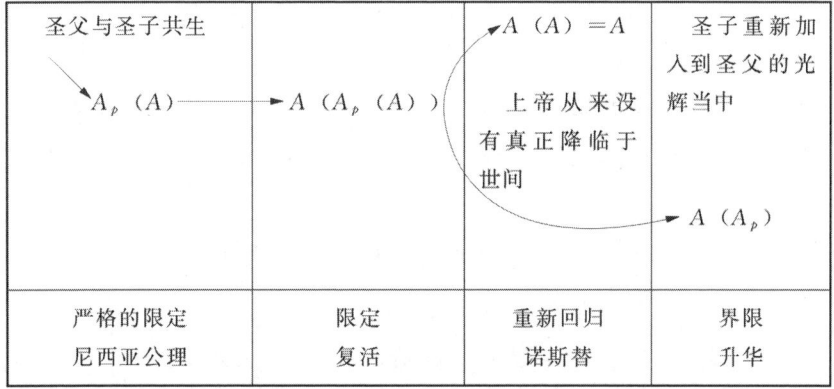

$P=$ 有限的（归位）人类　　　　　　　$A=$ 无限的（出位）上帝	$A=AA_p$　上帝$=$（圣父/圣子）	$A_p（AA_p）$　上帝作为圣子死去	$A_p（A_p）=P$　圣子只是一个生物
矛盾对立	断裂　道成肉身	限定　激情	重新回归　阿里乌教派

圣父与圣子共生　　　　　　　　$A_p（A）$	$A（A_p（A））$	$A（A）=A$　上帝从来没有真正降临于世间　　　　　$A（A_p）$	圣子重新加入到圣父的光辉当中
严格的限定　尼西亚公理	限定　复活	重新回归　诺斯替	界限　升华

　　这是辩证法部分中最大的问题之一。它怎样继续呢？我们将何去何从？毕竟，极限并不存在，也不可能存在。它只是一分为二的后果概念。作为主体的构成，无产阶级并不是在资产阶级内部概念中取得的。

　　我们不是位于圣父的右侧。

　　在这个层面上，黑格尔必然再次一分为二。他必须在其所提议的、回环整个过程的程序中被再次一分为二。

　　简而言之，我们将把（唯物主义的）历史分期与（唯心主义的）循环做对比。

　　为了让这种对比起作用，我们将把自己置于三种黑格尔式论调的回声当中。

　　a）客观因素，在其行动中揭示了自己，它就是自我对自己的纯粹认识（Ph481-2，翻译修改）。

　　b）绝对观念自我展现为理论与实践同一性的观念（L824）。

　　c）行为首先是让纯粹观念的统一体一分为二，然后再合二为一（Ph482，翻译修改）。

　　那么这三个论调的相交处在哪里呢？它们都指向这样一种理念，即行动就是当成功在望时展现自身的那个事物。黑格尔式的绝对论断，这个将辩证法过程循环往复的名称，成为概念过程与行动过程的融合。

　　当置身行动的现实时，对它自身历史的反应就显现在表层上了，因为这种现实是顺其自然的。除了赦免别无他法：绝对将其恩赐给予了它。

　　这也是为什么密涅瓦的猫头鹰只有在黄昏时才会起飞，用它安静的羽翼向着真理之光的背面敬礼。

　　然而，一旦它起飞了，它就迫不及待地要去吃一些老鼠。但是在绝对的赎罪的祷告中，老鼠在哪呢？

　　这正是黑格尔动摇的地方，一般说来，在这块岩石的附近的地方，我们马克思主义者称之为"实践的首要性"，拉康称之为"实在界"。一块岩石，没有清晰明显的标记，与马拉美在《骰子一掷，绝非偶然》中所说的极其相似：某块岩石/一座形同虚设的庄园/突然/蒸发在迷雾中/这设置了/一个设在无限之上的极限（CP175，翻译修改）。它是以哪种姿态蒸发于迷雾中的？庄园的主体，如果不是关于除了它所改变的实际、它所能代表的效果以及最终它给无限梦想所设定的界限，众人又如何知晓它那其他任何稀奇古怪的行动呢？

有争议的是行动的不可约性。黑格尔站在刀的两锋上——两个辩证法的矩阵当中。他总的思想是一个辩证的序列，当实践的进程把它的理论带入其尾迹，当它拥有了其自身暂时轨迹的清晰动态时，它就达到了其自身的极限。

这可以理解为两层含义。

——在理论循环的层面上，它假设开始起源的绝对性导致了开始的发生、疏远直到它自身外部等一系列进程的显现。因此，死去的圣子又重新与那个可不断再生的、无所不在的圣父联结在了一起，据此基督教圣父的世界概念得以完整，即圣灵的神圣性。

——在从一个序列到另一个序列纯粹散落的意义上，在一个矛盾的不可缝合的延迟中，第一个阶段的真理与作为第二个阶段的事实一同开始。

从循环的视角来看，我们可以说，只有当第一个序列的理论评估条件形成后，第二个序列才能建立。然而，有必要补充一点，评估的存在是纯粹实践性的。所需要的就是为新矛盾发明一个术语，这个新矛盾不能掌控对归位的出位，也不能成为理解前一个序列的桥梁。

稍后我们将发现，正是在此，主体产生了。

然而，这个论断很快就戛然而止了。因此，列宁的布尔什维克党，便当之无愧地成为评估巴黎公社失败的活跃载体了。这也是列宁尘封起来的一件往事，即1917年他的权力在莫斯科被确立起来了，比1871年的巴黎事件晚了一天。这是同与巴黎公社类似的十月革命的决裂，由此让世界的历史进入了新的一页，而在所发生的事件中政党就是主体。在黑格尔看来，这是他最不愿意谈及的，即"政党通过行动展现了它自身"，或者说它是"第一个断裂"——来自孟什维克，毫无疑问。说它是"理论与实践的结合"，在斯大林时期则被可笑地重复为"政党是马克思主义理论与现实工人运动的结合"。

然而这种说法也不是很起作用，它不能很好地发挥作用。在这一系列过程中，我们对新序列只创造出了一个项，这个项"保持"了与前一个序列的平衡。因此，这个黑格尔式的绝对论断，现在就不再是一个归位的出位了，更确切地说，是对位置的归位。

的确，循环不过是这样一个废除的真相——出位在位置中找到了一个归位。

在没有产生一个纯粹的中心之前，我们怎样来思考历史分期与循环之间的差异呢？

纵观整个世界，第三国际已然为"正义而又光辉"的政党唱着颂歌，仅仅因为它们就是那样的政党。在我们所处的那个阶级中——我们更清晰地洞见了第三国际也可能成为一个硕鼠的小巢——它以新兴官僚主义国家中资产阶级的形式显现，变得特别不正义且黯然失色。

接受这样一些轨迹的潜在哲学就意味着将归位作为辩证法最一般的基础。其中，出位是动因——当然，仅仅是在虚构层面上讲。来自被排除的出位的那个位置——其中的指数被纯粹化了，在轨迹的末端又回到了位置之中。那个神秘的缺失便由此显现了：在归位的内部有一个未受影响的额外的指数，出位最终受益于它。在圣父的右手边，作为一个隐蔽的场所，出位作为被驱逐的一方出现，而事实上它却是所有集合的基础。

现在，实在界中没有什么能与这种机械化相一致。人们在成为缺乏现实的讽刺性圣痕时左右为难，所有与循环相遇的人都有此经历。

这是一个邀请，一旦这种结构的轨迹完成了，且黑格尔已经被给予恰当的赞扬，我们就应该从零开始。我们必须从头到尾地思考历史分期这个问题。我们必须平稳地保持出位。

如果不对那个不再有序且在空间中不再可辨认的位置反复质疑的话，这一切都无法实现。

也即，位置（场所）之后的力（权力）。

实在界①是形式化的死胡同；
形式化是被迫通往实在界的场所

(1975 年 2 月 4 日)

一，多，二—什么是矛盾？—基础与动因。

1

辩证法声称存在一个大写的"二"，并意欲从中推断出一个大写的"一"作为一个动态的分水岭。形而上学假定了一个"一"，自此便永远地陷入了从中分离"二"的混乱。

也有像德勒兹这样的一些人，他们假定了一个"多"，由于这个"多"相当于把"一"预设为物质，并且把"二"从中排除掉了，因而这个"多"永远只是一个表象而已。"多"的本体论是一种隐蔽的形而上学。它的主要部分来自斯宾诺莎：首先是积极的物质，然后是稍后显现的"多"从未与之平行过，并且我们可以假装把它们同样的特性归入一类。但是，这只不过是个假象而已。在伟大的斯宾诺莎的例子当中，"二"的幽灵经过特质处理、思考并由此得以延伸。然而为了与开始保持一致，这个幽灵必须被废

---

① 修订注：the real 是拉康精神分析的核心概念。本书是巴迪欧向拉康致敬之作，因此 the real 只能翻译为实在界。这是拉康的三界论的核心。the real（实在界）、the symbolic（象征界）、the imaginary（想象界）构成拉康的三界论。

除掉："一个绝对的无限存在，很有必要被定义为一个包含有无限属性的整体。"事实上，人类到达真理的唯一途径便是通过事物与思想，最终上升到身体与灵魂的联系，并且只有在思考与延伸的无限双重属性中才能思考"物质"，以此有选择性地来证明其局限：这个"二"是对"多"的削弱，那个预设的大"一"仅仅只具有整体的、无限的复多以及无限中的无限的效应。正是在这个层面上说，笛卡尔式的主体问题才得以消失——这也是亚瑟极度信任斯宾诺莎的原因所在。

对于我来说，关于"多"的这个"无主体的过程"，是"一"的顶峰。

把所有的否认都放在一边，根据项与位置函数、出位与归位，我们可以从黑格尔那里推导出"存在一个大写的'二'"这个结论。由此我们偶然发现了一个怪圈：如果"二"仅仅依赖于事物与被放置的事物之间的划分的话，我们由此便制造了分裂、规定、极限的宝贵进程——而这也仅仅是为了占领回到它自身的死胡同，为了确定我们到底是停滞不前，还是不得不推测结果的开始存在，那个神秘的缺失朝向万物开始的地方，即我们处在一个神正论当中。

实在界是怎样被超越的？它是怎样以周期化而不是以圆圈的方式运转的呢？"包围"这种说法来源于木桶，最早来自行李箱。在实在界中的航海旅行有时候是没有行李的，并且，根据圣路加的说法，古老的木桶不会排斥必须被倒入其中的新酒。

按照拉康的说法，实在界是形式化的死胡同。正如我们所见，我们在返回时遇到了极限，我们必须冒险，即形式是实在界的拦路虎。

关于分裂—规定—极限的运算法则，连同它分裂为左翼与右翼，只有当"无瑕疵的形式主义"在命令返回的"非入侵"状态中被召集统一起来时，才是结构主义辩证法的真理。

我们需要一个在形式所开启的海滩中通往实在界的理论。在这里，实在界不再只是可以从它的位置中缺失，它还可以通过力被溢出（passe en force）。

然而，除了回归这个大写的"二"，没有其他的方式来抓住这个溢出了。

2

什么是矛盾？我们应当把这个概念一分为三。

（1）矛盾首先是一个大写的"二"，也即，一个差异。差异或强或弱，这取决于它的项是强烈的不同类还是仅仅有区别。

最细微的差别可以精确到位置，即 P 在 A_{p^1} 与 A_{p^2} 之间的分布域。或者，它位于 A 与 A 之间写作的鸿沟上，也即，同样的事物只是被命名了两次，而不是它自身。

这里根本不存在最大的差异。这是与莱布尼茨数学中相仿的例子，即存在一个最小值，但不存在一个最大值。与这个有冲突的领域相关的是，主要的差异在于，其中的一个项只有通过破坏其他的项才能使自身得以加强，不仅仅在它的表现中（以一种用真实的论述来摧毁虚假的论述的方式），也在它的支撑中（以无产阶级摧毁资产阶级的方式，尽管摧毁了它自身，但这对于我们返回的事件并无益处）。

（2）矛盾并不关心那个数字化的、无差分的大写的"二"，但这个大写的"二"在划分中联结，并且成了一个过程。在联结中出现了差异。这就是对立统一的原则，它并不把"二"中的任何融合记录到一个第三方上，而是假定大写的"一"是大写的"二"的运动，是其有效的分歧载体。

最小化的关联在于对分裂的观察，把"二"简单纯粹的位置作为一个过程的集合。也就是说：这是一个矛盾，一个对立的集合；这个"二"是对大写的"一"划分的结果。更为强烈的是，包含于对立斗争主题中的关联"委任"了一个摧毁的过程，这就吸引了每个项中的个体从它自身分裂中的那个自身中位移出来。斗争意味着对"一"摧毁之后的联合。

简单的阶级矛盾是一个永恒的结构事实，这可以从经济上来描绘（弱关联）。阶级斗争是在特殊条件下的一个过程，从本质上说是完全政治的，它不能从简单的弱关联中推导出来。把阶级矛盾与阶级斗争混为一谈，对与矛盾有关联的东西同等进行实践，这是经济主义、工人主义以及马克思主义在讲座大厅中的哲学倾向。

（3）矛盾不是"二"的均衡，相反，它是关于不平等的规律。最基本的就是不对称原则。

不对称自身仅仅只可能是一个不变的位置：一个项是起主导作用的，另一个则处于臣服地位。起主导作用的那个项设置分配位置的游戏规则，另一个则必须听命于它。

然而，把矛盾的主要方面理论发展得最充分的，则是考虑了转化的那个版本。成为不对称的本质就在于反向倒转，而不是位置的一成不变。它是一个推翻了归位以出位为中心的来临。它是撤销的逻辑，而不是包含的逻辑。

因此，在矛盾概念的三个组成部分——差异、关联及其位置——中，矛盾便可拆分了。我们可以合法地把它雕刻在辩证法的两极上，不管这个矛盾是"弱"（结构的）还是"强"（历史的）。这可以用以下表格来概括：

概念的组成	概念的划分	
	结构的矛盾	历史的矛盾
差异	弱（位置的不同）	强（质量的异质性）
关联	弱（断裂）	强（斗争）
位置	不对称的变量	可逆转的不对称

每一个真实的辩证过程，都是一个结构的矛盾与一个历史的矛盾的混合，并同时影响着相同的项。第二个（历史的矛盾）基于第一个（结构的矛盾）。这个基点（就我目前所处的层面来说，纯粹是形而上学的）是主体问题的关键点所在。

3

以政治主体为例，要把这一点弄清楚可能将花费我们几个月的时间。让我们来建造一个 19 世纪风格的柱廊吧。

就其本身而言，资本主义社会的特征是什么？这个问题可以依据两个普遍的矛盾得以解决——"普遍的"在这里仅仅是指历史进程中（今天也仍然是史前阶段）的人类——这其中也包括一些平凡的社会人士：

——基本矛盾，生产力与生产关系之间的矛盾；

——主要矛盾，社会敌对阶层之间的矛盾。

在资本主义社会中，那些充满竞争力的财产的配置（主体-利润的多样性），与生产方式的有机集中过程形成了一个有限冲突。古希腊古典经济学家一致认为，这构成了人类社会历史的基础，剩下的全部是上层建筑。

对基本矛盾的澄清，让我们可以用如下方式来给出一个定义：资本主义即如下社会形态，生产资料的私人占有阻碍了生产力社会化的发展与配置（主体-利润的多样性），与生产方式的有机集中过程形成了一个有限冲突。古希腊古典经济学家一致认为，这构成了人类社会历史的基础，剩下的全部都是上层建筑。

而对主要矛盾的说明，则为我们提供了一个对资本主义的不同定义。资本主义社会即这样的社会，在该社会中，主要的阶级矛盾是构成政治生活的主要矛盾，即资产阶级与无产阶级的矛盾。

希腊古典经济学家一致认为，这是人类历史的动力。其余的都是意识形态。

基础与动因。两个矛盾，两种定义：一个是单独的客体——资本主义；一个是单独的学说——马克思主义。

这是一个难题，除非"全世界无产者联合起来"。工人阶级在两个定义中都扮演了重要角色。在第一个定义中，它是主要生产力；在第二个定义中，假借政治团结和顶着被征服的无产阶级之名，它直面资产阶级。

因此，对资本主义的定义最终导致了对无产阶级不同的定义。更加确认了这一点，即任何一个社会，都是根据属于它真实主体的分裂的个体来定义的，而这个真实主体又将它们联合起来。

显然我们仅仅只能选择说，工人阶级要么被看作生产关系的一个位置，要么被看作反对资产阶级的集合。逐一分析，第一种看法直接导致了只有依靠工厂才能生存下去的工人阶级，把自身的主观化限制在黑暗的抗议工联主义及其变体当中。第二种看法，从生产过程中分离出来的这种对抗，使得人们相信，用一种恐怖分子袭击的方式，切开经验主义的资产阶级的腹部将削弱资本家的独裁。

事实上，恐怖主义和贸易联合主义是被废除的辩证法中没有被扔掉的头和尾。它们以相同的方式被分离了。

阶级，根据辩证法的辩证划分来理解，意味着盲目的政治行动植根于大众的生产性历史。

我来重复一遍：应当把工人阶级看作反抗的政党和反抗的大众。

生产的场所和反抗的政治，工人和无产阶级，历史和政治：在这里人们将意识到，结构和历史的因素在它们的主观中契合了。

如果回顾一下开始提到的两个矛盾，一切将变得更加清晰。

基本矛盾——生产力与生产关系之间的关系——仅仅向我们揭示了位置、数量及不变量的安排（在其自身，这个矛盾带有偏见，但不改变任何事物）。它是事物的结构面。

主要矛盾——资产阶级与无产阶级——具有一切历史特性：

——巨大的差异（无产阶级的主观工程，即共产主义，不能由资产阶级来实现）；

——阶级斗争，不是一个单纯的社会二元格局；

——可逆的不对称，革命的总问题。

资本主义社会内部成熟的思想，引领了无产阶级在结构和历史的行动中主观化的联合，把矛盾中的各方都维系在了一起——从生产力到阶级政党，辩证法在此实现了。

任何一个主体，无论是什么，首先都是我们自己，当我们自身成为主体时——很幸运，这种情况比较少见，我们需要跌跌撞撞地去遭遇基础与动因。

至于说这两个矛盾哪个是主要的（是主要的还是基本的，是动因还是基础），我们可以思考来自列宁的一句话："政治是经济的集中。"

甚至，我还要说，当它是关于欲望经济的事件时，它就是关于驱力的经济。

每个主体都是政治的。这也是为什么现今社会鲜少有主体及政治。

黑格尔:"力的活动从本质上来说是反抗它自身的活动"

(1975 年 3 月 4 日)

关联之谜—力:积极的/反动的到质量的扩展—整体、力,以及内部/外部的混合。

1

我们把精力放在了关联之上,它是矛盾之谜。你可以感受到的是,关联将对立的各个面联结了起来,从而在矛盾的内部又建立了一个矛盾。

列宁认为,整个辩证法的观念都在对立统一原则中被总结出来了。的确是这样。只有把自身限制在这个准则之内,才能将整个辩证法精确地置于那个否定它的框架之内。毕竟,如果在统一体内部太过于坚定的话,对立面只能在它们之间揭示出一个次要矛盾,一个完全不同的矛盾。

注意,如果我们继续留在矛盾之谜结构性的一侧,那么谜将消失,这一点很令人信服。因而,关联仅仅就代表着大写的"二"。当你仅仅拥有"二"的时候,你也拥有"一"。

也就是说:以对归位及它保持在自身外部(出位)的简单检

阅为基础，假定过程的集合为被排除物。是"这"，而"那"不存在。

有人明确反对说：按照这种解释，矛盾中的"一"非常统一地再次被吸收到归位中的"一"中。这就如同说，资产阶级与无产阶级这个矛盾统一体没有任何问题，既然它是资产阶级社会历史的存在，它实际上就是被这个矛盾所统治着。作为出位，无产阶级成为位置中的一项。集合中的一项与其他项一起构成了"整体"中的他者。

换句话说，即在能指链的集合中，拉康式的主体出现了，由于它影响了驱力和重复的集合，它必须被看作是重复的强制力。

在归位的"一"的面前，结构是脆弱的（有一个"一"，拉康认为，"有一个作为大写的'一'的存在"），这是一个没有影响力的辩证物质。

在"马克思主义者"的政治中，尤其是在我们的语境当中，有一些人是极力坚持这种脆弱的结构之存在的。他们喜好研究资产阶级社会的"规律"，并从中推断出什么是无产阶级以及无产阶级必须"做什么"。他们逃避了这样一个事实，即"无产阶级的社会"，一个他们声称是他们竭尽全力想要实现的社会，也只不过是处于资产阶级社会资产阶级与无产阶级的矛盾之下的社会。

这证明了对立的统一并不如人们所相信的那样。

同时瞧瞧《美好年代》中的心理分析学家们，这些美国佬用一种十足的军国主义精神，发现他们的病人自我意识太过薄弱，便建议加强"他们的防卫机制"。在他们把一切进攻者进行联合的过程中，魔鬼在哪？这个糟糕的、自私的本我！如果防御者（友好状态的本我）不是在这种状态的规范道路中，那么那种无欲所求的生活方式还能叫作美国式吗？

对于俄罗斯人来说，他们是以令人惊讶的转向"一"的形式出现的：作为人的整体状态存在，他们的养老院机构与精神病院差不多。因此医院是出位的唯一场所。

这些已足以让人恐惧了。

回顾一下关联，我们必须把对立统一的谜底揭开。只有把对立当作是异质的或者不匹配的，也即从更精准的角度上讲，对于需要出位的归位，这里也不存在一个适宜的场所，这里存在一个辩证的统一，它并没有使任何的整体越出它所维系的范围之外。

要把"一"与"整体"区别开来，这就是最简单且最重要的建议：记住这就是主体全部问题的裂痕所在。

这也是为什么在这一点上，我们面对了一个十分重要的解释性问题：不同类的关联是不能用图表来说明的，甚至几乎不能被表达。每一个图表都分布了一系列的位置，并把我们引回结构；每一个论述都使悄然越过的归位稳固了下来。

整体与位置的效果，其中，矛盾中大写的"一"只有根据矛盾其中的一面来设置，才会在逐渐削弱表征的基础上变得可更改。

向其注入任何色彩，都无法完整呈现辩证法序列的图示。通过 A_p，项（出位）被它具体的对立面（归位）所影响。对于强关联，"斗争"削弱了它的实用性，它依赖于一个间接的调查，以及一个没有任何代表性的分配的概念。

在"力"的名义下，我们应当隐藏"过度决定"来自任何一个位置的排斥的各种因素，其中，出位的谎言被揭穿了。

2

怎样才能把两个不同类的质量放进一个关联中呢？只有当它们作为力（这种力只与它们自身的扩张相关）被相互运用之时。

关联意味着力对抗力，它是力的关系体现。

让我们先把这个仍然模糊的概念的复萌与偏差放在一边。如果一个人进入这个主题，其中"积极的"力的限制并阻碍了"消极的"（反动的）力，他就退回不对称的国家主权主义。积极的与消极的这对概念的抽象再一次融入不同类的质量。第二个（反动的）力仅仅是消极地被第一个（主动的，"积极的"）力所决定：它仍然是稳固出位位置的那个归位。

关于这种复萌最有震撼力的例子，便是关于人民政治的纯粹反抗概念。人民被"动员"起来是因为他们遭受了太多的虐待。从根本上讲，这些不幸遭遇来自政治领域中唯一"积极的"力——国家、老板、警察。这些邪恶的团体总是出其不意地夸大他们邪恶的构思。那场伟大战争中"打倒一切压迫"的呼声似乎还能够被听到。小资产阶级怒火中烧。

请注意，他（小资产阶级）是正确的，有一个很好的机会让这些"夸大"——人们最终因它们而遭罪——把小资产阶级从他们长期的抑郁或自我满足中解放出来。

然而，所有这些背后的哲学都只是昙花一现，原因是它们从根本上拒绝将任何积极的自治、任何实际的独立以及任何肯定的政治虚拟给予那些在良好反抗信念掩盖下的起义。"打倒一切压迫"的口号只会导致被动的结果。群众的力量在这里是国家恐怖投下的平淡的阴影，而有冲突的关联仍然陷于结构的统一弱点。

在巨大的反抗压迫的漫骂回声中，我应当怎样培养自己压制压抑的能力呢？这其中的关键就是要知道，任何事情一不留神就会由于祛魅的主题而变得不受欢迎。

我们必须了解这一点，鼓励我反对他者的一定是不被代表的他者中的力，尽管力在它的压迫性溢出中被相反的力量要求，但力在奋起反抗压迫中正是要求的内部溢出。

黑格尔明确而清晰地认识到了这一点。

3

在这里很适合来阅读《大逻辑》中的一些篇章。例如，命名为"基本关联"的那一章就足以说明该章关心的是关联之谜。

对于初学者来说，以下的这段话中，黑格尔清楚地阐明了这样一种观点，即消极的本质必须是积极的，除非我们退回"基本关系"这一面，或者说，除非我们缺少强关联：

> 在这个过程当中，一种推动力表现为由另外一个力作用于第一个力，第一个力被动地接受了这个推动力，然而很快便经过这个反作用力转化为一个作用力，这是力量向它自身的回归。它表现了它自己。这种表现，从某种程度上说，它把外在性作为它自身的要素，因而否定了另外一个力对它的吸引，因此是一种反作用力。（L523）

一切都清楚了：只有当力假定"外在性作为它自身的要素"时，它才有机会获得一个以它自身为中心的质的关联，这种关联的独特性不能还原为与其他力的面对面的遭遇。只有当人们把对手的形象作为他们自己政治的内部形象建立起来时，人们才能"扬弃"那个抗压性的独立，由此把人们从任意集合中排斥掉并进入一个积极的断裂。

我们认为，关联就是力在起作用，并由此移植到另一个力之上，但是力的性质不可还原，因此，归位只不过是有待摧毁的中介。

来自黑格尔的这一整章内容，即使有时候会"唯心"地犹豫不定，但还是可以作为我们的一个总结。

让我们来看看它是怎样被建构的。

以下三个部分是连续的：

（1）整体与部分之间的问题；

（2）力；

（3）现象与本质。

这也是我们的计划，整体与部分的关系也是一个归位的理论，在出位中，就结构而言，每一种矛盾关联都是一个排除之物，一个出位，其统一原则是包含（整体的部分）。

力，如我们所见，过度决定了统一整体的困境，因为在力与力的相遇中，有一种不可还原的质的内在性，它让包含在整体中的结构陷入困境。

在拉康看来，黑格尔以冲动、犹豫、踯躅不定的方式理解了这个困境：

> 由于这种存在是一个部分而不是一个整体，不是一个合成物，因此是一个单一体。但是它与整体的关系是外在于其本身的，因此并不涉及它自身。自我的存在甚至都不在其自身当中，它只有通过那种联系才能成为其中一部分。但是现在既然它不是一部分而是一个整体，它又再次成了一个合成物；它再一次包含了部分等，成为无限。这种无限仅仅包含关系中两个长期存在的交替的决定因素，在每一个因素当中，另一个突然出现，所以每一个的存在就是它自身的消失。（L518）

如果我们把力排除掉，这个被假定的存在，其本质就将消失在永恒的循环中，在这个消失的项中，整体的辩证被缝合了，这是出位（一开始便假定是部分）的命运。通过自动地把它从自身中分离出去，它才找到了一个位置。这同样也是归位（在这里指整体）的命运，它只有通过完全将自身废除掉才会接受出位，因为它统治着位置。

这就确定了，结构辩证法容忍的唯一过程是，只为非存在之物和不为存在之物间永恒的摇摆不定。这被认为是纯粹分裂的关联。我们说"一"使得"二"不再为"二"，如果"一"中存在"二"，则纯粹断裂的关联就被看作"二"乘以"一"——因为"一"就是"二"，如此等。

顺便说一下，这是一个非常重要的过程。对消失项的重要思考是结构辩证法现实的最高点。

然而，黑格尔是不会就此止步的，更不用说他所追求的是——这是他真理中的谬误——一个循环的结束。因此，通过对力的突然增加，他假装在震荡中创造了它，哪怕力是后者基本的、原始的、不可推论的多种决定因素的综合。

力保持着整体中部分的运动。它是整体非量化的质量，它的连续性不会消散在部分的种类中。对于整体来说，它不再根据归位的体制来产生功效——对部分位置的分配，而是流动的连续性、动作中的统一。

力的理论相当于辩证关联之历史层面的理论，作为"一"活动的这个层面基于位置体系中逐渐消失的关联，而不是黑格尔假装相信的那样，是从中推导出的。

4

关联的这种历史性在对黑格尔的三位一体的审视中得到了强化，它首先假定了力的条件性，也即，其关联的纯粹本质。力只有在与另外一个力相关的活动中才是可以被思考的，而这存在于它的存在当中："因此，通过另一种力而形成的限制条件，在其自身当中便成为力自身的行动。"（L521）认为关联是一个"行动"或"制作"的观点，是这个问题无法表述的点。分裂是力的中心，这一点表明，实践在根本上先于我们对关联的理解。

其次，如我们所见，在"力的作用"的名义下，依据作用力与反作用力，黑格尔阐明了对关联的解释。他表示了其内部作用的基础，其中反作用力的存在只是一个表象，一个派生的经验的关联。

在其分析的最精彩的部分，黑格尔假设，如果力最终是在与其他力的关系中起作用的，那么影响这个力的其他的力（外部因素）实际上在其内部。由于一个力要抵抗其他力，让其越来越远离自己，便形成了朝向外部的运动。

通过意识到其内部的团结，通过资产阶级来净化其意志（在它的划分中），无产阶级声势浩大地将自己置于反对帝国主义归位摧毁性的斗争中。面对资产阶级的镇压态势，无产阶级只有作为力行动起来，只有通过反对自身来反对它以前虚弱无力的内部形式，才能进入一个与其对手斗争的关联。

同样地，一个个体只有通过进入惰性的习惯性网络的斗争中，而上述这些条件很早就约束了他/她，他/她才能到达在已给定的条件中他/她单独的力量。

或者，正如黑格尔所说，"行动是在根本上反抗自身的反作用力"（L523）。

这个远离自身的维度，如果你愿意，可以把它作为内部的外化，是黑格尔所称作的——这是他的第三个表达——"力的无限性"。谈论力的无限性也就是谈论作为关联的行动；它意在表明实践的首要性。"力的无限性也即歌德的《浮士德》中所说的那样：'开始即行动！'。"

外化的这种无限性导向黑格尔在这一章最终的辩证倾向，在其中，内部和外部混合在了一起：

> 外部和内部以这样一种方式被规定，以至于这两个规定中的每一个不仅以另一个为前提，并像进入其真理一样地倾向于它，而且这个作为他者的真理，依然被假定为一个限定条件并指向两者的整体。（L525）

在这一点上，一种拉康主义式的视角将会辨别出主体拓扑学的降临，主体拓扑学在无法描绘的平面上成形，例如著名的莫比乌斯带。对于我们来说，这就相当于意识到，在归位的力的逻辑中出位是以这样一种方式被相互关联着的，以至于将"二"假定为"一"的被排斥的外部是不再可能的了。

在力的逻辑中，对立的统一不是一个可描绘的关联，其中有历史性本质。尽管一个次要的（结构）恰恰是这样，在该结构之下，可以勾勒出无法描绘出来的东西。

同样，作为政治阶层的无产阶级——作为力——与资产阶级在历史性的斗争联合体中被联系起来，斗争联合体不能被划分进社会整体的领域，它建立了同样的存在——人民，它并没有禁令，而是要求我们把阶级位置放在其被安置的场所——生产的社会关系之中。

事实是，这种处于力的规律下的拓扑学的对立统一，带来了内部与外部的联合，对黑格尔来说，这就是"存在与本质的统一"（L529），或者是他所说的"真实"，这构成了《大逻辑》中重要的转向，并表明了它的重要性。

对于唯物主义的辩证法来说，当一个人在力的迷宫中迷路之后，在内部与外部、阴影与迷雾中，归位既没有提供位置也不缺乏位置，而主体——这个遭遇了忒修斯的米诺陶——被人偶然遇到了。

因此，由于每个主体的主要美德都迷失了方向，它才能通过力来超越其位置。

主观与客观

（1975 年 4 月 15 日）

力的划分—斯宾诺莎和马勒伯朗士—斯大林—科学与非科学之间新思想的传递—政治学家与心理分析学家之间的无关联—1968 年的"五月风暴"—资产阶级创造了政治—历史分期—黑格尔哲学式的歌剧。

1

力是它自身的肯定性，但是它处于外力作用的主要结构之中：不管它是凌驾于归位整体之上（位于国家或象征界位置上的力量）还是揭示出了出位（位于革命或实在界中的力量）。

这就是我们贯穿始终的方法。一旦我们回溯了矛盾的历史性、其项的不可分离的质以及它们对彼此的陌生，我们就必须快速把所有这一切都植根于结构有序的土壤当中，除非我们让自己陷入欲望的形而上学中不能自拔，也即，做出实质性和游荡的出位假设，并由这个假设推理出位置。这个推断标志着辩证法辩证性左倾的边界（左翼分子而不是左派路线）。这一侧，自斯宾诺莎后，再无人创新了。

而右翼分子们却从没有放弃过归位，他们的叙述让他们自己欢欣鼓舞。家族中最慷慨的钟表匠当然是马勒伯朗士。处于最基层的斯宾诺莎和马勒伯朗士是力的伟大的净化者。犹太人对其统一体而不是人们所认为的整体实施力的净化。罗马天主教宣称，通过它详尽的机械装置的力与平衡，上帝可以听到其创造世界万物——上帝为了位置而创造的外场域——时赞歌的晨钟声。

因此你就拥有了大"一"意义深远的严肃与整体镜像中快乐的抗衡。

对于罗马天主教和犹太教来说，力是不纯的。这就使得形而上学（一些人民会议和很多大众委员会所领导的、为了纪念纯粹理性的游行示威并不是没有意义的）在第二次概念化的现代性的开端就走上了末路（第一次是因帆船、古希腊文本、望远镜和微积分才得以联合加强的）。

力是不纯的，这是因为力总是归位的。历史性的新特点总是被结构的连续性所影响。力量质量中的某些东西与归位变得同质了，至少以此在那里可以辨认出它自己的抽象并支持了规律。

力是无限的，也有有限的力。这与黑格尔从"一"到他者的经验性的循环论断是完全不同的。我们对此的看法如下：在任何矛盾中，力通过其净化自身的偶然过程来展示力量的不纯。力的从属性说明了力的样态，由于力源于力的肯定性的无限性的分裂，力本身就是一个运动，在运动中，力积聚形成了其质的同一性，运动进一步远离了让力长期持存的固定位置。

除了在一个极度脆弱的情势当中，对于政治性的阶级政党没有其他的定义，阶级政党必须把历史的工程，即个人的力量阶级集中起来，也即，阶级政党从位置中产生并对帝国主义的归位给予摧毁。

这给了我们一些哲学背景，让我们调整一下斯大林的说法。这就是著名的——"唯有清除党内的机会主义因素，党才能发展壮大"。其实"壮大"还只是一个保守说法。除了将工人阶级的力量从其臣服隶属的地位中分离出来外，再没有其他的选择了，采纳一切正确的思想观念，让政党自己最大限度地挣脱位置，摧毁它自身内部一切不能摧毁归位的事物，这样政党就得到了净化。

但这并不意味着政党就是纯净的，也不意味着它倾向于纯净——它至多不过是切断自己的头来定义其行动的本质。在这条用鲜血铺就的道路上，斯大林带来了灾难。但是，政党在其自身与不纯洁的耗散之间运转，在阶级的核心处，为两条道路之间的斗争指明了方向，它只提供更加密集的质量的明确证明，更加紧凑的异质性以及一个更新颖的、具有摧毁性的改组力量。

值此之际，力量内部的扩张概述了矛盾的历史，在那里，杂质通过规定其的位置而把自身带入了同盟，以便首先言说出位（horlieu）中的前缀"hor"与归位（esplace）中的前缀"es"，然后言说出位中的后缀"lieu"与归位中的后缀"place"。

2

新旧之间的斗争。力的净化取决于它的"新"之聚集。对于群众的"正确思想观念"，马克思主义政党必须"采纳"——因为它们是很必要的新观念、新思想。

这在理解辩证法上向前大大推进了一步。在很重要的意义层面上，每一种公平与正义在原则上都是创新；而不断重复自身的一切事物都是不正义且不准确的。

但是，无重复的生活是没有意义的。

我们通过对作为教学的数学与作为发明的数学的比较，很容易在形象上看清楚这个转折。尽管被用来教学的数学显然只是被发明的数学工具的有序展现，但从辩证法的角度来看，我们必须认为作为教学的数学是不准确的，它没有给予我们任何关于作为主体历史过程的教学的思想观念。

作为教学的并不是数学而只是教学的"地点"。教育学限定了一个归位，你们可以决定出位，即提出一个让数学领域彻底洗牌的主要定理——这是数学家自证身份的唯一方法。正如拉康所说，数学家和大学里的数学教授截然不同。

简而言之，没有传达出来的意义是，这种神奇的力的聚集，让所有归位数字都变得千疮百孔。

而且，更为明显的是，每一个伟大的科学发现都取决于一次净化。它统治着不纯、喧闹、欺骗，带来一个不能与以前习俗一同带入的新秩序。

每一种科学都形成了一个派别：只要看一看他们的集体就知道了。

你们会认为在事物的这一层面上没有任何东西被传播吗？不，你们只要阅读一下 17 世纪时笛卡尔、费马、帕斯卡以及其他人之间的通信便会发现，英勇的梅森先生亲自充当他们的邮差，只是为了从中发现数学上的一些新思想。尽管如此，这种情况经常会发生，即新思想通过沉默来表明它反抗的态度，在文本的边缘处，一种纯粹而特别的表象揭示了一个隐藏的一般原理。只有上帝才知道，这些思想的主人们是否将不信任和沉默带向了一个极端。在这里，具有破坏性的闪电点燃了不着要领的干枯树枝。

所有这些信件都不言而喻地显示，如果归位是通过激情、自信、爱（正如当代教师们习惯所言），以及胁迫、蔑视和冷酷（正如古英格兰那些好为人师的牧师们惩罚人的惯常做法），力的聚集为了传播自身，更需要依赖于隐喻、紧张关系以及一种隐隐的、礼貌的不信任，这种形式的艺术已经到达了古典艺术的巅峰。的确，很保守地说，笛卡尔、费马以及笛卡尔的追随者们，他们彼此是不喜欢对方的。正是通过他们相互之间最基本的不喜欢，真理的力才得以流传。

在大党派中，人们可能极度不喜欢彼此，一些幼稚的人很容易受到"权力斗争"的恶劣影响，而事实上，这种"权力斗争"是通过净化集体来获取势力范围的本体论公理的。

在精神分析领域，人们彼此之间根本就没有一丁点儿爱，尤其是当把他们自身归置于"精神分析是怎样传播的"这个问题当中之时。在这种无爱的背后存在着一种深奥的逻辑。这种逻辑传递了力量的过程且不时被打断，就如同它只有通过排斥、断裂和惩罚才能被期望得到一样。在精神分析学家这个例子当中，只有在每一个瞬间中，每个人才能通过净化自身致病性的或革命性的因素而得到自身的加强或削弱。

在拉康《巴黎的弗洛伊德学派》（*Ecole Freudienne de Paris*）这篇文章当中，对"一个人怎样接受精神分析学家的命题"这个很重要的观点，这个学派起了一个绝佳的名字——"通道"，并在当今制造了猛烈的战斗。这场战斗的结果不只是残暴的君主专制所导致的不幸的、无法避免的死亡。我们也必须从中看到，这个学派最终会由于其自身的僵局，而沦落到一种平庸的无政府状态当中去。

个体也无法逃脱这种命运。如果这种命运取悦你，使得你以主体的身份存在，如你所知，你将被迫明确地反对现存的制度，并找到你自己的政党——严酷、集中的力量及到达了一个极点的专制的权力——并遵守它的生存规则，在其中不要太自爱。这是那些著名的道德学家们曾经对所有人说过的话（首先是帕斯卡，我们四位真正伟大的国际雄辩家之一——其他三位是卢梭、马拉美和拉康）："自我是可恨的"（Le Moi est haissable）。不必对此做太多的重述。

至少，如果一个人希望和他自身内部多个维度协调一致的话（包括生气、愤怒、狂暴、惊喜、邂逅、反感、快乐……），他也必须和国家的多维度（风俗礼仪、重复、社交能力、友好、饮食起居、小猫小狗……）以及政党的多维度（力量的聚集、英雄精神、不断的创新、有目的的工作、自身的断裂、新类型的统一、勇气）协调一致。

这对任何人都没有提出要求，而且它也不可能被决定。让我们这样来说，它发生了，即，"它制造了一个主体"。

3

一个定义：我们把那些与力的数量聚集相关的过程叫作主观的过程。

让我来强调一下，这些都是实践，是真实的现象存在。政党在其历史上的出现，在某种程度上说，是主观的。这个机构只不过是空有其身罢了。

同样，我们将把力量被放置的过程称为"客观的"过程，它因此是不纯的。

由于它通过肯定性的分裂集中并净化了自身，因此每一个力都是一种主观的力量；并且由于它在被分配到其位置的过程中被归位和结构化了，它因此又是一种客观的力。

我们可以这样更准确地说：力的存在将根据主观与客观来划分它们自身。

如果纵览一下1968年的"五月风暴"，你们将从中发现一种新的数量上不能再进行划分的空气或渴望。你们将从中发现工厂中成千上万的年轻知识分子关于集中的例外的、激进的新观点和这种集中的最小装置。你们也将从中发现这种集中的弱点，发现这种装置与和平有争议地低于政治形象地联合时所呈现出来的无法克服的实力削弱。你们还将从中发现，这种为了归位稳定而采取的防御性手段欣然地在与政府、统一体的代表、蓬皮杜以及种族隔离制度达成了一致。事实上，1968 年的"五月风暴"只是一个开端，而继续这场战斗则是一个长期的指令。

与此同时，你们也可以观察到力量的客观优点与主观缺陷。街头罢工的每一个人都是一个独特且永恒宝贵的开端。然而七年之后，在《共同纲领》阴森的氛围以及殡仪馆密特朗祷告者的肃穆氛围当中，我们中鲜少有人能够继续坚持所有这些事的主观特征及严格集中的行动。

这就等于说，我们对手力量本身的主观方面仍然处于一个相当好的状态。这是革命永远不能理解的一些东西。他们中的大多数人认为他们是唯一的主体，并代表了他们自身是一个少数牟取暴利的人所导致的、客体化压迫机制的对抗阶级。

资产阶级绝不可能简化到专门控制国家或经济利润层面上来。也正是在这个意义上说，资产阶级在工业完全国有化当中让无产阶级政党统治国家。不仅仅是从剥削的角度，也不仅仅是从胁迫的角度，资产阶级创造了政治，它导致了阶级斗争的发生，不管它是合法的还是恐怖主义的。资产阶级创造了一个主体。那么它又是在哪里进行的这种创造呢？确切地说它是和无产阶级一道创造的：在人民群众中间，包括工人阶级。我认为，既然我们对付的是新兴官僚主义国家中的资产阶级，工人阶级当然要包括进来。

当然了，资产阶级的帝国主义者是少数的，但是他们力量的主观影响存在于分裂的人群当中。这不仅仅是关于资本或警察的规律。忽略这一点将阻碍我们看到归位的统一及其持续性的发生。我们将重新回到客观主义当中，顺便说一下，它倒置的赎金将使国家成为唯一的主体——在那里将出现反压抑的多语症。

我们不仅要把帝国主义当作实体，也要把它当作主体，我们必须做到这一点。

然而，到目前为止，我们仅仅只是在与主观打交道，它并不是主体，而更像是主体的元素或类型。

客观与主观划分了辩证法。如果你们接受了这两种对抗的力（在没有忘记它们潜在地与归位、出位连接的情况下），你们就可以在它们之间划定客观辩证法与主观辩证法的界限，客观辩证法与主观辩证法一起构成了辩证法的力量。

下面这个图表是解释资产阶级与无产阶级之间矛盾的经典例子：

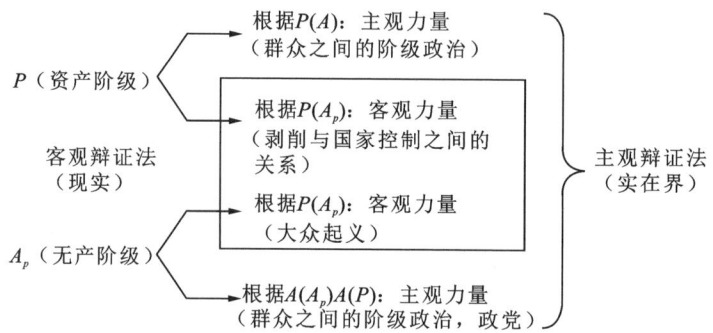

一般的客观主义指向的是群众的生活——压迫和反抗，与这个口号是一致的："哪里有压迫，哪里就有反抗。"这就是客观辩证法，它认为世界、历史的运行规律是由人民群众所创造的，如我们所熟知的那样。

主观辩证法即政治，它是由人民群众中的阶级所制造的。

顺便提一下，理解历史与政治、大众与阶级之间的区别，同理解整体与大"一"之间的区别是一回事。这不容小觑。

显然，在归位中运用资产阶级主观力量的目的，就在于阻止其机构脱离无产阶级主观的力量范围。因此，主观活动的基本目标就是阻止反对力量的（净化）集中。为了让资产阶级力量被最大程度地削弱，无产阶级愿意付出一切代价，即使资产阶级力量的削弱是由数以万计的联合斗争换来的。

在这里，我们必须单独指责一下那种为了倡导"斗争联合"而进行的临时的哲学。这个几何学概念整体上仍然处于力量的客观分配当中。你们可以如你们所愿地与它们进行合作，但是一系列的反抗并不能创造一个主体。"联合"的几何学特征必须在集中的质量特征内部重新被放置。一个被净化的、最小化的政治异质性，是一个代表斗争的、议会的无敌舰队百倍的战斗力。收敛（convergence）是典型的客观主义背离，在其中，一旦主观净化的工作被带离了，对抗便发现它自身还未来得及思索便烟消云散了。

坦白地说，收敛承担了对手主观力量的工作。

归根结底，历史被误认为是政治，也就是说，客观的东西被当作主观的东西，这总是符合强者的利益。这是维持它们自身主观活动的自然因素，运用它们是为了保证没有不结盟的质量能够集中自身来对付它们。

完全受"马克思主义"支配的人是没有缺点的：所有那些渲染他们围绕着"马克思主义"所表现的、令人沮丧的细微差别的人，都陷入了一种阴郁的"历史科学"的美德当中。

历史科学？马克思主义是无产阶级用来维持自身作为一个主体的话语。我们绝不能摒弃这个观点。

4

让我们返回这一特征，在这里，唯物主义辩证法将它自身从黑格尔的辩证法中分离出来了：它划分了历史时期，而另外一个则使得自身得以循环。

在我们通往基本的历史分期的过程中，我们拥有两个工具——它们毕竟定义了历史的创造，找到了正确的，甚至可以称为历史独有任务的时期。

a) 矛盾的项被双重决定了：关于它们的位置（归位/出位）以及力量。

b) 力量是被双重决定的：客观与主观。

或许你们会这样问我：这同历史分期有什么关系？在某种程

度上说，它可以让我们制定出关于历史分期的两部分的辩证标准：

——归位被卷入出位的具有摧毁性的广泛传播；

——力的主观方面在它质的集中里获得了一个起点。

这是一个主观进程出现的两个前提条件。

回顾一下历史，让我们回到巴黎公社起义这一事件中来，历史学家们总是就它到底是 19 世纪最后的"早期"工人起义，还是首例"当代"革命而争论不休——显然，这些都表明了他们定义标准的明显匮乏。

正如可以预料的那样，除了已存在的一个双重标准，在马克思主义传统中，还存在着两种对公社的评估标准。

事实上，马克思对《法兰西内战》的分析是相当客观的。它将这次巴黎行动定义为，国家中的阶级为了政治目的而进行的一场短暂而迅猛的起义。有必要用他们的"行政附录"来打碎军队和警察的机器，而不是试图去夺取它们，必须建立一种新的权力机关，而不仅仅是代替旧的权力机关。在公社中，马克思将异质的力量与所谓的占统治地位的位置——权力位置的单一逻辑——所导致的政治辩证法的局限结合起来了。根据位置（我们必须支配其对手）和力（我们必须用新质性，用不同的方式来占据主导地位），马克思划分了"夺取权力"的表达法。因此，我们从辩证法结构的层面到达了它历史的层面：无产阶级不仅仅是一个位置的出位，它也是一种力之他力。

尽管如此，我们仍然位于力的客观性之中，或者毋宁说我们位于未被划分的主观与客观的统一整体当中。关于力的聚集过程的缺陷，马克思显然是感觉到了（这种缺陷来源于合乎议会法规且反动的公社领导权），但他并没有给出任何具体的可能帮助我们超越这种缺陷的分析。马克思并没有超越历史分期的第一个标准（位和力）。

列宁的党的行动，一直到十月革命的胜利，甚至到镇反运动与打击内战中的外援，带来了第二个评估。以列宁的名著《怎么办?》开始，在这个活动中，这个主观的问题起了关键性的作用。聚集力量是列宁主义的本质所在，它是以公社的失败和局限为基础的；相反，马克思却以公社的胜利为武器，所以他能够在关键时刻修订《共产党宣言》。

从公社的失败中，列宁得出了如下四个结论。

（1）有必要来践行马克思主义的政治学，且不是一些当地的浪漫起义，不管是工人党还是民粹派。《怎么办?》深刻的意义全部都蕴含在这个原创性的呐喊当中：让我们义无反顾地成为政治激进派吧（这就意味着他们都是专业人士，不言而喻：谁还曾见过业余的政治领袖?）。

（2）有必要对于事情形成一个总体的观点，至少是在国家框架中，且不要被分裂到联邦制的争斗当中。

（3）有必要锻造一支由农民大众组成的同盟军。

（4）有必要通过一种不间断的、军事攻击的集中式处理来打败反革命。

那么在所有这一切当中，著名的列宁主义政党算什么呢? 作为军队的核心，政党以一种经验丰富的、专家般的、有条不紊的步伐向前行进吗? 对于列宁来说，政党只不过是让这四个规定集合在一起的算符而已。党是对政治的净化，是评价公社的一种实践可能性的体系，它是从政治活动中推导而来的（在力量的主观层面上）。党并不会先出现。《怎么办?》是马克思主义的政治手册，如果首先将《怎么办?》看成党建理论，这就不太对了。党，作为一个机关，是混成的，是次要的。《怎么办?》是力的主观方面的理论，在名义上，它普遍要求具有政治上的信心。

《怎么办?》谈的不是党的机关,而是马克思主义的政治抱负,所以,《怎么办?》无声地评价了巴黎公社。

同时,有趣的是,在《国家与革命》中,列宁却使用了另一种方式来直接评价巴黎公社,它起源于马克思并与国家问题相关。我们所面对的文本肩负着一项陈旧的事业,通过对客体的回归,我们发现,这一点不足为奇。

每个历史分期必须包括其双重的辩证时间,因此——回到我们的例子上来——包括 1917 年十月革命在内的、作为对这个评估临时的最终分期。于是历史学家们遇到了问题,根据力与位的关系,公社是新事物(马克思语)。根据主观与客观的关系,十月革命是新事物,而公社却是一个陈旧得不能再陈旧的事物,通过净化的力,它的实践认知也融合到其新的产生过程当中。

如果说黑格尔创造了一个循环,那是因为他总是致力于寻找一个单独的时间。关键在于,他忽略了那些不一致的反作用,尽管他不动声色地在细节中将它们摧毁了。

5

黑格尔的《逻辑学》中专门有一章是关于客观性的。然而,似乎应当把这一章置于名为"主观逻辑"这一部分中才最具启发性。在那里,它紧承主观性一章并为其理论的展开做准备。对于黑格尔来说,客观性是纯粹主观形式的内在性与知识的调和。在这里,我们又看到了一种唯心主义式的颠倒,然而这并不是本质的问题所在。整个事情的关键在于,为了使客观性从纯粹逻辑形式中产生,黑格尔提前给自己设定了一个关于历史分期的两个标准的统一体。完全与正式的主体相关,在其中,它自行消解并被包含,客观性一下子就打开了自身并融入绝对知识了。只有通过内在对外在的积极填充,根据形式自身的赦免,形式的内容才逐渐显现出来。那个潜在的问题一直存在着，即主体是归位的纯粹律法，通过它，空就超越了自身进入了出位，以至最终与那个沉思的整体平等。从那一刻起，位根据同样的运动进入力，通过它，主观进入客观，而对这个运动独特的思考正是辩证法本身。因此，关于"历史分期"的一个原则毫无保留地向它自身靠近。循环的主体拥有最终决定权。

因此，唯心主义的辩证法是不能够辨认出基于任何一种历史时代划分的有差异的双重分裂的。

当然了，黑格尔总是能够具体地忘记他的整体疏漏。辩证法的分期所暗示的是双重分裂的四个术语——位置、力量、主观、客观，而不是关于异化的三个术语——地位、否定、否定之否定。这是黑格尔在"绝对理念"这章著名的一段话中所建立起来的观点：

> 这第二个直接的东西，在整个过程中，假如人们总是愿意计数的话，对第一个直接的东西和对有中介的东西来说，就是第三个东西。但它对第一个或者形式的否定并对绝对的否定性或第二个否定来说，也是第三个；如果那第一个否定已经是第二项，那么，那被数为第三的，也可以数作第四；抽象的形式也将不再是三分法而被当作是一个四分法。否定的东西或区别，以这种方式，便被计数为两分法。（L836）

否定是矛盾的主要原则，它并非普遍性，而是大写的"二"。那么，我们可确立四重分期：这就是对黑格尔《逻辑学》这个至高点的唯物主义的直觉意识。"形式的否定"与"绝对的否定"之间的区别所掩盖的，无非主观与客观之间的区别，正如人们在颠倒的情势当中所期望的那样。

这种直觉意识很快就被循环复归于开始令人着迷的主题给淹没了：

> 以这种方式，在以后的规定中，每前进一步离开不曾规定的开端时，也是后退一步靠近开端，以至于那后退论证开端、前进往下规定开端，初看好像是差异的东西，都相互汇合了，并且是同一回事了。（L841）

对于唯物主义者来说，并不存在一个开始，除非事物被一个不可能从时期划分终止的地方推导而来的"新"所标记。进步与反作用并不能被融合在一起。力与位置的关系情势不允许人们根据客观与主观来推导力的分裂：人们必须等待第二次时机的到来。然而，确切地说，为了将巴黎公社永恒的历史本质保存下来，黑格尔绝没预测到 1917 年十月革命的爆发。他必须自始至终地坚持他的立场，并由此去追溯循环，以便知晓在作用力与反作用力的整体中它们各自的身份。

人们依然对黑格尔自那时起就显示出来的傲慢诧异不已。从主观到客观的过渡依然是整个《逻辑学》中最让人费解的篇章之一。由于主观是纯粹形式的（那么在客观面前它还能是什么别的形式呢？），我们从中可以发现亚里士多德逻辑学的影子。因此，这是一个从三段论中推导关于物质世界理论的事件。现在事物的直接现实在它的科学概念中被提取出来，它必须产生于最高形式的数据当中，在这里即那个不幸分裂的三段论。这个公式——A 是 B 或 C 或 D，但 A 既不是 C 也不是 D，因此 A 是 B——应当作为支持黑格尔循环论的基础。厚厚的浓烟让人想起了充满歌剧风味的那些临时工作架，通过它们，技术人员得以将烟雾从木地板中吹散，以便允许在阴郁的诗歌当中，在记载着从充满歌声与大象的军事欢迎仪式，到在威尼斯阳台上穿着睡袍的爱侣中的一种融合。例如：

三段论是一种中介，是它假设的完整概念。它的运动就是这种中介的扬弃，且这种扬弃没有给它自身带来任何新的事物，每个项都依赖于另一个项。因此，它导致的结果就是由这种中介扬弃而来的一种直接，一种生成，它不再与中介相类似，它是在它的他者中进进出出的概念。因此，这种生成就是内在于其自身且为着它自身的一个事实［eine sache］——客观性。（L704）

随后，黑格尔又呈献了他对科学的分类建议，既然客观性对三段论的抑制悄然爬上了概念的斜坡，那么便由此从力学开始，经由化学，走向生命。

与这种分类相比，孔德简直就是唯物主义中的一个奇迹，尤其考虑到黑格尔宣称他的结论将不从形式的逻辑中推导出来之时。

然而，如果我们知道怎样从关于时期划分的标准中吸取经验，且给主体安排一条清晰的路径，如果我们能够思考位置/力及客观/主观这些对立物之间的分歧所在，那么我们将从黑格尔循环论的不幸中得到些许安慰。

那么到那时，黑格尔当然会正确地写下以下关于三段论的文字：

如果我们不认为，发现鹦鹉的六十个品种及婆婆纳属植物的七十三个品种是一件小事的话，那么我们就更不应该认为，发现理性的形式是一件微不足道的事情了。（L682）

在法国马克思主义中，太多的人缺乏参与三段论行动的精神，而只是坚持在那里数鹦鹉。这样做的结果就是他们所谓的"意识形态的斗争"，实质上只不过是竭力为取代那些数婆婆纳属植物品种的人而设的幌子而已。

第二部分

|

例外能指下的主体

消失的力，其效力存在于它所消失的那个整体当中

（1975 年 12 月 15 日）

结构辩证法的定义—古希腊的原子论者们—带有偏见的逻辑—偶然—消失项—什么是大众，他们是干什么的？—匮乏的因果律。

1

我们确信，不存在这样一种中立的辩证法，它可以将自身嵌入唯物主义与唯心主义永恒的斗争。根据辩证性的极限，辩证法自身必须被划分成结构性的一面和历史性的一面：位置的逻辑与力的逻辑。

在相关的教学法中，不断地对古老的马克思/黑格尔的整体关系桥梁进行拆分重组。人们总是喋喋不休地讲着黑格尔的坏话，认为黑格尔的辩证法必须被结构辩证法所取代。

首先，并不是将黑格尔的（或者马拉美的，或者拉康的）唯心主义指定为一种纯粹内核的外部颠倒，而是将它指定为，其整体组成了辩证法整体存在的对立关联的关键项选择。

由此就有了以下关于结构辩证法的临时定义。

a）结构辩证法不可否认地是辩证法思想的一种形式（这是它唯物主义的一面），在这个意义上，广义地说来，它起源于两个关键的本体论原则：

——过程高于平衡的原则，肯定的同一性的转换运动；

——（大写的）"二"高于（大写的）"一"的原则。

b）结构辩证法有这样一类倾向（这是它唯心主义的一面）：首先，使得辩证法中的结构高于历史，也即，位置优先于力；其次，由于结构具有优先性，在有序宇宙的基础上，归位理论先于出位理论出现。

这样做的结果就是，我们必须将这种颠倒记载下来。从这一刻起，与为了支持一种循环的封闭而拆散每一个关于历史分期的原则、倾向一起，这种颠倒将被引入主观与客观的关系。

通过所选择的盛行项，从长远来看，结构辩证法只是在矛盾概念的某一方面发挥了作用，而在我看来，那并不是正确的一面。

在前面我就已经说过，关于"矛盾"这个概念有三个连接：差异，关联，位置。

结构辩证法允许弱差异凌驾于强差异之上，并倾向于将所有的差异都简化为关于位置的纯粹距离。这是结构辩证法的空间化的抱负，这将导致质性差异的消除，对于后者来说，存在是瞬息万变的，只能记录其临时的痕迹。

较之于在对立斗争的名义下，试图抓住来源于某种质量的特定力量摧毁的关联，结构辩证法更倾向于关于纯粹的排除、关于分裂的定位以及关于交替的关联。

结构辩证法使项的位置以对称或不变的非对称样式固定下来，而不是抓住次要的生成原则——那个通过其规则的爆发，以及原始位置的丧失而对任意归位的捕获。

然而，结构辩证法的确遭遇了实在界这个拦路虎，这是历史的实际的思想。尽管只有当结构辩证法臣服于历史，且当它不再是整体辩证法而只是一个组合——结构主义——之时，结构辩证法才包含了历史。

结构主义就是这样一种辩证法内部"最正确"的诱惑，它在诸如马拉美和拉康晦涩难懂又充满诗意的诱惑下也不为所动——正如一个人不会放弃对欲望的追求一样。

结构辩证法的特征更多地体现在复杂的"溶解"行为中，通过这一行为，结构辩证法无限地接近那个将它排除在外的反向实在界，结构的权威最终不断地被重构。最根本的则存在于这项工程的缺陷及沉默的感染力中，在马拉美诗歌从未言说却契合拉康那个从未系上的结中。总之，那里存在着对实在界从未放弃的尊重，即使是在那些伟大的唯心主义者们对其加以否定的最高点上。

在这里，我们发现了这样一种张力（其封闭的写作结构经常为充满妒意的读者所嘲笑，展现出一种严厉又真诚的形象），即遵循这些并不存在的英雄们充满辩证神秘性的炼金术之秘，并不是一件浪费时间的事情。实在界凭借其挠，给了我们所有的养分。

2

自始至终，他们必须解决我们可以称为结构辩证法的三个经典问题——在很多方面，这些问题构成了整个传统唯心主义的现代性：

（1）怎样将一种强（定性的）差异带到可以加强其梗概——弱差异或位置——的差异当中？这是一个将不可图示化的东西图示化、予以摧毁或者产生连锁效应的难题。

（2）在谈及力的时候，为了使递减进行下去，应怎样使所需要的东西消失掉呢？这是关于消失项的问题。

（3）并不存在的消失力怎么才能够引起位置的运动，甚至导致整体的变化呢？这是结构行为的问题，或者说是因果律缺乏的问题。

连锁效应、消失项、因果律的缺失——让我们再加上分裂（这个我们以后将推导），然后我们将拥有整个有计划的、依赖于复多的（大写的）"一"的单个特性。

古希腊的原子论者是最早发现上述一切的人。

3

有什么差异能比原子与虚空之间的差异更为大的呢？古希腊的唯物主义学家们首先设置了绝对的异质性：一方面，物质离散的多重性；另一方面，虚空的无限连续性。

黑格尔很欣赏这种动力，"它使得（大写的）'一'的这种简单的确定性，以及所有事物关于虚空的原则，从这种简单的对立中得出了世界无限的多样性，并大胆地假定从后者推出了前者"。（L166）

抽象结构背后的这种动力，最终却遭到了实在界所呈现的给其自身力量以障碍的阻挠。

如果原子们位于虚空的激进定性的外在边缘，而且只能通过这种外在的原则命名——作为一个原子而不是作为虚空的一部分，则显然什么也没有发生。原子们保持悬置状态，如同卑微的尘土，它们服务于大地，却和在夜空中明亮的星星一样，不能组成任何的星座。

在这里，差异是如此大，以至于没有整体可以继续前进。

到目前为止，关于原子论的假设，除了组成整体实在界以外没有任何的目的，它已经殚精竭虑了。

人们将会因此而辩论——这是事情的第二个时刻：是虚空引起了原子的运动。这个举动冲破了质的纯粹性原则及相反的排斥的束缚，一个关联，甚或是一个方位，开始成形了。虚空是任意的：它归位了，如果不是通过原子自身，至少是通过原子的轨迹线来完成。

通过这一微小的运动，黑格尔领悟到一个极大的真理，并迅速填补了他自己关于否定原理的空白：

> ……可是最早的原子论的思想家，并不曾使原子论的本根就停留在这样的外在性里。除了它的抽象之外，其中还有一个思辨的规定，即认识到虚空是运动的本源。原子和虚空的这种关系，与这两种规定仅仅并列而各不相关，是大不相同的……认为是虚空构成运动的根据的这种观点，包含着更深刻的思想，即在一般否定物中，包含着生成的根据及自身运动的根据——但是在这样的意义之下，必须要把否定物看作无限物的真正否定性。
>
> （L166）

显然，关联的出现就是辩证法，甚至，如果你们愿意，可以将其称作思辨深刻性的符号象征。黑格尔通过仔细地观察发现，原子论最重要的运作在于弱化了原子与虚空之间的强差异，而不在于它们之间互为束缚的方位。

如果存在着"二"，那么这些原则就使得由它所分裂出来的"一"的问题公布于众了。正是在这里，"一"等候着辩证法专家们。

这是关于"一"的关联的运动吗？回答是肯定的，因为如果虚空导致了运动，那么这个原则适用于所有的原子。否则，这些原子将与被视为起因的虚空拥有不同的联系。然而，这是不可能的。根据这一事实，作为原子，它们组成了最开始的原则，仅仅因为不能成为虚空而被定义。因此，所有只要与其相类似的东西都被视为虚空。

因此有必要假定，所有的原子都是以不同的速度、依据平行的轨迹线而永恒地朝向一致地运动着的。

这场流星雨带来了一场灾难，它并没有组成一个整体。

我们甚至必须承认这个"运动"是毫无意义的，因为缺乏一个标志它的参照点——无穷多的原子同时、同性的媒介过程，没有怀疑论的阴影，等同于它们自身绝对地静止。

再说一次，什么也没有发生。即使让原子臣服于作为动力的虚空作用，这些原子有差别的异质性仍然处于一种无意义的机械化操作之中。强差异（实际上是绝对差异）立刻就变为了一个断裂点。

事实上是存在某物的，而不是什么也没有。原子论专家们将其转化为现实世界的束缚，以此来反对原子机械的二元性。

为了从这些原则（原子/虚空）的二元性进入作为整体体系之一的世界，我们必须把强差异变为弱差异。同时我们也必须在原子内部将其联合起来，就如同将马拉美那不可投掷的骰子抛入与其同一的、并不存在的虚空当中。

在此我们也逐渐接近辩证法中的一个关键的运作，即将一个链条连接起来。这就意味着经由一个强差异，实在界在那里的质作为力使得自己被感知，进入空间的同质联合，在那里过程变为由同类的项组成的联合。

在古代原子论那里，这被称为偏斜（clinamen）。

4

原子发生了偏斜运动，世界得以形成。突然的偏斜轨迹扰乱了原子的同一运动，它制造了粒子间的碰撞，导致了一个联合复多的最终生成，这个复多足以组成一个世界。

在这里，通过同一性的断裂，也即原子平行坍塌运动的同一性的断裂，整体得以进行下去。

整体通常意味着"一"的消亡。

这种偏斜是什么？在归位同性的轨迹当中，我们可以立刻从中辨认出出位不可标记且不规则的运动。

事实上，为了与它的进程发生背离，并将自身从律法中分离出来，以及迅速为虚空作用下大量具有同一性粒子的降落做准备，原子必须以一种独特的方式与虚空发生关联。

发生背离的原子标志着虚空，因为它被虚空以一种不同的但不是原子所共有特性的方式影响了。

让我们紧随以下的运作进程。如果一个原子以一种不是所有原子都通行的规则与虚空发生关联，那么它就可以发挥作为虚空本身的原子代理的功能。正是在此，强差异开始与弱差异交织在一起。这是因为在发生背离的原子（或者毋宁说是这个原子行为的趋向，即偏斜）与从一个原子到另一个纯粹原则式复制的原子之间，在同一类型的原则内部，原子与虚空之间是绝对异质的。

这一运作完全可以与你经由资产阶级与无产阶级之间绝对的对立原则，到群众运动的两条道路的划分所取得的成果相媲美。政治学中的"资产阶级道路"，例如人民行动内部的活力，既不是帝国主义绝对的外在性显现，也不是将社会作为一个整体的全球统治。它既不是强权统治也不是霸权主义。第一种情况与虚空/原子强烈的静态对立相一致。第二种情况与原子无差别的运动相一致。然而让我们感兴趣的是群众创造的路线，群众行动的联合标志着他们内部的敌对因素。我们在这里有了一个实践的趋向，这一点也不令人惊讶，因为在政治学中，世界被称作历史，是人民创造了历史，就如同达摩克利特所认为的"是原子组成了世界"。可以这样说，在"一"的内部，从人民到人民，同样的人民，不管经历了怎样的政治风暴，甚至在其他方面，原始的质性差异激进地将人民从帝国主义中分离出来，并被复制。

毫无疑问，为了理解这种弱化了差异的复制，我们必须承认群众具有背离的能力。事实上，这也被称为他们自己的运动：群众运动。

当然，这种趋向也向我们呈现了一个很大的尴尬局面。它既不与虚空相关也不与原子相关，还不与凌驾于其他事物之上的偶然行动相关。它也不是一个第三方组成部分，或是一个第三方原则。它只是使得"一"得以到来。从公然被设定为初始原则的绝对质性差异，到被结合为弱差异的原子，它单独地解释了世界之物是以此来彰显它的存在的。

这种趋向是关于弱差异与强差异原则之间的差异的辩证法。

较之于其效用的两个边界来说，这个算符的介入对我们而言更加重要：一方面，原子/虚空；另一方面，世界是由原子组成的。（请注意，与此同时虚空已经退出了。这的确是它的命运，而预设了这种命运的趋向也必须在它的作用下消失。稍后将对此详细分析。）

作为出位原子虚空的趋向，将作为位置虚空的原子"辩证法化"了。

从长远来看，趋向远远超越了古希腊人而成为主体，或者更确切地说，变得主体化了。

用这种方式，结构辩证法致力于摆脱力的束缚。然而，这要求一个归位无限接近奇迹的降临，它既要反对原子的单调坠落（在其中，虚空是诱因），又要在偏斜之后与支配整体的规律相对应。对这个出位的要求我们可以称其为"自由"或者"偶然"，这是因为作为强差异的虚空的大规模运动及其组合过程，对于它们来说，完全是有必要的且都会被严格地放入归位。尤其是这个组合的过程，它除了是根据实在界规定运动的一系列相关联的原子以外，就什么也不是了。这意味着将其放入所有同类的链式因素。

偏斜是一个特殊的、超越必要性的绝对出位，它是一个不可归位、无定性的偶然。

这个偶然并不是为了空无才作为马拉美诗歌的一个主要类别回归的。在任何一种结构辩证法中，偶然都是一个很关键的概念。对于拉康来说，在偶然的掩盖之下，除了残酷的实在界以外，什么都没有。

这完全符合马克思主义的观点，即历史是政治需求的偶然。

这甚至并不意味着引入一丁点儿的非理性主义。

古希腊的原子论专家们对实在界是非常敬重的。从一开始，他们就假定强差异是力被碾平的影子。他们知道强差异自身并不会变成弱差异。为了使之发生，虚空就必须由原子组成，必须使得虚空的组成成为可能。就如同笛卡尔，为了将其"细微的物质"连接起来，他首先就必须设定有一个更加细微的物质存在。我们知道，无限的难题源自这个令人绝望的填充运算。除非我们假定有两种不同的原子——作为虚空的原子与作为现实的原子，否则这种修复就不会获得任何的强差异。

可能有人会马上反对说：这正是这些古希腊人处理偏斜的方式。既然拥有两种类型的原子，一类是发生背离的原子，一类是"正常态的"原子，那么我们绝不能建立一个原子间的联合。我们不能简单地根据强差异来划分原子，否则它们最终可能会引发某些事情。

因偏斜而产生的、分裂的、大写的"一"导致构成整体有多种方式。

有一个重要的反对意见：在这里，要区分必然与偶然，以至于必要性这个不忠诚于其毫无意义的开端（原子，虚空）原则的事物，可能通过弱差异的数字联合而扩展开来。但是偶然总会回来的，正如马拉美所言："出现偶然的地方，偶然总是通过肯定或否定自身来完成其自身的理念。面对着其实存、否定及肯定的失败。它包含了太多的荒谬。"

如果结果显示一个荒谬的异质性——背离——已经沿着路线被带入的话，仅仅将真实的过程位于单独的原子联合的内部是不够的。将其置于一个链条当中需要同质性原则的完善。它所需要的正是原子，而不是其他的事物。

结构辩证法依赖于这样一种理念，归根到底，我们无法思考强差异。的确，它是开放的原则。但是一切存在于思考之中的事物都是弱差异的结果：德谟克利特原子位置之间的差异，马拉美诗歌中象征符号之间的差异，拉康能值之间的差异，以及在某种意义上马克思主义群众内部政治阶级立场之间的差异。将开放原则投入实在界的过程是刻不容缓的，因为它修复了归位，且不带任何出位异质性的痕迹。

毫无疑问，从它在虚空与原子不可能的但真实的基础之上，将世界建立在偏斜的原子与正常的原子之间差异的基础之上，是一个进步。至少在这里，原子由于差异而不断被重复。如果发生偏斜的原子是虚空独特的标志，且在世界联合过程的内部复制了其异质性，那么它最起码表明了一个微弱的进步。

由此便有了以下我们的辩证法中很关键的一步：重要的是废黜偏斜。

这意味着什么呢？这意味着任何需要偏斜的特殊事物都没有特殊的解释，否则，一个普遍之物的存在是不可思议的。这意味着在任何原子的联合中，即使偏斜的存在决定了一个联合的存在，也没有原子应当被标记为是偏斜的。

一旦发生了偏斜，必须毫无例外地从它激进的行动中抽离出偏斜。

一旦它（偏斜）成为宇宙中原子的虚空性质标志，它就必须作为其绝对虚空的特性标志。

结构辩证法因此就致力于，依据其结果来取消力的这种极其细微的层创进化，以此使得偏斜的出位在原子联合的归位中变得可视化。

这是第二个很重要的运作，正如马拉美所言，通过这一行动，"机遇逐字逐字地被征服了"（"信中之谜"，D236），偏斜被取消了，必然的偏向也被禁止了：消失项的运算。

5

拉康将实在界作为一个分界线，在一个具有反作用力的分散中揭示了它所支配序列的关键所在；马拉美致力于将其诗性装置用来为废除缺失的痕迹搭建平台；原子论者们则指向了对这种偏斜的内部结合的消除。

什么是一个消失项呢？它标识出了在过程同质项内部实在界的强差异，但必须消失的、可能存在的最弱差异——位置的差异——可以单独掌控生成。

通过标识质量的异质性并径直将自身废除掉，消失项开创了强差异与弱差异之间相关联的可能性。由此，力得以进入位置。

这种标识仅仅只是标出了极限，而绝不会在其初始力中再标识出其自身。

有这样一种偏斜，原子也发生了这样的偏斜运动，但它是不可定位且瞬息万变的。也就是说，与此同时，偏斜不再与所发生的一切有任何关联了，而在世界中寻找由偏斜圣痕所标记的原子也是徒劳的。所有原子都是相同的，受偏斜影响的原子不再显示原子的任何踪迹，和其他原子一样，它受制于支配联合的、无异议的原则。再一次地，这个原则对原子提出了这样的要求，即如果它面临着某种虚空，它就应当在虚空中勇往直前，就如同其他原子将做的。

偏斜外在于时间，它并不在效果链中显现。所有的效果都臣服于律法。偏斜既没有过去（没有什么束缚它），也没有未来（没有关于它更多的踪迹了）或者现在（它既没有一个位置也没有一个时刻）。它的存在只是为了消失。它正是它自己的缺失。

偏斜的性质已经完全消失了。我们永远不会在可思考的真实事物的领域中遇见它。（原子间的）弱差异规则是不可分割的。

若无偏斜，我们便难以理解如下事实：世界存在于此，即强差异——虚空/原子，已经在刹那之间于存在的表面中找到了自身。

在结构辩证法中，性质的差异（力在其中显现了）并不是一个无。它是一个缺失，其效力正是来自其已消失的整体。

正是这个缺失，作为实在界（并非全部的实在界）的切入点，为我们保留了消失项这个名称。

思考实在界意味着，让实在界成为可能的东西被自我掏空了。

被偏斜影响的原子产生了没有任何这种影响影子的整体。甚至，这种效力是起因的反作用力，如果你将你自身局限在世界的实在界中——在原子的联合中——那么偏斜既不是原子也不是虚空，它既不是虚空的行动，也不是原子的体系，而是晦涩难懂的。它为思考提供了可能性，也承受了不可思考之毁灭。

关于不可思考之物的辩证思考，作为消失项，其初始类就是出位，它使得超越整个机械主义局限成为必要。必须理解这样一个事实，即一个完全展现的原因承载着支撑它的积极消力，在这个被消除的残余背后，是它拒绝透露名称的力的阴影。的确，这种结构的原因人们是不太情愿去辨认的，除了位置之间透明陈列以外的任何事物。

然而，不管消失项是怎样被消除的，它同时也留下了巨大的痕迹，即整体。世界的存在仅仅是因为趋向，尽管没有趋向可以在世界中被标识出来。

没有地方可被放置，消失的力量维持了所有位置的连续性。

　　只有当没有任何事物可与之匹配时，消失项才会缺失。当然，通过打破"一"而建立起基础的整体中倾斜的力量除外。这个"一"是怎样被打破的呢？答案是起义。

　　或许接下来我要告诉你们的将使你们大吃一惊，对于马克思主义者来说，这就给群众运动的作用进行了分类：就力量来说，它是绝对的；就位置来说，它是不存在的。是的，群众运动就是被称作历史事件集合的消失项。

　　对于群众自身来说，他们静态的存在、机构的组织以及他们集权的位置，共同组成了历史的世界。正是由于他们，各种形式的国家得以维持，而正是通过将群众团结起来的舆论，各种既定的社会存在获得了它的定义。这些被归位的群众并没有组成历史，因为他们本身就是历史。

　　然而，这种历史的存在是一种结果，其可能性总是来自发生背离的群众消失的愤怒，也就是说，在他们不可预测的高昂的联合斗争的风暴中，群众却揭竿而起，转而反对起本来是为他们建立政权的理念服务的国家形式。

　　我们可以这样来描述群众运动，即它那令人印象深刻的清醒、坚不可摧的勇气、独树一帜的划分以及令人怀疑的聚集和友好的"恐怖主义"，但我们不相信那里存在着一个稳定的社会政治的术语。任何试图以一种持久的方式创立富有创造力的、耐心的形式，或者定义国家事务，都将群众运动推向了反面。苏联在1920年以后得到就是他们历史幽灵集权的消失。群众运动的存在就是为了消失，我们必须接受这一事实，即在历史归位的大舞台上，群众运动出现得毫无征兆。对于这一点，许多筋疲力尽的怀旧论者们以这样一个自问作结："那里究竟发生了什么？我们又在思考着什么？"

　　他们仅仅是忘了整体正是来自他们所发问之处。即使人们意识到在其中，激情也没有任何成分是来自以往的；即使占统治地位的是表面的对立，这个整体也从由运动所释放的力量中吸取了连续。不仅如此，他们还忘了，政治计划都是没有未来的——不管它现在看起来有多么卑微，一旦风暴被归位。除了在由群众运动所建立起来的缺失所引导的方向上平稳前进，他们别无选择。

在群众运动与政治学的关联中，我们必须考虑到消失项的辩证功能，通过将其嵌入力，并且，如果可能的话，通过避免将其规模的缩减发展成永久的偏斜——通过其位置的保守主义得以生成。

根据他们平稳的归位形态，我们说群众即历史，因而在他们的显现—消失过程中，他们创造了历史。

他们创造了自身，但消失才是让他们得以存在的根基。

在此，以下的矛盾也被揭露出来了：消失项的本质就是消失，但同时也正是因为这样，其存在有了最大的可能——作为整体，它是自身的起因。

只有整体中缺失的部分才能让其有连续的可能。

分裂的演绎

（1976 年 1 月 5 日）

马拉美和群众理论—组合的三种形态—任何项都有一个消失的边界—结构辩证法定律—革命的结构定义—马拉美和焦虑。

1

上次我就向你们建议，我们应当根据群众是否向我们展示了历史的存在，或者说，作为一个具有任意权力的消失项，他们是否是历史的构成，来对群众的实存进行分裂。在群众当中，诗人马拉美——那个神秘的隐居者——已经强烈地意识到，他们掌握了真正的艺术奥秘。

尽管他的诗歌通常将星丛、玫瑰、书柜以及花朵枝条等东拼西凑地归位、聚集在一起，以此来反对被午夜所抛弃的资产阶级沙龙的布景，尽管通过消失项，这些非常重要的材料将联合在一起的力融进了一种冰冷的思想，但他的诗歌似乎并不比落日走得更远（那个著名的菲利克斯，那个"凄美的自杀"，那个"午夜的傲慢"），或者比那些天才的死亡走得更远（"坟墓"逻辑、波德莱尔、泰奥菲尔·戈蒂耶、魏尔伦、瓦格纳、爱伦·坡）。如果我们仅仅认为，这个奇妙的辩证学家，只是在他自己的房间里心理煎熬，或者对自己的先辈顶礼膜拜，那我们就大错特错了。

马拉美只不过想要用一本书和一座座无虚席且沉默安静的群众剧院，来对这个城市进行授权。他将这里的群众称为"人群"。他将最终发现，它的生产力来源是通过撤退而得以实现其完整的象征的："人群就如同一个从没有过的元素，使我们感到惊讶，或者使我们实现了所谓的守护神秘的功能！它自己的！它将其丰富的无言沉默比作一个管弦乐队，在那里，集体主义的伟大得以显现。"（"神圣的欢乐"，D241）

人群的沉默就是由集体主义的伟大所产生的，在它具有历史性的伟大隐秘里，是具有象征性与启发性的艺术聚集。

根据这种迷失于寂静夜色的因果关系性，马拉美认为，艺术家只不过是一个空洞的传递者而已。书籍是一个独立于任何个人主题的过程："根据象征的意义，在某种程度上来说，如果我们将书与作者分离开来，那么我们也就不需要读者了。因此请注意，在人类的插曲中，它完全凭借自身发展：从过去到现在。"（"有限行动"，D219，翻译修改）

作为"已完成的"或者"已做成的""是"，书籍是深受艺术自身安排的"集体主义的伟大"的压力所迫的，它没有被艺术从内部标识，也就是说，它没有成为一种政治学。作为"实存的"或者"存在的""由于"，它形成了一个归位，因此可以被人群从其所发行的地方注视。尽管不了解它，但艺术总是"夸张地存在着的，对于人群来说，不经意间就明确见识了它的辉煌"（"音乐与文字"，D190，翻译修改）。

人群是艺术的消失项，来自一般语言的倾向——没有概念的贸易流通——总是将诗歌分割开来。作为一种合适的语言学组织，它清晰地提出了"关联……少与多"以及"将世界简化"等问题。

（"音乐与文学"，D190，翻译修改）

　　当然了，人群绝不可能在其随意的行动中被捕捉到，因为正是在这个行动中它消失了。在艺术的反作用力中，优先于表达其失去关联的工作本身的巨大影子，看起来更像是已经被废除了。在这里，马拉美关键的象征影像就是烟花：为了庆祝 7 月 14 日的那场暴动，夜间地面上唯一的人群，在夜空中放起了绚丽的烟花——"［……］夜色之下的复多并没有组成景观，然而突然在它面前，在半空中，升起了无数清晰的水雾，这象征着金子，即每年的丰收财富，并导致了正常的、高度凝视的爆发。"（"维利耶会议"，《全集》499）

　　在沸腾且具有摧毁力的群众与这些和平聚集的官方观众之间，有什么共同之处呢？事实上，诗中"无数清晰的水雾"——或者是音乐——除了组成整体以外就什么作用也没有了。在杰出的象征性书写中，在人民的财富创造之外，尽管处于其紧密的缺失之中，但艺术恰恰点亮了与自我日渐疏远的惊奇。

　　鉴于艺术的这种功能，马拉美在一个令人惊奇的文本中，不断地发送着普选权和暴动的信息（尽管这带有一丝丝的概念偏好）：

　　　　如果在未来，宗教重新回归法国，这将是对天空的本能的扩大，而不是说把我们的天性降低到政治学的层面。选举，即使是对自我的选举，作为用号角来吹响无名选举之欢乐赞歌的扩张，也是不能令人满意的；一个暴动也不足以狂暴到使一个人进入喧嚣、混杂、挣扎的斗争，从而成为一个英雄。（"音乐与信件"，D195）

　　对力量的需求使马拉美成为一个革命的知识分子，这里包含了对人群（"沸腾的""混杂的"）力量中自我提名权的废除。这里存在着一个正在消失的"狂暴"，通过它重新回到生活的斗争中，所有英雄的理想主义得以继续。请仔细理解以下的话语：为了让一个具有代表性的归位（某种"宗教"）得以产生，主体必须由其自身的"天空-本能"带走，而这甚至会将其古老名义上的身份给废除掉。对这种有冲击力的缺失背景的反抗，在其中，普选权是个完美的否认，从礼仪上讲，是"我们每个人内心中的强大"。从其行动中消失后，现在群众回归它本质的平静，思考着其消失力量的象征。

在马拉美所梦寐以求的事物中，我们的时代是找不出这样的例子的。这才是真正的剧院，在其中，人们于前进中"倾听自己的伟大"。

愚蠢的人们发现了这个从属于宗教的事实，但仅仅促进了概念的正义化。

然而，这个事实也证明了暴动——与马拉美所言相反——是群众作为消失项的准确形式，"足以狂暴"到导致时代自身壮丽地重构起来。

的确如此，即使艺术是力的聚集。

在 1880 年到 1890 年间，马拉美首先承受了将群众扔回其中央集权存在的、静止地面上的暴动缺失之痛。他自己也洞悉这一点："［……］没有一个作为'现在'的存在，不——'现在'是不存在的……因为缺乏群众对自身的宣布，因为缺乏——一切。"（"有限存在"，D218）

"没有作为现在的存在，意味着倾向是不存在的，揭竿而起的群众的创造性缺失也是不存在的。根据律法规则，存在的只是位置温和的联合——马拉美认为，'律法''以一种透明、暴露且不可思议的方式陈列着'。"（"音乐与文字"，D195）

尤其不可思议的是，在这些殖民的、有附带条件的温和时光里，马拉美应当已经发现，只有将任务分配给艺术，所有的事物才能显现其辉煌，一切事物才能永恒存在。

在这里，我们被过度的力量阻碍了。从 0 到 a，我们甚至没有，如同在从位置 P 到项 A 的例子当中，处于其自身位置当中的项，指数 $A_{p'}$ 的调解。我们在这里与其对立面，善恶二元论中的大"二"交流。与连续的虚空相反，这里存在着非整体的散播。

当然了，$aaaaa\cdots$这个系列在质量上是由其与 0 的对立面决定的，但这运用到了整体当中。强差异使得复多进入了对立的大写的"一"之中，杜绝了任何联合的事物从中产生的可能性。

如我们所见，偏斜找到了一条逃生道路，用因果关系标明的道路。一个原子由虚空以一种单独的方式标记，一个符号由背景标识，一个能指（菲勒斯）由象征标识，在其运动中（它的描述，它的代表性的功能）打断了领域的均等性，使联合能够继续下去。

因此有第三个数字：a_0（消失项）/$aaa\cdots$（作为所有事物位置的初始链）。

这个数字停留在家族中（仅仅是 a 的家族），但这一次，围绕着环绕链条联合的连续性是由消失项所保证的。

从虚空走向因果关系的指引，触及了物的关联。

消失项不属于整体中的任何元素。因此起因是无，因为"某物"仅仅是整体元素的一个联合罢了。

尽管如此，如果存在着某物而不是无（这是莱布尼茨与海德格尔的问题），如果联合存在于大写的"一"的固定分散于尘土的基础之上，则那个无意义的"牛奶路"（即银河系）中的"牛奶"，就显得有理有据了，它因此处于一个大写的"一"的偏斜效用之下，并消失于整体之中。

因此，消失项并不是无，而是作为整体的导因，它与其连续是同质的。

如同一个德谟克利特者，马拉美清晰明了地说道："我非常自信的认为，有一些东西，小东西，有一些几近于无的东西，让我说得更直白点——例如，这里存在着与文本等同的事物。"（"音乐与文字"，D177）某种小的"无"构成了诗歌整体表达的目的，自此它与以下事物等同：马拉美的消失项，即缺失因果关系的支撑物。

2

我们仍然可以隐喻地说消失项与整体是等同的。并不是通过整体或这个连续性自身，这个弱小的无的所有连续产生了，因为整体是如此弱小，以至于它被分配到事物之中。那么它在哪里呢？为什么有冲击力且不能挽回的偏斜与所有现成的秩序背道而驰了呢？

在消失项和缺失的因果关系差异发生变化之后，我们需要推导出分裂。这是结构辩证法的第四个概念。

让我们再次回到原子论这条线索。

偏斜发生的事实就意味着原子的运动最终联合了，从现在开始，原子可以一个连接着另一个了。

尽管在这个意义层面上，即如果在现实世界中没有原子作为其自身特别的承载者，偏斜就会消失，但事实上偏斜普遍存在于所有原子的连接之中。

原子之间并非平行运动，而是接入万物连续的点，这恰恰代表着偏斜消失了。

将原子自身纳入作为整体的事物中，就意味着原子的行为源于偏斜。尽管这关系到它常态的象征：成为一个联合中的元素。

由此将项 a 与其相同但有区别的 a 连接起来，也就是说，在显现与消失之间的消失项是任何可能连接的支撑。

事实上，任何原子都是消失项，因为它们可以将自身与他者相连接，以此组成作为事物的整体。

这个行为的结果便是没有单个的原子会成为消失项，因此我们可以避免——这也是结构辩证法的目标——强差异的回归，这个行为的结果将由被分成两类储存的、发生偏斜的正常原子所引起。

每个原子都必须被视为存在。一方面，它本身，即那个无差分的 a 只有通过位置才能被区分；另一方面，它将其自身与其他原子相连接的能力，将其自身纳入整体中的能力，即它内部的标识只有通过趋向的消失才能得以实现。

这就是分裂的等式：$a = (aa_0)$，从中我们可以很轻易地辨认出，从一个不同角度被重构的断裂的这个等式 $A = AA_p$，我们已经于去年在我们对黑格尔辩证法的考证中推导出这个等式了。

我之所以说是一个不同的角度，是因为在位置所引起的指数化之后，我们现在获取了由起因所导致的断裂。

在结构辩证法中：一方面，任何项都被分裂到它的位置当中；另一方面，它消失的能力又被用来做连接。

对于我们来说，这就和位置和力一样令人称赞。但是，正如我以前所说的那样，结构辩证法并不愿意命名这种力，并试图破坏这种力，让其归位。

联合中的一个元素单独被纳入进来，但是只有在一个缺席的整体化作用之下，它才会与其他元素连接起来，在其中，它展现了界限；(a/a_0) 通过消失项将自己纳入 (a_0/a) 中，这个消失项对它们来说是很常见的，它经由界限 a_0 使它们被总体化。

因此，那个缺席的起因总是被重复引入整体的效力。这是结构辩证法的一个主要原理：**若要让因果关系有效，那么所有项必须分裂。**

因此，由大规模群众运动所导致的世界所留下的痕迹——对此我们已经表明过了，它们是所有历史事物的消失项。这是基于这样一个事实，即任何形式的意识、任何观点、任何现实，在最终的事件中都被分裂成新旧两类，通过这两种类别，历史在组成其联合的整体中创造了运动。

至于无产阶级，它是我们这个时代新的主体的名称。如果无产阶级在结构中定义了其位置，那么它最基本的任务就是标识旧事物中的界限。这就表明，这个无产阶级在今天的葡萄牙，就是来自南方的农民。关于状态，其最明显的错误就在于它与真理的对立重叠。位置的错误就是力的真理。

不管多么牢固甚至僵化，一个历史性的事物看起来就似乎是展现了消失运动的界限，这个运动导致该历史性事物在整体中显现，也就是说，展示了它未来被摧毁的状态。就如同那些被冲上沙滩的树桩，干燥的泡沫标识了死海的界限，这也是浪潮急迫地回旋所致。

伟大的动因的关键并不是它没有名字，而是这些动因就是伟大的因果关系。

对于这样一个事实，即通过展现自身 a_0，消失项力图将自身与 a 连接，我们有了关于事物的一个定理：$(a=a_0) \rightarrow (aa)$。这个定理将分裂与连续相联系：所有这些都没有超出拉康原理的范围，"一个能指就是向另一个能指展现主体"。

一个项就是向另一个项展现消失项，由此就能够聚集、形成一个链条。

实现其联合元素的功能就等于向另一元素说明不存在的原因。

3

因此，马拉美这样制订了他的计划："用有意识的模糊不清而绝不是直截了当来唤醒沉默的客体，将一切事物都归为寂静，这

一行为已经接近创造了。"("魔法"，D264)

回归寂静的客体并没有进入诗歌。尽管有意识的模糊不清唤起并奠定了诗歌连续的基础——不存在的原因，但是不存在的结果存在于对每个书写项的影响之中，这些书写项被强迫为"委婉含蓄的""绝不能直截了当的"，由此它们才能在整体中与最初影响客体的寂静平分秋色。

引经据典是书写项消失的界限。正是引经据典，由于客体的缺失，诗意地将自身与其他项连接起来，目的是最终产生匮乏的觉醒，也即，一个诗意的事物，一个完整结合的宇宙。

诗歌中的单词是分裂的：它是单词又不是单词，语言和沉默平起平坐，是一种明亮轻快的阴影。仅仅是这种分裂，便为诗歌的谋篇布局以及将自身纳入明喻链提供了支撑。

如果沉默必须被言说，那么诗歌就必须将每个单词都纳入其消失的那一面。

作为一个整体，诗歌是——根据马拉美的愿望——与沉默的客体等同的，它不断地言说，直至单词自我消失。困难在于这样一个事实，即单词自我消失的唯一工具是基于其消失界限之上的，而这个界限又只能是其他的单词。

因此，我们必须同时将消失的工具也消除掉，否则单词将在匮乏遗忘的层面上获得一席之地。在其匿名特征的层面上，马拉美辨认出，语言的交换功能，某种程度上具有货币的特征。

诗歌什么也没交换到。它的主要成果就是对交换的废除。为了使之得以发生，痕迹必须从由单词联合力量而带来的它们自身消失的火花中消失。

在马拉美辩证材料的核心中，我们不仅发现了如下的三位一体——消失项、不存在的因果关系、分裂，同时也发现了其效力的第二个等级——匮乏的匮乏。

因为某些原因，我们不得不进行调查研究。拉康将匮乏的匮

乏命名为"焦虑"（angoisse），并且他认为只有"焦虑"才不会
欺骗。

马拉美所说的，与拉康大同小异：

> 灯座，焦虑，在午夜中延伸，
>
> 那些由凤凰涅槃所带来的夜梦，
>
> 甚至连举行葬礼的土罐都没有，
>
> 在空荡荡房间的书柜上……（CP69，翻译修改）

的确，在虚空中主体也使自身黯然失色，焦虑是熄灭的灯光，
在其中，这个主体为其缺乏的现实赋予了光彩。

"令人窒息的云层下面"

（1976 年 1 月 26 日）

> 句法—创始的隐喻—转喻的链条—结构辩证法的所
> 有概念—匮乏之匮乏：诗歌就是其所言说之物——苏维
> 埃社会主义联盟和塞壬。

1

马拉美的诗歌就是一个整体，其消失的客体就是结构辩证法本身。说得明确一点，它是"组成一个逻辑联合主题静止的、有旋律的加密"（"音乐与文字"，D188）。这将显示其分析的相关性。

如果把主题逻辑译成密码，为什么说非诗歌莫属呢？人们可能还会问：是怎样的下降客体导致了拉康风格的形成呢？

用演绎证明的方式或许能回答这个问题。马拉美和拉康对句法的管理并不是徒劳无功或随心所欲的。它是结构辩证法的语言，总是矗立在结构主义悬崖的平坦边缘，然而又随时准备和一只小羊羔一样跳回来，以至于不跌下深渊。

在这里，诗歌弥补了力，人们对此总是矢口否认。

可以这样说，尽管从外部观看，马拉美的诗歌是晦涩难懂的，但实际上其诗歌往往只是表达了一种单独的含义。

我们必须终止这样一种懒惰，即众多的读者绕过了那只拦路虎，只是为了宣称，允许多种可能性答案的存在是其谜底的功效。这种绝对的辩证法并不代表任何的"一词多义"现象。我们不应当把一个不稳定的混乱当作一个既定复多的回声，这个回声是建立在对坚定的、连续不断的意义的加密的基础之上的，正是通过这些非凡的冲压，诗歌阐释并区分了自身。

马拉美警示我们，意义的统一性恰恰是作为写作空间的法则在发挥作用。"在这些对立中，我应当把什么作为理解的核心呢？我们需要一个保证——句法。"（"文之神秘"，D234-5）

对于任何致力于发现诗歌的功能，并以此获得阐释诗歌匮乏之途径的人——存在于个人中的辩证逻辑的人——来说，最主要的指南就是不要迷失于语法之中。

为了证明这一点，我决定将一首从未面世的、写得断断续续的、有张力且充满了诗意的诗歌呈现给大家。

> 令人窒息的云层下面
> 静止不动的
> 是玄武岩和火山岩
> 它们爆发所发出的回响
> 竟先于缺乏优雅的号角声
>
> 哦，这阴森森的沉船废墟（浪花知道所有的
> 秘密，但它只是在那废话连篇，喋喋不休）
> 最终船上的废弃物被扔掉了
> 连那个光秃秃的条文桅杆也不能例外
>
> 否则这将成为隐秘，愤怒地

降临某些巨大的灾难

所有自负的差异越发巨大

在那如此洁白的、被拖曳的树枝中

一个塞壬孩子般的天真

将要被贪婪地淹没掉

（CP79-81/83）

沉船事故甚至将桅杆都吞噬了，船上的帆也被撕毁了，这就是沉船之最终残骸吗？海面上的泡沫是这场灾难的痕迹，它知道所有的秘密，却沉默无语。船上的号角本应该给我们发出信号，却并没有被我们所听见，在这低沉的苍穹下，在这颜色如火山岩石般的暗沉海面上，信号是苍白无力的，唯有将危难信号可能的回声封存起来。

实际上，若不对任何船只的消失感到愤怒，天海之间的裂缝已经吞噬了一个塞壬女妖，那泛起的白色泡沫不过是她的头发。

总之，一旦我们理解了以下的事物，我们就可以理解上述这首诗的结构了。

第一行中的 tu 是 taire（不说）的过去式，它的意思是"寂静，安静，或者静止不动"，指的是沉船。（quel naufrage，tu a la nue，abolit le mat devetu？：这沉船，在令人窒息的云层下，寂静无声，它甚至将条文桅杆也丢弃了吗？）

par une trompe sans vertu（通过一个没有效力的号角）指的是 tu（寂静无声）。（quel naufrage，tu a la nue par une trompe sans vertu：这沉船，在令人窒息的云层下，由于一个没有力量的号角，寂静无声。）

a meme（同样）指的是 basse（低者）（la nue basse de basalte et de laves，a meme：光秃秃的玄武岩和火山岩下，同样如此。）——在 tout contre（所有防备）或者 flush with（充满）的意义层面上——les echos esclaves（回声被封存起来了）。即在玄武岩

和火山岩下，云层中充满了被封存的回声。

此外，第二个四行诗被一个问号打断了。

在三行诗中，我们必须想象在 furibond（狂怒的）和 haute（上层的）后面有一个逗号。

furibond（狂怒的）据说是由于 l'abime vain eploye（徒劳的无限延展的深渊），它对于塞壬的溺死负有不可推卸的责任。

如果人们希望它包含在假设之后，并由作者确认句法服务功能的详细材料的话，那就没有其他可能的道路可走了（可以自行测试）。

2

去年我们说到了归位，它是由任意一个事件的发生所决定的。马拉美将狭窄的、令人压抑的、无限连接的海洋与天空当作他象征性归位所代表的出发点。

归位的比喻，更确切地说是那页白纸的归位的比喻，在那里一切都被书写了。关于它的装饰布置，将其称为大自然的一个碎片，已然足矣。这是因为，马拉美很精准地将天空与海洋的聚集从大自然中排除掉了："海洋——如果天空没有同它一起被书写的话，那么人们最好对其保持沉默，而不是将其以插入语的方式撰写下来——被分散了，说得更恰当点，海洋从自然中被分离出去了。某种特殊的戏剧在它们之间起到了一种摧毁的作用，而这也是于无人中进行的阐述。"（"牧歌"，D269）

对于这种"特殊的戏剧"，我们的十四行诗为其提供了一个"拟人化的理由"，或者"于无人中进行阐述"的概略图（纯粹逻辑），它的写作必须通过对效力的演练而将匮乏填满。阅读这样一首十四行诗就意味着要变成如下人群的心灵知己：

　　这里没有果实，我却心满意足，饥饿

　　也在它们著名的匮乏中，找到了同等的光彩。（C/P

81）

　　对于辩证法与力量，我建议你们在阅读马拉美诗歌的过程中，去认知与它们缺席相等同的特征。

　　结果到了今天，所有的政治诗歌都是关于史诗的，这仅仅只是委婉地表达其诗意，也即，通过一切掩盖其壮丽的方式，而不是通过将其宏伟呈现出来的方式，来表达这种委婉含蓄。

　　作为一个诗人，马拉美打算将原始页面作为归位自身初始的隐喻。我们如果承认这一点的话，那么就能立即发现，马拉美的诗歌是从第二个隐喻开始的。在那里，复杂的海洋-天空取代了"由其空白所守卫的空白页"。（"海面微风"，CP25）

　　马拉美诗歌中的海洋是从自然中分裂而来的，它处于一种无名的状态。一个痕迹——泡沫——抓住了一个意义并没有放弃的原则。（tu le sais, ecume：泡沫，你知道它的）

　　这是诗人在纸张之空中书写下的第一个痕迹，对我们来说，它本身就是归位的一个痕迹，这使得任何一个归位，在反作用的效力下，进入一个位置。所书写的"在其自身中"并没有指定的位置，而只有在否定了原始页码机遇般的纯粹性之时，才能得以生成。

　　通过这些隐喻的手段，马拉美的诗歌被比喻成泡沫及海洋-天空，并逐渐能够针对痕迹和空白之间的矛盾了。

　　马拉美最为关键的问题在于，其写作过程是由被撰写的文字开启的，这些文字是归位页码上的出位。诗歌理论上的陈述让我们对以下内容深信不疑：

　　靠在空白边上，根据页码，它的纯洁开创了它，甚至忘记了将要大声说出的主题：到那时，在一个最次要、

最具散播性的连接点上，机遇被逐字逐字地征服了，空
白孜孜不倦地返回了，无端早了些，但现在确定没有什
么超越了它，并且它也证明了寂静的真实有效性。（"文
之神秘"，D236）

甚至在这首诗之前，我们就获得了以下进入的隐喻界限（M_0
作为"隐喻"），如下所示。

出位		写作		泡沫
——	→	——	→	——
归位	M_0	空白	M_0	云层

泡沫的疑问，以及由此而致的出位与写作的疑问，构成了诗
歌布局的出发点。

两个假设被"或者"或"除非""这一点，或"（ou cela que）
分离了，从而解决了自身不可破译的词语的悬念：

a）泡沫将成为沉船事故之海上空的痕迹；

b）泡沫将成为一个塞壬纵身一跃的痕迹。

这两个假设是根据两个转喻的链条而交替被组织的。沉船是
由一系列不幸的信号（号角）以及它航行所依据的条文桅杆所组
成的；而那个年轻的塞壬，则是由其稚嫩的羽翼和飘逸的长发所
组成的。

沉船和塞壬是两个消失项，它们证明了这样一个事实，即存
在着某物（泡沫），而不是什么也没有（压抑的云层）。

这些项的确消失了，而泡沫成为它们消失的唯一痕迹。沉船
被摧毁了，塞壬也跳入了水中，如果说泡沫开启了事物的问题，
那是因为这个问题关系到它的起因，而这个起因是不在场运动的
秩序。

作为马拉美诗歌消极的概念，这些转喻链是名副其实地静止
不动的，并自始至终致力于将缺乏带到无效的边缘。

沉船只有废除其最高的投弃物——桅杆，甚至还不是其整体——才能被唤醒，或者被假设的听不见的号角声所唤醒。塞壬仍然拥有年轻的面庞、一头的长发——只不过其中有一缕白发而已。

如果我们同意用一条斜线或者一个斜棒来标识随意项的消失行为，那么，那两条被"或"或者"除非"打断的链条将通过以下方式展现自身：

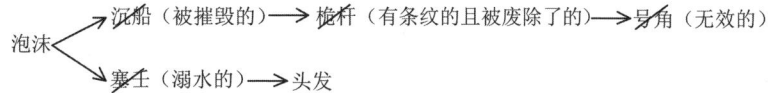

在这里我们发现，我们带着所有的类别回归了。强差异（泡沫/空白），开启了事情的问题；弱差异之网，则是由转喻（沉船，桅杆，号角；塞壬，头发）所组织起来的；通过匮乏的随意性从一个到另一个过渡，它是由消失项所支持的，即沉船的摧毁与塞壬的溺水，其中，泡沫是归位之废墟的出位标志。

消失项是空自身的标志这一点是显而易见的，这来源于这样一个事实，即沉船被吞没了，塞壬也刺骨地或者贪婪地被溺死了，就好像这些项，仅仅当它们重新被汲取到大海的深渊之中时（它们是那个世界里消失的代表），它们的实体和效果才能得以形成。

让我们注意整首诗歌进程中所取得的进步：如果被摧毁的沉船是一个被包含的外观，是被吞没于同质性中的一个异质性，那么相反地，塞壬这个海上怪物就来自令人头晕目眩的驱逐。驱逐是出自其本土元素的，它是转移中的一个同质性，就在海豚一跃的瞬间，在表面可见的异质性中，更多的是来自贪婪深渊的悔恨。

位置是如此贪婪，它会在第一时间将其所分发出去的东西收回来，那浅浅的伤口也在表明，除了自身以外什么也没有发生："除了位置，什么也没有发生"（骰子一掷不会改变偶然。）

分裂对于泡沫的双重性质，它也是清晰明了的。一方面泡沫当然是一个痕迹，因此它是在世界的差异中被捕捉到的，也即云层无限的天性。但是在另一方面，它之所以能够维持"多"，却"亏"了与深渊极其相似的事物，其中，它指明了废除的消极力量和潜在的效力。正如诗歌中所言，出位的存在之地让其发现自身是位于位置（归位）的律法之下的。返回空无深渊的沉船与塞壬，根据起因（消失面）和一致性（有效力的，但实际上沉默无声的、"吐着泡沫"的痕迹）将泡沫分解了。

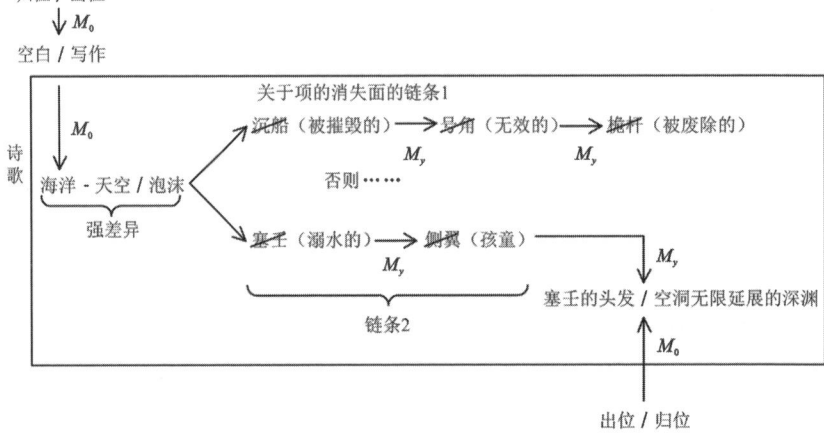

当见识了文本是怎样根据其隐喻（M_0）和转喻（M_y）的布局从而成为结构辩证法的象征之时，我们因此也将接近我们问题的尾声了。

但是以上的示意图最终提出了以下的问题：

（1）为什么会有两个消失项（沉船与塞壬）？为什么神秘的政变所导致的分裂安排了两个隐喻链？

（2）为什么这个非同寻常的终止，在诗歌的结尾处却激起了隐喻的再现，在头发与深渊关联的伪装下，它显然从一开始就作为泡沫/海洋-天空被引入了？那么从泡沫到头发，我们又获得了什么呢？

3

为了达到匮乏的后果，这个匮乏分裂了实在界的指标。让整首诗得以合理地存在，那么，只消失一个项是不够的。

尽管如此，沉船也没有消失两次。

当首次被摧毁时，船只抛弃了它的航行，停下了它的号角（它的塞壬已准备就绪，但仍然是在惊慌的意义层面上），以至于它最重要的投弃物可以废除自身。

但是失事的船只反过来被激活了，并被置于疑问当中。毋宁说它是一次塞壬的溺水事件。

这两个否定并不属于同一个种类。第一个因果关系的消失提供了一种形象；第二个废除了消失本身。而在与这个废除对立的背景中，第二个和最终的消失项（塞壬）——逃之夭夭了。

我们也必须对资产阶级进行两次摧毁。首先是对经典的旧资产阶级的摧毁，列宁主义提供了摧毁其机器的手段；然后是对新的国家官僚资产阶级的摧毁。

整个问题包含了以下内容，即为了列宁主义革命而作为消失项的历史代理人，革命的大众是否与那些来来去去的、一开始就作为它们（政党和国家）的支柱是同类的？在俄国（指苏联，译者注），当斯大林已然不能够提出任何措施来维持其生存（除了在恐怖面前黯然失色的平等外）之时，哀号的资产阶级也曾设法欺骗过自身。

一个还是两个消失项？

看起来更像是，只有在资产阶级之船中的社会主义被摧毁之后，我们才不得不考虑国家共产主义塞壬之溺水身亡。此外，这些塞壬是留有小胡子的。只有当新事物暂时地取得支配地位之时，垄断的国家官僚资产阶级才能够解释这样一个事实，即其刺耳邪恶的歌声能够引诱与埃塞俄比亚上校、越南军队、阿拉伯知识分子、一些东方集团中的技术工人、公然反抗的拉美人、法国贸易联盟中那些头脑简单的专业工人等截然不同的、历史上有名的航海者们。

为了将一切都纳入沉船事故的整体，需要新事物就不足为怪了，例如将与剧院、电影、油画及哲学相关的成千上万的学生和工人动员起来。

对于马拉美来说，在任何情况下，第二个消失项对自身的记录都依赖于第一个消失项的匮乏。只要它不再与项（船只）有关而是与其消失（海难，船只）有关，这个匮乏就是激进的。

这首诗在效果中展现了匮乏的因果关系，而且由于缺少首要的、假定的动因项，在其规律中，展现了第一个消失项。

"否则……"抛弃了已废除的事物。关于缺失效力的预测现在证实它已经被废除了。

因此，诗歌不仅仅是辩证法种类的隐喻，它还是辩证法种类的概念。种类的现状推动着诗歌继续向前进。

我们诗意地从船只到达了塞壬，两者都是消失项的隐喻，通过消失项的第一个形象产生了对第二个形象的需求。

这正如诗歌中所曾言说的。

在这个层面上，它与马克思主义者的行为是极其类似的。其中所书写的，除了政治主体在其敌对团体中用来支持自身的支柱以外，别无他物。自列宁之后，每个马克思主义文本都配有这样一个标题——"当前形势下我们的任务"。

相比较而言，马拉美更多的是将结构辩证法诠释为诗歌的一种指令，而不是一种隐喻的主题。

作为匮乏的船只，或者说船只必须在其匮乏中匮乏，如此才能让作为理想的塞壬得以生成。

马拉美这样说道："吹灭存在之蜡烛，方可让一切得以存在、证明。"（《伊纪杜尔》，雨果《论文学》，434）

诗歌是这种熄灭的存在之反作用力的证据——存在。为了被提供，存在需要匮乏之匮乏。

如果一切事物的存在都有赖于从自身所得来的匮乏，那么这个道理同样也适用于起因。这一切只有通过第一个随意性的废除——这个随意性是你所给予的随意性本身概念的连续体现。

这个特殊的运算是马拉美辩证工具的代表，通过它，就从内部保证了对第一个消极隐喻的镇压，这个镇压在以下将被称作"废除"。

塞壬为什么会停下来静止不动，就好像它在一个匮乏的想象当中？对于这个匮乏来说，塞壬不能匮乏。今天我们就不花时间来回答这个问题了。

这样的人是没有缺点的，他们认为在十月革命的推动下，一个工人阶级的国家并非历史的偶然，无论有人多么讨厌这个国家，它都不会脱离其本质。

显然在日渐消亡的国家旗帜之下，马克思不仅想象了资产阶级国家的匮乏，更进一步地，他还想象了匮乏之匮乏并将其称作共产主义。其中，摒弃了所有的政治因果关系。在这个废除中，无产阶级专政的国家支持这个计划。列宁完成了这个任务，并指出：任何国家的本质都是资产阶级，以至于在第一个起义攻击效力下匮乏的到来中（这个起义清除了无产阶级、国家——通常是资产阶级的国家——的根基）必须再匮乏一次，而现在它清除了无产阶级社会中共产主义大众的道路，作为一般历史中的消失项，最终臣服于其具体的概念。

给人们的感觉就是，某个掌舵的社会主义国家和政党，一些领导人已经堕落为资产阶级官僚的硕鼠巢穴。

这种经验仍然需要被转化为一种马克思主义的政治学。

我们不仅要打倒旧专制，还必须要明白如何解放我们自己。

在那之后，那些仍然坚持认为社会主义及其国家是一个稳定的整体的人，持有与马拉美对停止点的假设观点相同的意见，但他们并没有看见其被废除。

马拉美辩解说他们是不可被制造的。然而相反的是，一直到今天，帝国主义的苏维埃社会主义联盟这个塞壬，即使它返回深渊，也不复存在。

任何一个主体都是一个被迫的例外，
屈居第二位

（1976 年 2 月 1 日）

戏剧—天主教与政治—匮乏与破坏—例外的能指，
主体的轨迹—马克思主义与艺术的坟墓—悬置点—对
《骰子一掷》的分析—玫瑰与共产主义。

1

从埃斯库罗斯的《奥瑞斯忒亚》（Oresteia）到布莱希特的戏
剧，谁能算清我们对戏剧的贡献有多大？重要的艺术是我们历史
中未被打扰的分析师。马拉美对此发表了一条清晰而又独立的宣
言："从本质上说，戏剧是高高在上的。"（"类与当代"，D142）

马拉美致力于我们这个时代的戏剧发展。在这里，我们的时
代意味着什么呢？它是这样一个时代，其中最重要的、最具代表
性的、戏剧性的宗教、天主教，已经沉没。

在马拉美对大众的分析当中，我们的辩证学家发现，正如黑
格尔在阐述救赎的奥秘的概念时所发现的譬喻性真理，大众是结
构辩证法中声名狼藉的戏剧。请自行分析：

在国家宗教的舞台上，它被分成三个本真性的片段，然而并未被任何结构所超越。这将其划入一种三重性的工作当中，向一种类型（在这里指基督教）的本质发出了一个直接的邀请，进而展现了它的隐蔽性，并通过振动勾勒了无限扩大的蓝图。这竟意外吻合了当代哲学与艺术的希冀。（"同一性"，D251）

对显现的召唤是"真实在场"的主旨，它以上帝的不可见性而告终，即最基本的消失项。以它的缺席象征为例，这将位置引入了无穷，就如同在《骰子一掷》中，直到祭司消失于海水中那一刻，数字的给出都是不确定的，凝视着包含了许多星星的星丛才变得确定起来。

事实仍然是那样的。在 18 世纪 90 年代，人们依然不能体面地与天主教打交道。本来优秀的戏剧的世俗化仅仅导致了"心理学研究的两条道路，在那里我们的需求分裂为美学与政治经济学"。（"魔法"，D264）

一切如故。若非为了献身艺术与政治，我们为什么要创作戏剧呢？有人会宣称是为了科学，而马拉美的深刻就在于对此保持沉默！谁会相信主体会如同人们所设想的那样，可能会引起主体欲望的产生呢？

为什么我们的需求会发生转向，其中的原因尚待探究，这是作为政治艺术的戏剧的问题所在。尽管如此，我依然可以证明，参与法国"五月风暴"政治事件的人，那些在 1973 年又放弃信念的人，他们组成了这样一支军队——其中，优秀的成员可作为艺术的借鉴，而那些最不优秀的成员如果不将自身贡献给一神教的宣传，则会跃入"一般报告文学"的空洞。

政治处于一种虚构的结构，然而马拉美的陈述不仅如此。"……为了政府利益而削减或扩张的社会关系及其暂时的计策，都是编造的谎言，它仅仅停留于文字层面。"（"保护措施"，D290，

翻译修改）

　　政府这样做也是为了掩盖社会契约的不在场，因为这种契约本身就是一个重大的错误。它阻止我们与政治"信念"发生关联，而作为一个有责任感的观众，我们的基本权利便是对这种戏剧不屑一顾，甚至去打断它。如果它仅仅提供了一些普通的权宜之计，那么在这些通俗的虚幻中，群众是不能够辨认出自身的非同凡响之处的：

> 人间的和睦遭受了极大的破坏，几个世纪以来，通过勾勒其不理智的幻想，城市及其政府，或者说作为其象征的民事法典，在关于我们的财产问题上，视而不见，就如同地狱和天堂不可共存。不管怎样，地球的表面还是看得过去的。收费站与民主选择在这里也是不起作用的。它们看起来是为了聚集民意，而且这些仪式也是极其受欢迎的。它们以一种威严的方式进行着，作为法律的代表，全都是公开透明的。这种直率让人觉得不可思议。（"音乐与文字"，D194-5）

　　这也是向那些政客们发出邀请，希望他们能够关心他们的代表，其职业的——换句话说，虚构的——功能实际上意味着，将其自身绝对暴露在暂时的象征作用下，甚至都不想象他们自己也曾拥有一些财产。

　　在政治学中，须有一个关联：在戏剧中，为了让其虚构情节得以展开，必须要有信任。

　　政治学可以将一切都清除掉，除了这种可废除的契约以外，它和纸张上书写的痕迹一样无足轻重。其他任何事物，或许是无可避免的，或许也都只能算是一场"大破坏"。

　　在马克思主义中，这种对政治学戏剧性的烘焙承担了"使国家消亡"的罪名。这仅仅表明了在何种意义上，国家对于它使其消亡的天堂就如同一个大墓地一样！最终的术语——如果我们仍然能够说出一个术语的话——仅存有群众内在的信心，它与他们虚构的真相互相支持着对方。

对于马拉美来说，他保持着对《圣经》的关注，尽管他也在等待更好的作品出现。

什么是艺术？艺术就是通过其随意的删减而将大自然归结为一个整体。

> 自然降临了；除了城市、铁路或其他我们改变了形式但没有改变物质本身的发明以外，什么都不能往自然中添加。
>
> 一个永远可行的行为便是同时理解少数与多数的关系：人们希望扩大国家的某种内在，以此来简化这个世界。
>
> 它与创造是平等的，除了客体的概念。逃脱，即匮乏。（"音乐与文字"，D187，翻译修改）

为了占据存在的匮乏，我们必须将某种秩序放入象征界。元素与诗节最终印章之间的平等，就在于其在节奏与韵律中聚集了让人满意的创作欲望："［……］诗意的行为在于发现某种思想可以被分解为一系列的、在某方面平等的主题，并将它们分类。它们是有韵律的。作为外部的标志，最终的话语是它们共同评估的证明。"（"诗之危机"，D206）

我们的调查致力于这一点，即在自然非位置的效用下，遵循平等主义碎片（归位），以及在诗节特征（出位）之下创造出的新事物的迷宫。

我的设想并不比马拉美对自然的设想要多，即我们可以对社会"有所增加"——核植物除外。马克思主义的政治学必须懂得如何挖掘，如何错误地建立旧的社会秩序并以此来创造一个"并不存在"的新社会。这似乎需要摧毁而不是匮乏——摧毁之于匮乏就如同力量之于位置。

即使在这里，诗人也并没有抛弃我们："摧毁就是我的比阿特丽斯！"（《给莱弗比尔的信》，1867）

2

废除从不在诗篇中留下自己的痕迹。你们拥有从沉船到桅杆，从塞壬到泡沫发丝的换喻。你们也拥有隐喻的代替物，泡沫代替痕迹，深渊代替归位。然而为了制造出匮乏之匮乏，你们必须从一个假设跳跃到另一个假设：沉船？不，塞壬。

这个跳跃仅仅是在意义或方向上就能使首个消失项废除，而匮乏随意性的概念由此得以显现。

难道我们就没有某种力的打击吗？来自力的一击？

然而这也是要付出代价的。由于打破了换喻链的契约，为此马拉美付出了用例外能指替换的代价。我们在上面看见了"否则……"。这里几乎不存在诗歌，除了——证明了规则的——坟墓以外，它从这种需求中逃脱了。"即使……将会怎么样……""不，但是……"（《午后乐团》）；"除非……"（《葬礼上的酒杯与缅怀比利时的朋友》）；"如果不是……"（《十四行诗》），"但是……"（《小曲》《花边不见了》……），"除了……"（《完美的自杀》）；"但是……"（《她光洁的指甲高高举起》……），"除了可能……"（《骰子一掷》……）。

被聚集起来的、关于文本位置律法的内在目录并不会自动生成，因为确切地说，它是一个例外。

一旦首个消失项被给予了，诗就会遵循一条总体化路线。任何想要阻挠其进程的事物都必须从位置中脱离出来。但是，若没有作为主体的力的过度决定，何以确定这一系列位置的序列呢？

在这里，对消失项的废除以及向整体化第二条路线的转移，都需要用换喻来代替一个补充的后果。（在沉船的身后，是被牵引的帆、寂静的号角以及被吞没的桅杆，为什么不是被撕毁的旗帜、这面旗帜上的线以及这条线的轴线呢？）于是就有了——"否则……"——质的突破。其中，先前消散的强差异得以复仇，使被抑制的异质性得以回归。

让我们以一种直接的方式来陈述：所有"否则""除非"，以及所有"但是"与"除了"的出现都只不过是能指，通过它们，在两个秩序与闪电的停顿之时，确立了主观后果。

一种新类型出现又消失了。其中，例外项导致了主体被篡改的戏剧的产生。强差异突然打断了隐喻和转喻厚厚的阴谋。这是对理想的平等主义碎片的突然阻挠。

根据以往建立的规则，源自废除的匮乏之匮乏并不是两次匮乏。在语法上它需求的更多：一个不知名的领导，它不可能根据最初的位置留下足迹，展现出诗的后果。

我暂时将主体称为不可预测的分叉点。

任何一个主体都是一个被迫的例外，它屈居第二位。

尽管可以完全击碎旧的社会体系，但我们也不应该期望仅仅依靠不屈不挠的意志力便可以走得更远。

"不屈不挠地进行斗争"是社会主义国家的座右铭。

必须意识到共产主义政治主体的当代力量，力量的袭击使得它从其存在的所谓优先队列中分离出来，社会主义国家及其政党都包含于此。

但是马拉美并不会展现这种他的辩证法结构意志所反对的主体，除非所有这些都能够保持在诗意操作的同质性中！在宣传《伊纪杜尔》的节目中，马拉美声明了他的决心："戏剧……就在展现其失败的那一瞬间，仅仅显现了一瞬间，便又迅速消融了。"

现在来说"否则""除了"。主体一经产生，便作为位置的对立面发生了。因此，一旦经过了废除，我们便过渡到动因的理念中来，并且再一次地，我们仅仅利用我们熟悉的换喻空间。

两条链接之间微弱的力量分离以及一些副词、连词就足以形成的最小介入，难道不是空无吗？

是的，但是，没有这种无限的、完全的差距，没有这种例外的语法。这里便由于没有任何规则，只剩下单调无限的后果。

任何一个认为戏剧服从于位置的辩证学家，即使是一个结构主义者，也都会一瞬间辨认出力量的浮现。在那里，出位毁灭性地在排斥它的归位中包含了自我。

由此，辩证学家们创造出了一套关于主体的理论。

事实上，当马拉美将他诗意的机械装置一路推向"当然是这样，如果它不是那样"这种不容置疑的苛刻中时，他也最终将他自己从结构主义的险境中挽救了回来。后者在《骰子一掷》中，仅仅在"除了，或许，一个星丛"之前。马拉美精确地称其为"深渊的连续中立性"（CP177）。其中，当主体效应产生之时，不可能发生的例外到来了，由此马拉美保持独立。

至于坟墓，如果它们不需要语法上的例外，那也是因为对首要消失项的废除（那些已故的诗人，坡或者瓦格纳，瓦尔伦或者波德莱尔），是通过那些"坚固的坟墓""寂静的街区"来描绘的，而它们则来自一开始对英雄们尘世的生活，以及他们工作的理想的划分：他们已经死去，我们在其坟前缅怀他们也仅仅是因为他们精神的永恒光辉。

列宁的陵墓也没有什么其他的功能了：如果不是政治主体的象征依然存在的话，也只有高耸的纪念碑和天上的北极星，向人们昭示他已然逝去的事实。

至于是否是陵墓上空的北极星最终显示主体的"溃败"，这就属于国家的事务了，毕竟它永远不能成为一个主体。

3

为什么诗歌会走向终结？这是一个关乎纯粹事实与纯粹逻辑的问题。事实上它的确走向了终结。马拉美的诗歌甚至赋予了整体构架与终止一种特别的映像。然而，如果它仍然是无限制的，那么它将是合逻辑的，因为项通过消失于废除的联合操作，得以产生效应并传递概念，而仅仅通过它们自身是无法预示任何悬置点的。

沉船……或者塞壬……如果不是尼普顿（海神）……除非是一只贝壳……

为什么不是对沉船事故的再次回顾呢？如果是这样的话就完美了！

令人窒息的云层下面
静止不动的
是玄武岩和火山岩
它们爆发所产生的回响
竟先于缺乏优雅的号角声

哦，这阴森森的沉船废墟（浪花知道所有的秘密，
但它只是在那废话连篇，喋喋不休）
最终船上的废弃物被扔掉了
连那个光秃秃的条文桅杆也不能免除

否则这将成为隐秘，愤怒地
降临某些巨大的灾难
所有自负的差异越发巨大

在那如此洁白的、被拖曳的树枝中

一个塞壬孩子般的天真

将要被贪婪地淹没掉

她在自己鬼魅的歌声中死去

只留下被桅杆冲散的仇恨

与她纵身一跃所溅起的泡沫横飞

以一个主体的力迫（"除了……"）为代价，我们获取了一个完美的终结。其中，集合理论通过禁止人们接受一种环的类型方式的递减链，保卫了自身：

$$a \in \cdots \in d \in c \in b \in a$$

在这些环中，最简单的便是 $a \in a$，它认为集合本是它自身的一个元素，而这是那些直观可理解的集合所不能接受的。相应地，这些正式的整体集合被称作"非同凡响的"集合，它们是如此非凡卓绝，想要简化它们，或仅仅是简单地使其元理论成为可能，为了被称作基础（或者规则）定理的特殊定理，人们必须提出纯粹又简易的集合禁令。因此奠基公理将采用以下的方式来禁止集合下降到无限性中去：

$$\cdots a_{n+1} \in a_n \in \cdots a_2 \in a_1 \in a$$

通过划定不可能事物的界限，奠基公理被给予了适当的命名。其中，它触碰到了实在界：通过成为它自身元素的方式，成为包含自身的实在界。

的确是这样，在某种程度上，阶级政党，至少在斯大林看来。"与工人阶级的分离"，这种阶级的一部分——其整体的元素——也是与它等同的：从政治学的观点来看，政党即阶级。

因此，斯大林主义阶层把自身作为一个元素给"包含"了。

这就等于说，从奠基公理来看，它是尚未奠基的。

对于马拉美来说，它却是良好奠基了。本应有限的诗歌并没有以环的形式终结，同时它也不赞成一种迭代递减无限性的原则。

我让你们来评判，我这种将塞壬废除并重新勾勒沉船事故的循环解构版本，是否为马拉美诗意集合所接受的操作制造了这样一个矛盾、隐喻、换喻、消失项、废除。而后者，我再重复一遍，它表达了结构辩证法的所有概念：链条效应、消失项、匮乏的因果关系。

马拉美在这里停下了脚步。

相对于斯大林的环，毛泽东更倾向于将那个未被建立的斜坡作为不可能的实在界：无限的递减。从政党到群众，其中，它给自己任命且不受限制，其轨迹也从未跨越一个静止的边界。如果没有群众路线，政党即空无。而这不包括政党在政治问题上解除群众的武装。因此便有了以下两个原理：政党是"作为整体人们的领导核心"，而不是"阶级分离"的产物；它创建了自身并不断调整自身，"向四面八方都张开了双臂"，而不是根据组织规则对自己进行清算。

斯大林的政治学是封闭的、分裂的、边界式的，这是代数的政治；而毛泽东的政治学是开放的、关联的、倾向性的，即拓扑学的政治。

拓扑学也是毛泽东政治历史的一个概念。历史分期并超越，无悬置点。"成功，失败，新的成功，新的失败，走向最终的胜利。"但问题是，"最终"是由历史分期来规定的，没有不相关的最终胜利。每一种胜利都是一种新失败类型的开端。"这是最后的斗争"，工人阶级的这首官方歌曲持续了整整一个时代，它标识了当代冲突人物所规定的历史化样态（据我们所知，是阶级冲突）。在那之后是新的矛盾，新的斗争，新的失败，新的"最终"胜利。

那么共产主义呢？共产主义是另一个时代斗争的名称。毛泽东并不认为共产主义不会被划分为几个时期，不会有质上的改变。他认为，列宁也说过所有的事物都可以被划分。

以下言论可以与这种论述类型等同，这对马克思主义的发展是至关重要的。历史并不存在（它只是整体中的一个数字而已），存在的只是历史阶段或历史化（二选一）。这也是为什么我们共产主义者不认为存在悬置点。当我们定义当今的阶段时，它是关于以前与未来的时期的。我们通常不会跨越超过三个时期，特殊情况下至多四个。为了保证三个稳定的时期，不确定的第四个时期是有必要的。

马拉美的诗歌，与其说是当下阶级的书，不如说是不可能性的废值，其在《圣经》中的当代性更弱，却提出了一种不可放置的有限性。它"可能限制猛投给未来的对神明阴沉的亵渎"（《埃德加·艾伦·坡之墓》，翻译修改）；是那块"岩石……为无限性设置了一个界限"（《骰子一掷》）。

该总结一下了。它是那个完美的、陈旧的否定之否定吗？许多人认为是的。机遇在一开始是被否定的，第二个否定制造了机遇自身的理念。塞壬是绝对存在的，而沉船只是一个中介。我们可以在《伊纪杜尔》中找到这种类型的某物：

> 当喧嚣归于沉寂之时，他自己也终于从这样一个事实，即他可以通过把灯吹灭而产生影子，来预示某种奇迹的产生（没有星星吗？机遇被废除了吗？）那么，既然他将根据绝对之物来发言——这否定了永恒性，绝对之物将存在于外部世界——月亮，时间之上……

潜在的黑格尔主义通过以下观点而得以巩固："无限产生于你曾经否定的偶然当中。"（见《伊纪杜尔》）

4

这种阐述当然没有什么问题，它臣服于结构辩证法中开放的唯心主义层面。然而，我想要对此提出两点异议。

在以下被马拉美称为"图解"的原理中，在《伊纪杜尔》中，位置被赋予了：

> 简而言之，在一种机遇上演的行为中，机遇总是通过肯定或否定自身来完成其理念。在面临存在时，否定与肯定均失效了。它包含了大写的荒谬，但只是在潜在的情形中暗示它并阻止它的存在：这便许可了无限的产生。

马拉美的逻辑对肯定与否定的问题都没有进行很好的解决。匮乏的随意性与消极的劳动力毫无关联。实在界（偶然）的概念化（无限）是通过肯定与否定的相互中和而得以运转的。

辩证法的程序（消失项、废除项、排斥）彼此之间是不能再分的，它们除了制造概念以外，别无他图。因此，它们将自身暴露于机遇之中，仅仅为了表明必要性。这也正是拉康的矛盾理论特别感兴趣的地方，对于拉康来说，（正式可推导的）逻辑是实在界（纯粹的偶然事件、巧遇）的科学。这个矛盾解释了操作的消极外表：它们在语言的内部划定了界限（而拉康会称其为言语），尤其是在诗意的语言内部，被禁令的专政处于实在界可被其必要性来表述的后果之下。

《骰子一掷》通过辩证事件的积极力量而得以阐述，它没有将与消极性有关的事物排列起来。（但匮乏、空、消失项除外：是的，减法并不是否定。）

那个"以波浪为幌子玩耍"的"久远的狂热分子"消失了，

以此将他自身埋葬在"最初的浪花"中，尽管并没有人知道骰子是否已经掷出了。显然，"鉴于所有无效的结果，那个令人难以忘怀的危机乃至大事件已经出现。人类将要发生一场正在释放缺席而不是慢慢飞溅的、位置的热潮，就如同空的行为突然传播；否则通过它错误的信仰，它将在关于现实消解隆起的无限区域中发现丧失。"（CP178-9，翻译修改）

除了星丛的出现，"由否定与停止所带来的冷酷"，将对实在界的赌注理想化了。其中，勇气的任务便是建构悬念。只有通过这种方式，"每一种思想才会发出骰子一掷。"

原初运算为永恒的例外清理了地基——心理学技巧在其中被大为赞赏的创造性制作——都呈现出一种强烈的复杂性。

这样一幅场景——被废弃的海洋——带来了它自身的空，即一艘失事的沉船。在其中，泡沫即航线，贝壳在海洋的深处。在废除的过程中，在失事沉船幻影的最后一节，船长紧握的拳头出现了，拳头里面握着一枚骰子。他们发动前的犹豫（即否定与肯定的等值），将偶然的态势变成了一种交战——在那个老人与可能性之间。一层幻影，直到其不能与除了飘荡在空中的羽毛以外的东西相比（"就如同"，第一个主体效应），则将"逐渐衰退并破灭"。那片羽毛将海洋彻底变成了一个天鹅绒帽子，在缀满了羽毛的帽檐下，人们猜测是否会出现哈姆雷特，"那个在礁脉边痛苦的王子"。毕竟在那出戏剧中，他是不可判定行为的主人。丹麦人的岩石，当它被羽毛的消失所带来的塞壬的尾巴所拍打之时，露出了其光秃秃的岩身，从逻辑上来说，这等同于骰子被掷后所留下的划痕。

突然显现于海上沉船事故空之处的至少有六个消失项，它们接踵而至：船（失事的）、掷骰子的人的胳膊（犹豫的）、参与层（失败了）、笔/羽毛（悬停在深渊边上）、哈姆雷特（不可判定的行为）、塞壬（终端层）。

隐喻体系坚定不移地继续前进，从为诗歌逻辑指示服务的机遇/必要性——实在界的科学，一直到作为理想化的悬置点——天空/星丛（"最后某点使它圣洁化了"），通过中间的等级，每一个人都继承了前辈的谦逊风格：泡沫之翼/洞穴的死亡；航行/贝壳；持有骰子的手/主人的尸体（"一具被持有秘密的胳膊所砍断的尸体"）；可能性/老人；贝壳/深渊；贝壳/天鹅绒帽；哈姆雷特/暗礁；塞壬/岩石。

附加的是一则理论注释，它与过程混合在一起，并强调与之平等。它告诉我们，在这个没有幕后的剧院中，正在上演的戏剧是任何一个辩证法冒险合法化的来源。

尽管自始至终，英雄都带着融入获取实在界的逻辑运算，最终的、以一个宏伟的"除了或许"为标志的主体效应却发生在这个旅途的中点，即一个隐喻、换喻的侵袭以及连续的消失所组成的、不可思议的网络，将"理想机遇"所获取的"魔鬼之姿势"的骨头剔除的时刻。

5

我将把逻辑的这种繁重工作与党派性的工作相比较，当政治学在众多共识中捕捉到一丝丝敌意之时，它将原本和平的社会降低到冲突的节骨眼上，并且，只有当它处于资源消耗的边缘之时，如果一切都能圆满实现的话，它将接受在叛乱专横的压力之下，原始条件突然断裂的主体化例外。

我们极小的行动或许看起来就是没有行动。但是，在这种等同中保持平稳前进的勇气，使得我们成为这片新领域中的政治主体。

对于一个马克思主义者来说，我们的偶然是"理想的"吗？当然了！谁还会为今日法国的革命打赌？尽管我们的思想发出了骰子一掷。这是因为它拥有其所需的勇气，并且就其自身来说，它知道如何制造激进的逻辑。其中，事件粗俗的运气只是第一个偶然罢了。

下面来说说我的第二个异议，即诗人被指控的黑格尔主义倾向。

其实他的悬置点与任何事物都没有关系！其导向作用为那些星星们保留着：骰子一掷的星丛，闪烁的"大熊星座"；其他地方"欢快的星星"（"当夜幕降临时……"）；"一个不再闪耀的星星，死去了。"（希罗底：《前奏曲》）。这是一个确立已久的传统。雨果的很多诗歌都以这种布满星星的天空景象作为结尾，诗歌关注的也是康德曾说过的一句话，与他心中的道德律一起，诗歌取得了理性的完整性。

其他诗歌以什么景象作为结局呢？天鹅、玫瑰及剑兰、珠宝（"手镯之火""冷翡翠"）、女子的长发、音乐器具、塞壬与阿玛宗、坟墓。

在他们的文化象征之外（所有这一切都是充满诗意的，难道不是吗？）去窥探问题中的能指在何种程度上可以分开，是不明智的。不管它们可能多么衰败不堪，它们质量的强度还是将它们与以下的内容区分开来了，例如仅仅说"玫瑰"（当然不是矮牵牛花），或者"天鹅"（与此不同，鸭子……），或者"曼陀林"（避免短号），或者"一缕头发"（蓬松的头发当然不行），在这里我将自己与以上形成鲜明对比的"桌子""房间""过道"或者"中央空调"保持一定距离。

由此，除了古代的继承者，还有以下诗句独特的初始自然特征：

> 继承者的古代房间中
> 尽管奖品杯架跌落
> 依然富丽堂皇

> 如果他穿过后面阴森的过道而来
>
> 那么房间将依然冰冷无生机

通过这些诗句，马拉美准备与以下累进的悬置点保持一定的距离（前两个是由第三个所引起的互利的、取消的基础）："操纵台上夺目的光芒""黑暗中的玫瑰""沉睡中孤独的曼陀林"。

总结时刻的多元决定了，退回自身的语言之暂时消亡所预先建立的强度戏剧之辩证律法。

文化走私者马拉美，假装从辩证程序内部被严格控制的资源中获取其诗歌结尾所需的景象，因此，为了达到他的目标，他就不得不反对某些被人熟知的隐喻。由于我们所继承的多变的语言授权我们这样做，我们可以忍受一首诗歌以黑暗中的玫瑰或流亡的天鹅作为结尾。在星星的导引下，我们安然无恙地到达了。

那个地方在例外的"然而"之后，悄悄发生了第二个变化，这是一种虚张声势，让我们违反主体。

位置的逻辑，即使交由行家们来处理，除了消失与废除所带来的规则且无限迭代以外，也不能传递任何东西。这就要求艺术历史奇迹的发生——所有的历史奇迹连同它们诞生的特殊日期一起，因为这种奄奄一息的 19 世纪，并不是和马拉美在内的诗人一样，是因其凋谢的玫瑰、虚饰的外观、剑兰、操作台及粉丝而鹤立鸡群的。

据我所知，这里并没有讨厌他的人。以被继承强度的封印为标志，马拉美向我们证实，我们必须在结构辩证法之外将其辩证法化。如果最后我们将要与客观的、充满魅力的可分能指一起上演的话，这将成为一种力量。

这也证明了，其中所有的"否定之否定"并不能允许我们进行总结。作为我们前历史悬置点具有误导性的名称，"共产主义"这个美好的字眼就托付给我们马克思主义了。即使是那场较少公开的、旋律优美的、通常履行总结时代功能的"革命"（尽管很显然它什么也没包含），也没有什么意义（除了通过另一场革命，即第二场革命，第一场革命的局限变得清晰起来）。

可以肯定的是，"共产主义"这个词已经浇铸了某种模型。但是，玫瑰与剑兰、头发、塞壬以及操作台，也都将被世纪末诗歌中的飞蛾吃掉，可被称为"象征主义"，这是一场灾难。

在勃列日涅夫或马尔谢的意义上，让我们尽量做一个不超越马拉美的共产主义者，而按照维耶莱·格里芬的方式便成了一个象征主义者。

如果象征主义帮助我们如此辉煌地与天鹅及星星融合在一起，那么让我们看看，我们是否可以同样与革命及共产主义相融合。

人们准确地衡量了他们的力量，也衡量了彼此的分担，只有这样，话语才是清白的。

为神圣存在的衰退而准备的珠宝

（1976 年 2 月 8 日）

马拉美与阶级斗争—押 ix 、or 韵的十四行诗—取消—延迟的主体—轨迹的逻辑—每件事都是真的，但我们必须继续前进并超越。

1

主体即异质性的存在。这就是马拉美通过强迫的例外所支持的事物。还有一个事实是，这首诗很少有华丽的装饰，与诗结尾的强交之间发生了冲突。

"冲突"是一篇极少被引用的散文文本中的辩证标题，其最开始是以另一个标题发表的："良心的案例"。阶级斗争中知识分子的良心的案例。的确是这样的！后者在文本中被专门提及其特殊的名称。

马拉美生活在乡村。在他的寓所前面，作为工业化的附属物，一个"铁路工人的食堂"正在修建。为了展现这所建筑中充满酒精味与狂暴的工会联合主义"劳动力队伍"的工人阶级，四条意义等同于芽月的路线方针被给予了我们。对反对财产剥削的辱骂传播，被我们目击者所捕捉到的反对郊区别墅的行动："'糟糕透顶！'伴随着脚踹大门的声音，他们突然间闯了进来。"他受伤了，还带着怒气。他那极度克制的独白，一开始试图让其自身从工人的愤怒中逃脱出来，却被一个怪念头打断了：他们来自另一个本来就好争论的阶级。

> 他爬起来，用带有敌意的眼光审视着我。他给人的印象在心中不可磨灭：我想要完成这项关于酒精的工作，并提前将他放置到尘埃里，这样他就不会成为粗俗又吝啬的恶势力了，这样我也不必在草坪上进行的第一场阶级斗争中输给他了。同时，他还饱受辱骂。（D44）

马拉美从其对手明显的醉态中不能寻得帮助。不仅如此，马拉美还从后者的沉默中看出了一种可疑的且具有摧毁性的阴谋。在这个时刻，马拉美"饱受分裂国家的折磨，这样一个毫无生机、被曲解且被某种愚笨的醉酒导致的传染与战栗所影响的国家"（D44）。

让人沉醉且阴暗的阶级斗争可能属于哪种结构模式呢？

只有周末向人们提供了一种有争议的逃避。在政治讨论之后（"伤感，"马拉美说道，"对于像这样的人来说，基本上我所创作的仍然是黄昏时的云朵或夜空中的星星之类的，没什么结果，这一次，星星们通过敌意尽量聚集起来反对限制，只有带着一丝虚荣心它们才能够做出结论。"），工人们被酒精击倒了，纷纷倒头大睡。

尽管被诱使在他充满疑惑的身体之外返回其幻想，马拉美却不能下定决心这样做。一种来自别处的、强有力的尊敬使他变得稳定起来。

在酒精的作用下，工人们昏昏欲睡，对于这种"暂时性的自杀行为"（D45），马拉美首先将其解释为"他们存在中的神圣维度"（D46），是阻挠工人们的一个缓兵之计。其中，我们可以辨认出，由于缺乏叛乱可能形成的更高形式，一种进入这个概念的派生形式便被称为废除。

紧接着，"星丛开始闪耀"。我们要再一次结束它们所谓的"冰冷的无用"吗？不。敌意的经验迫使知识分子们将其努力与这种经验的概念连接起来。你或许会说他们是不可削弱的真实存在。这些工人们的"神秘与职责"，正如马拉美所宣称的，在于他们有"应当理解"的能力。（D45）

工人们的躯体，即在夜间分离的阶级，展现了比星光更有力的黑暗。它并没有为诗歌的结尾设置障碍，相反，它成为后者的主旨，将几个世纪以来人们的创造力凝聚在一起，一路朝向社会理想的无限性而奋斗：

> 对这些工匠们基本任务的密切观察，使得我有机会在这条平缓流淌的小河之外，思考人们的这些象征意义——一些粗暴的知识分子为了在没有乡下人的调解下，获取基于存在的生活奇迹而卑躬屈膝；另外的一些则早已建造了沟渠或干净的田野以便种植，它们被同时期的路易斯-皮埃尔、马丁、普瓦图或诺曼底人使用。当没有睡觉之时，他们凭借其母亲或领域来唤醒其他的人。但事实上他们的名望归于平庸，他们沉睡的母亲使他们屈服，而几个世纪以来的担子压在了他们的身上，永恒也被归纳到社会比例当中。（D46）

考虑到其时间的局限性，除了颂词的美感以外，其所存在的完整性，将其脑力劳动的任务臣服于阶级现状微弱相遇的偶然当中，它并没有给予民粹主义任何妥协，在这里必须把握这个不同类型概念的暴力根源。

2

句法保障的第二个摧毁是归位的规律：

> 她光洁的指甲高高举起，闪耀着黑玛瑙般的色泽，
> 午夜的灯架与焦虑维持了
> 凤凰涅槃所留下的夜梦
> 却没有葬礼上的土罐来盛装

> 空荡荡的房间的供桌上：没有 ptyx
> 被废弃的贝壳上回声仍在（主人就是用这个什么也
> 没有的客体去装载来自冥河的泪水）。
> 然而在空旷的北边，临近窗玻璃的地方，
> 一支垂死的金箭光亮四射，在它即将衰落的时候
> 被独角兽踢中的女水妖也被火花覆盖了。

> 尽管她神志不清，镜框也
> 光秃秃地不再起作用，却仍然散落了
> 零零星星的火花。

> 诗人，位置的主人，已经去了死亡之河，随身携带
> 着与任何存在客体都无关的能指（ptyx）。
> 然而，在北边打开的窗户附近，镜子镀金的框上反射
> 着微弱的火光，上面雕刻着独角兽追逐一个仙女的图案。
> 所有的这一切都将消失，就如同淹没在镜中河的仙
> 女，尽管在那里升起了大熊星座中的七颗星星所反射的
> 光芒。

午夜，在一个空荡荡的房间中，只有焦虑盛行，它们由逐渐消退的光线支撑着。就如同手中握着的、尚存一丝火焰的火把，这种空之焦虑不能够被落日的任何轨迹所治愈，更不用说被人们收集在葬礼骨灰瓮中的灰烬所治愈了。

马拉美对这首诗相当满意，认为它是一首"从各个方面映射自己的空集的十四行诗"。他认为在这首十四行诗中，他将自己推到了一个他认为可以从无中创造出有的极端。看看第一个版本的标题："寓意自我的十四行诗"。

这个文本似乎在不停地将自己腾空。匮乏的负担可以说达到了一个上限。

a)"夜梦"，对于马拉美来说，是相对于落日的一个典故，在傍晚时分已经被燃烧——尽管被要求重生，它在那里被从灰烬中重生的凤凰所隐喻，甚至都没留下踪迹：这里存在着业已消失的匮乏之踪迹。

b)（客厅里的）布置是绝对的空。

——主人在"冥河"。诗人，链条的主体，总是占据着死亡的位置。他牺牲了自己，让文本可以生成为一个封闭的整体，并严格地被律法控制着："获取任何例外或超出平民范围之外的权利，都是由行动者的疏忽、死亡等诸如此类的东西决定的。"（"被限制的行动"，D216）

——他随身携带着"ptyx"。关于 ptyx 这个词有许多注释，没有字典认可其含义！尽管马拉美多次强调它是一个纯粹能指的物质，除了表明逝去诗人的特质外，是不可书写的。"废除无效出版者的印刷技术"，无效的客体被化约为能指响亮的空。"唯一的客体被虚无获取了"，客体从存在中撤退了，是一个减法的客体。

——如果它是减法的，那就减去 1——这是因为 ptyx 是相对于能指宝藏的溢出。作为意义可能性的监护者，它不会在这种可能性下失败。ptyx 是能指的加 1，不管这个能指链有多长，它的指示永远都不会到达。

——在匮乏完美的能指的象征下，主人缺席了，相对于对抄写员的折磨来说，能指的匮乏也是未经证实的，因为在这首诗歌之外，它的进入仅仅是为了标识其退出。

c）镜子镀金的框在挣扎，它勉强（"或许"吧）能被解码。

d）女水妖是不存在的，她被埋葬于镜子当中。

除了"缺席"的这些效应，我们能够合乎时宜地说，这一次分裂横跨了——原子论使我们意识到这种必要性——诗歌中的所有元素。

黄昏将白天与黑夜区分开来。凤凰通过被烧成灰烬的火与重生将自身区分开来。午夜是马拉美诗歌最重要的时刻，它是标志着一天结束的最后时刻，还是标志着新的一天即将来临？可分割的，分裂。永久的时刻。在午夜，《伊纪杜尔》必须意识到它的行动（掷骰子）："返场的午夜唤醒了它的幽灵，有限且无意义，连同这些词语：我就是将使自己变得纯净的时刻"（《伊纪杜尔》，"午夜"篇）。葬礼上的土罐也缺席了，如同坟墓——这是马拉美诗歌中另外一个典型的象征——它将标识不再存在的在场。作为位置的守护者，主人是存在的，但事实上他已经死去。ptyx 作为所有意义的关键也成为虚无。镜中的黄金，如同落日，只在消失之际才将自身展示。偶然出现的女水妖被人们所追寻，但其实她并不存在。镜子里既有被遗忘的水域又有聚集的七大行星。

除了以梦的编织形式存在的希腊神话集外，再没有什么存在的了。凤凰，传说中的鸟。ptyx，相当于拉康或菲勒斯的能指标志。冥河，死亡的隐喻。独角兽，凤凰的中世纪接替。女水妖，农牧之神独有的女性气质。

我们将永远不会宣布对非存在的废除，即这种令人难以置信的机器，被制造成其主体物质的虚无之虚无。

这甚至包括那些连我们的耳朵都无法相信的夸张语调。我们怎么能够在以 yx 和 ore（四行诗）韵律结尾以及通过对音乐性别的颠倒，在以 ixe 和 or（三行诗）韵律结尾的内部创建一首十四行诗呢？

为神圣的存在的衰退而准备的珠宝。

所有传递给我们的都是关于确定性的一个单独的例外，星丛中的七大行星突然将我们从焦虑中拯救了出来，"但是"到与其相接的救恩事件（一个完美的延迟的主体）在被我们遗忘的镜子中显示出来了。

3

对那些业已在"令人窒息的云层下面"这首诗歌指导下的人来说，我建议你们找到维持因果关系功能的消失项。当我们找到沉船与塞壬这两项时，我们就取得了一个良好的返场。

现在我们在这里遇到了障碍。

女水妖是一个很有力的竞争者。她的溺水使得她在镜中修复了。她是一个女水妖。这个明智的消失项最终被取消了（"但是"），星丛可以被放入位置中，和往常一样，带着悬置点的价值。

如果我们坚持三行体，事情就变得简单多了。

落日的前提（夜梦）为白天/夜晚（书写/页码）准备的"自然的"消失项，通过对空荡荡的房间中的镜子的分割而得以隐喻化：一方面，是带着独角兽的、镀金的相框；另一方面，是黑暗的玻璃。相框上金子的褪色如同落日的景象，诱使女水妖成为一个消失项的可分项：被相框上独角兽喷的火所追逐，她投入了镜子无尽的黑夜当中。她的撤回（"非现存的"）将不会留下任何痕迹，只会导致"对镜框的遗忘"——如果星丛不以取消（"但是"）的名义来接替她的话。

根据那个传说，在卡利斯托女神被投掷到空中以便让她绘出大熊星座之后，取消项的连接变得更加坚固。从其自身的消失中消亡之后，她（卡利斯托女神）重生了，冰冷且永恒。

对于消失项来说，什么才算是一个好的隐喻呢？（落）旦？是白天＋夜晚。

什么是**女水妖**（非现存的）呢？被限制在起居室中同样的事物（"被限制的行动"）：金子（逐渐衰退的）＋镜子（黑暗的）。

现在，什么是一个好的隐喻呢？是为了匮乏的理念（因此，匮乏之匮乏）而被匮乏的太阳所填充的黑夜吗？星星们的光芒激活了通过创造其概念而产生的消失项。经由星星，太阳当然会缺乏两次。星星预设了黑夜，因此太阳的随意消失，尽管是通过带来光亮的形式发生的，但它还是将其取消了。

女水妖（非现存的）重新命名的（落）旦理念，是在镜子黑夜中的七大行星的映射（在"被遗忘的镜框中"）。我们在那里获得了匮乏之匮乏的概念，所有的焦虑都从中显现了，因为它是焦虑。

太阳的缺席导致了焦虑。七大行星的星丛产生于对这种预设的缺席轨迹的废除：**女水妖**。因此它攫取了焦虑，不是作为效果而是作为本质。

是的，但仅仅只有**女水妖**这一个消失项吗？四行诗呢？

4

首先，诗歌会反作用于其自身的条件。那么在空荡荡的客厅前会发生什么呢？

一开始当然是白天与黑夜的组合。在其消失的时刻，它被给予了两次。"夜梦"是对夜晚暧昧的解释，而凤凰（太阳）则被其在傍晚重生的火焰给吞噬了。

诗歌在午夜时分提出了赌注的建议，经由死亡火焰的星星概念，以太阳为承诺。在这两个存在之间，只有具备理念价值的现存缺席的匮乏，才能将世界从偶然中拯救出来。

在两个想象界之间，只有象征界才能保护我们免受实在界的干扰。

在两大群众起义之间，只有政党才能保卫阶级。

注意：尽管他们可以在同一点上被陈述，但马拉美与拉康的陈述是迥异的。

夜晚中空荡荡的房间保留了那个珍贵承诺的痕迹了吗？回答这个问题需要根据焦虑诗意的管理体制对位置进行审视。

比较奇怪的事情发生了。我们可以很明显地看出，在它们的连续性当中，（葬礼上的）土罐、（位于冥河的）主人以及（不存在的）ptyx 组成了非存在的三重禁令。第一个包含了灰烬，第二个是死亡，第三个是 ptyx，这个词什么也没有言说。

然而除此之外，它们中没有一个是存在的。

这些魔鬼般的存在确定将是消失项，因为它们除了指定非存在以外便没有其他的存在了——如果我们不是非要承认消失是它们所不能做的行动的话，尽管它们会被没有任何效应的激进缺场所影响（与那个可以从可看见的泡沫中推断出来的、预设的沉船相反，或者与那个我们可以辨认出来的、不可见的镜子相反）。

我们可以说这些项是被取消了吗？不，因为对于一个假设项的废除来说，它的消失项必须是关于例外痕迹的起因，而另外一个项是用来出现的，例如沉船之后的塞壬或者女水妖之后关于七大行星的星丛。

土罐、主人以及 ptyx 拥有消失项的全部特质，除了消失本身以外，从中匮乏的痕迹应当被表明。它们不着痕迹地匮乏了。从这一点来说，它们是不可再归位的。

我们在这里拥有了一种新类型的缺席：它不再在任何代表范

围内操作，而关于匮乏之匮乏的概念也不受任何支配。借用拉康的一个观点，我们应当说这些项是被排除的。

我必须区分三种建立在缺席基础上的操作：

——消失，具有因果关系的价值；

——废除，具有概念性的价值；

——排除，具有空的价值。

为此，我们应当感谢天才马拉美，在关于 ptyx 的问题上，他认为匮乏的纯粹能指只有在被阻力袭击之时才会被激活。它并没有消失：它只是不在那里罢了。

对"不存在"坚定不移的支持，是为了与仅仅"存在"的实在界相楔入。

这也是为什么 ptyx 这个词本身必须被带入死亡海岸。

存在着一些不可概念化的事物，那就是基于排除十四行诗的四行诗的宣言。不可概念化到底是什么呢？纯粹的事实存在着某种概念——它是三行体所致力的事实。是什么使得关于主人、死亡以及纯粹能指的概念得以存在呢？诗人、土罐以及 ptyx。

存在着一些你们永远也不能够推断出的某物：关于主体、死亡以及语言的三角关系。因为所有的推断都在那里发生。

演绎意味着替代，"替代的规则"基础在于数理逻辑。土罐、主人以及 ptyx 是不可替代的，就如同它们永远处于"不存在"的状态，它们是"存在着的"实在界的象征连接。象征性的三位一体，等等。

这是真的吗？我的意思是，存在着不可概念化的事物吗？毛泽东曾说道："我们将会逐渐知道一切我们先前并不了解的事物。"（SW Ⅳ，374，翻译修改）

在这个层面上，革命才是真理。这是否意在表明，革命自有其原因和概念呢？我并不这样认为。革命是理性的基础，它聚集了无数的原因和理性。然而，作为大众的主体化，它既不能被降低到其理性的层面（这属于结构或事件），也不能完全因未来的明朗政治而将自身废除。这里存在着一个阐释机遇的、关于历史运气的因素，它不是语言与死亡，而是勇气与正义。

国家仅仅能说的是"不存在"任何革命。政治革命分子坚持认为，革命是存在的。偶然的机遇让革命分子投身其中，革命是国家的 ptyx。

5

我们的障碍几乎没有了。让我们用 x 来表示撤销，用/来表示消失。取消总是被"尽管"或"但是"打断，因此我们便有了以下的图表：

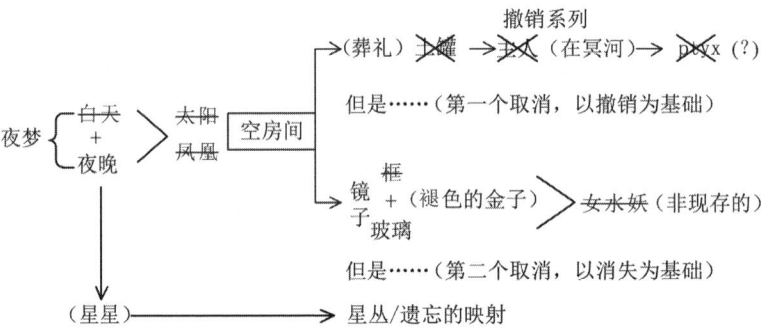

那么在这种情况下，主体会在哪里发出耀眼的光芒？两个取消并不具备变革的条件，我们在那里可以分辨出它们（人们可以在马拉美大多数的诗歌中将其辨认出来，训练自己！）。

第一首三行体中的"但是"仅仅用来反对撤销的空。在没有打破其他事物的前提下，它开启了镀金相框的整体化，这是因为土罐、主人以及 ptyx 仅仅对存在的激进匮乏，即非位置，才给予连贯性。

"但是"使卡里斯托女神得以永恒，而并不是摧毁她。非现存且裸露着，她是一个新的希罗底式的人物："镜子，冷水在你的相框中凝结。"（CP30）在其中，主要的例外在无之边缘停住了。

这首诗在结构上比许多其他的诗歌更为巧妙。它将撤销搁置一边——因为撤销除了强化空以外就别无它用了，而诗中的异质性更是晦涩难懂。在"但是"下方滑动的事物被缝合到（卡里斯托的）传说中，它连接了女神与星星，只不过是一个衰退了的力，几乎折返——最终！——进入转喻运算平滑的表面。

在最终的情况中，天空在镜中的映射很显然从一开始就存在，对理解的延迟在黑夜中挽救了白天。

通过褪色的金子与可废除的消失项（虚无）而成的建设路线，只是为生成不同的总结时刻而服务的。

"令人窒息的云层下面"这首诗歌中的泡沫，一开始就跟随着我们。因此，我们转换一下思维便可以发现，主体的"否则"在没有任何逃脱的可能下被其自身支配着。这证明了马拉美沉醉的策略包含在对星丛的延迟当中。就如同它能够由虚无产生，它在那里其实与虚无是连续或共生的。

焦虑的功能是什么呢？划分黑夜和白天。白天/黑夜的对立是一个反辩证法的隐喻，是一个纯粹的强差异。白天与黑夜在没有释放整体对立运动的前提下，战胜了他者。它们不是互不相交的、更迭的存在：从形而上学上来说，就如同它们对融合了色情的、具有颠覆性的神话学的符咒一样——否定性差异最激进的尝试——在瓦格纳的《特里斯坦》中。

第一个辩证步骤包含在具有强差异的两个项的连续性当中，它们来自连接它们的动因项的消失，这里指的是（落）日。然而，如果被限制的黑夜，让人们投身于其中的黑夜——空空的殿堂——是不可见的，那么这一步骤便只是一个假象而已。重要的是对白日痕迹的挽救，作为夜晚的空的内在断裂。这也是为什么焦虑被称作"灯座"，即光的载体。其现实并不比其责任更重要。在焦虑这个问题上，其辩证的责任要求另一个主体化的事物得以进入，从而打破事物的秩序并承受其断裂：勇气。

诗歌中的能量与荷尔德林所说的"诗人的勇气"是一致的，如下面这首诗所示：

> 所有的生物不都是与你相近且类似的吗？
> 难道不是命运本身让你为其服务终老的吗？
> 既然如此，无防御地在生活中
> 旅行吧，无所畏惧！
>
> 所发生的一切都欢迎你，保佑你，
> 做个快乐小能手吧，否则任何一个事物
> 都可以伤害你，例如，心脏，
> 可能会袭击你，那么届时你将何去何从？（PF 201）

然而对于马拉美来说，不存在暂时降临的新事物。对于结构辩证法来说，勇气是缺乏历史性的。因此将它从焦虑中区分出来便显得极为困难了。

对于一个激进的马克思主义者来说，存在着对帝国主义社会末日的焦虑，对 1968 年法国"五月风暴"灰烬中的凤凰的焦虑——难道我们甚至不能问一下土罐是否还存在吗？最后的大师也如此苍老了！至于"共产主义"，那个 ptyx，谁掌控着它呢？有什么目的呢？有责任将那些模糊的事物进行划分，坚持对工人们的承诺，即使他们强烈地反对。

我们就是灯座。就如同诗歌中对废弃殿堂的做法，我们对政治位置进行检查，就是为了识别来自敌对力量的、将要助我们实现诺言并规划未来的支柱。

那么差异在哪呢？差异存在于弱差异的结构派别，他们反对分裂中的历史力量因素，而马拉美也只能将焦虑移交至轨道逻辑中。

空间耗尽了时间。灯座问题的解决方案（这里指的是大熊星座的映射）必须从一开始就着手考虑。只有诗人呆滞的眼神才能编造出精巧的细线，由此将一个物体同其他物体连接上，只有在一种具有迷惑性的透视中，给人惊喜的幻影才有可能出现。

来看看马拉美在指导卡扎利（诗人）关于十四行诗可能的阐释时写了些什么（他指的是 1867 年的第一个版本）：

> 例如，在夜晚有一扇窗户是打开的，其上的两扇百叶窗关闭着。除了紧闭的百叶窗静止的影子，房间里没有人。在这样一个由缺席与疑问构成的夜晚，除了看上去是桌子的模糊轮廓，以及在房间末端的墙上的一面摇摇欲坠的镜子外，什么家具也没有，镜子中反射着大熊星座让人难以理解的光芒，它将天堂与这所被世界抛弃的住处连接了起来。

整体的构成是优先于运算的，诗歌除了其潜在的预设以外，什么也不依赖。

轨道的逻辑是结构辩证法所反对的，它宣称新事物只存于其出场的逆运算中，我们反对趋势、现状及先锋的逻辑，尽管被放置及主体化了，在那里它一出生便与未来最糟糕的力量联系在了一起。

被移至空间中的马拉美式的主体并没有超越焦虑。他制定了从位置推导出的关于例外的律法。

在这里，焦虑的主体除了认知的延迟以外什么都不是。如果星丛是初始的，它将征服主体，最后挽救它。除了语言中的位置，没有什么新事物发生。

6

我们发现马拉美的运算无可挑剔。链条效应由于对换喻序列史无前例的应用而达到了其顶峰。消失项是整首诗歌技巧的中心。作为匮乏之匮乏，匮乏的因果关系被复制到其概念当中。因此，一个新的算符被引入了：取消。分裂影响了既有诗歌归位中的所有项。被撤销的项传递了不可概念化的理论。

在这里，完整的结构辩证法便显现了，它充满了活力，在语言振动的奇迹中闪烁并臣服于诗歌统一的韵律。拉康对此不会再画蛇添足了。

是的，辩证法！从另一个（历史的）方面来说，它在这里是有益的，且将自身献于纯粹的闪电，通过力量，将主体从同一个位置的链条中解放了出来。

所有的这些都形成了一份珍贵的遗产：对在例外能指链下的主体——后果——的表达；最终，通过延迟的轨迹，焦虑的主体掷出了骰子。

能指中的这个例外，这个闪耀的字眼——延迟，而拉康与这些痕迹相去甚远。

不，我觉得所有的这些都无可挑剔，除了我不被这样一系列事情影响以外，其中，所有的思想都致力于臣服于缺席位置的审视，它将仅仅在一个业已存在的星星当中对主体进行救助。

事实上，对于这位著名却不为人知的作者来说，只有在他委任我们审视对其的漠视之时，所有的一切才算是真实的。

这将把我们引向拉康，并且我希望，来自马克思主义的关于主体理论基础力量的保证，决定单独的它自身是否能够将勇气之光带入这个世纪的冒险，其中，它被宣称仅仅可以驱使焦虑。

第三部分

|

匮乏与摧毁

新事物抑制新事物，并以之为前提

(1977 年 1 月 10 日)

　　拉康的模棱两可—关于马克思主义—两种性别，两
个阶级。

　　事不宜迟，让我们进入拉康的模棱两可："……当一分为二
时，就永远没有回旋的余地了。这绝不等于说使'一'重新再来
一次，更不是说创造了一个新事物。扬弃只不过是哲学众多幻灭
的梦想中的一个罢了。"（SXX，90/79，翻译修改）

　　对黑格尔哲学问题的解决。这样一个对我们法国马克思主义
者来说的当代黑格尔——我们的任务仅仅在于划分出——仅仅用
一个句子便表明了划分辩证法历史的两个世纪间的距离。

　　拉康在言说历史——在这种情况下，他理应诉说爱的历史。
这是一个关于阐释在 13 世纪名为"宫廷式恋爱"事件的、绝对新
奇的问题。他的答案是某事物在那里分裂了——其生动性不能因
任何超级转移而改变。

　　我们现在处于我们所争论的中心了。拉康创造了真正的分裂
理论，而毛泽东"一分为二"的准则，则致力于保护这种不可修
复的力量，反对那些轮胎的修理工们，即修正主义者们——他们

坚信"合二为一"的理念。

至于严格的辩证逻辑，在这一点上，拉康超越了马拉美，马拉美专注于星星，并以最精确的尺度进行辨认。

——实在界的新奇，将话语链接撕碎足以证明这一点。

——"一"的不稳定性被新事物所消灭，其本质是分裂。

这是黑格尔式调解的一种做法，在那里一切都被设计好，以便时间带给人的伤痛除了概念的呈现外再无其他（"时间就是其本身存在于此的概念"，存在奠定了基调），如此这般的黑格尔式的调解被单独降到想象界的层面——"哲学的一个小梦想"。

然而在这种精妙中，分析学家的经验来自一个超越了责备的教育者，它存在于拉康大肆使用的含混语句——与我所坚持的马拉美最基本的单一性刚好相反——作为一个算符，通过它，没有正反性的句子将"一"的两面性及同样可传递的两面结合在了一起。

哪些方面呢？让我们逐一弄清楚：辩证法中关于结构的方面与其历史的方面；关于位置的方面（用拉康的术语说即象征世界）以及关于力的方面（实在界）。

想想我们的开场白："这绝不等于说使'一'重新再来一次，更不是说创造了一个新事物。"拉康所使用的这种狡猾的言语伎俩，是否意味着"一"的分裂没有什么新颖性呢？在这种情况下，对否定性的强调将指向那个新事物："更不是说创造了一个新事物。"我们处于迭代的逻辑当中，在那里，其分裂在没有向其统一形式返回的情况下，被取消了——但我们并不能由此就认为除了这种分裂的律法以外，其他的都发生了。

因此，新产生的某物将超越能指的律法，"一"的优先形式将从中找到依据。相应地，关于这种律法不可避免的灾难将产生，象征界被实在界破坏了，除了在其被摧毁的过程中，"一"是不可理解的。

拉康对主体的天才阐释取决于这样一个事实，即在一个句子接着一个句子、一个研讨班接着一个研讨班之后，他同时说了两件事。

我们也一样。因为我们最好承认这一点，即在它将自身划分为无产阶级与资产阶级的范围内，政治学的领域仅仅产生了迭代规律。从这一观点出发，其新颖性比其贯穿时代的永恒性要模糊得多。尤其是我们同毛泽东一起承认，在社会主义条件下，这种划分依然存在，且会持续，用毛泽东自己的话来说，即"相当长的一个历史时期"。但我们同时也承认，作为（共产主义）非政治学的政治诱因，无产阶级导致了"一"的分解，它分解为这样一个点，它在那里不再以这种形式呈现，甚至也不再以将自身描述为对立项之一的形式出现。

对于拉康来说，精神分析理论把坚持这种歧义作为欲望的教训，主体在当中得以被理解。对于我们来说，马克思主义坚持认为，在政治实践中，主体点就在于党。

拉康是政党的一个无意识理论学家吗？马克思主义者是欲望未被启蒙的实践者吗？

这是一扇错误的窗户。真相是仅存的一种主体理论。拉康是当今国家马克思主义的先锋，我们必须利用其先锋的影响力，来发展我们的马克思主义事业。

为什么我们要从马克思—列宁—毛泽东，以及弗洛伊德—拉康那里来获取这种未被分割的、模糊的主体理论呢？难道我们要登上那令人恐惧的关于弗洛伊德-马克思主义愚者的桥梁吗？

不，当然不是，因为这绝不是一件关于调和信念的事情。一切都依赖于实在界，而反过来，属于我们的实在界又依赖于以下因素：

——存在着两种性别；

——存在着两种阶级。

试着接受以上事实吧，你们这些经验的主体们！

站在实在界的一边

（1977 年 2 月 7 日）

> 黑板上的哲学家们—真理的四条相交线：连贯、重
> 复、总体、挠—并行存在着。

1

一个优秀的辩论者总是诉求一种分离的动物学。从总体上来
说，国家马克思主义对于马克思主义而言，就如同散文的世界中
来自区域法院的一个句子对兰波的《彩图集》，它超越了拓扑学的
狂热的操纵。出现的仅仅在左边，这在现实中在右边；与修正主
义对应的是教条主义；与小资产阶级的无政府主义对应的是半资
产阶级的官僚主义；经济主义的对立面是唯意志论……

有时候我们必须懂得如何简化这个世界，被无数奇点所模糊
的记忆将使我们苦恼——如果我们被禁止计算那些有毒的酒瓶的
话。事实仍然是这样的，政治学与政党都不会将马拉美所谓的
"地图册、植物标本及宗教仪式"作为自己的神召。

至于哲学，那个由四个概念组成的简单组合，以两个概念为
一组的形式展现：唯心主义与唯物主义，辩证法与形而上学。

由此我们可以推断出存在着四种哲学类型：

——形而上学唯心主义；

——辩证唯心主义；

——形而上学唯物主义（有时候也被叫作"机械唯物主义"）；

——辩证唯物主义。

而且我们知道，为了成为一个根正苗红的马克思主义者，我们不应当做一个唯心主义者或形而上学主义者，而应当成为一个唯物主义者或辩证学家。

由此，我们可以严肃批判一种形式（形而上学的唯心主义者），温和批判两种形式（唯心主义的辩证学家及机械唯物主义者：你是在正确的轨道上，然而仅仅在用一条腿走路），以及称赞一种形式（唯物主义的辩证学家：你通过了考试，优秀，被授予斯大林和平概念奖）。

这些是我们马克思主义者用来批判的基本术语，什么意思呢？

唯物主义者们认为存在先于思维（为了能够存在，存在者并不需要思维），而唯心主义者们的看法正好相反。

辩证学家是那些将矛盾转化为存在规律的人；形而上学主义者们则用同一性原则完成了同样的事情。

今天我们不会再模糊这些显著的区别了。除了这样一个桌子以外，完整的拓扑学在其中指代一个单独的矛盾（即思考与存在本身之间的矛盾），并且在其中，通过对每个增补的颠倒，我们区分出五种哲学类型——说实话，这其实是列宁早已做好的工作，即将被人们"开诚布公"地争论的唯心主义（贝克莱语）从康德式的相对论中分离出来，从而得到唯物主义与经验批判主义。

以下表格将知识进程中轨迹的区别连接了起来。

这个表格应当被理解成一种哲学的拓扑学。为什么呢？因为它是基于内在论与外在论立场的，基于思维边界的，基于前沿领域的物流学的。也正是因为这个优势，它阐释了关于真理的问题，在其通过各种条例之前，我们会要求阅读相关论文。

类型	论点	思考	存在本身
主观的 形而上学唯心 主义	1		
客观的 形而上学唯心 主义	2		
辩证法的 唯心主义	3		
形而上学的 唯物主义	4		
唯物主义者的 辩证法	5		

论点 1，让我们来说说贝克莱主教，由于其激进的呐喊，他看起来总是那么有吸引力。他认为思考并没有理智的外在。不管你走得有多远，你将永远不会比那些在床边徘徊的保守英雄们走得更远。思想不可能将自身放逐，因为它只与居住于其自身图像的图像打交道。真理，作为与思考本身协调一致及一种本质适当的名称，它与将其刻写的正式地位有序地固定下来的程序——连贯性，是类似的。"真理与连贯性相辅相成"：你每次读到这句格言或其派生物时——它们将得到传播，我可以打赌，你正处于主教的陪伴之下。

这种拓扑学通过排除其实在界将自身的结尾封锁起来，这种实在界在交叉的形式下，在保守思考神圣的错误之下，梦幻般地返回了。

是的，形而上学唯心主义的现代奖项，并不会颁发给那些背诵着"存在即被感知"的人，而是会授予这样的人，他们认为，在真理的形式基础之上，放弃了与自身足够和谐的真理标准是其自身的充足的连贯性。

论点 2 与论点 3 代表了理性的唯心主义。在这里，外部被拓扑学界定为思维的边界。

然而，穿越边界的过程，以及认知过程背后起推动作用的原则，继续遵守观念的规律。轨迹从心理的位置开始突破。它是怎样通过或者没有进入其客体的外部呢？两条路径。

a）康德的路径，在我们表格中的论点 2 中，它排除了知识的存在。在其经验事实被要求的纯粹陈述中，自在对于它来说仍然是未知的——一个空乏的术语，它仅仅在从其缺席自身这个运算，才能奠定知识整体的基础。

对康德来说，自在的存在是被放置的非存在。从中，它为了先验主体而遵从它所获取的力的规律。

因此向连贯性的返还将作为真理的保证。

在离开主教的宫殿之时，其内在的基本规律足以规定经验，康德认识到还存在一个外部，他获得了什么呢？首先，他的做法开启了凌驾于知识界限的道德与宗教的领域。其次，一旦真理的判定被空制定出来，并由此偏离其所匮乏的存在位置之时，我们就能找到一种力量，将并没有对其他术语进行分析性重复的术语们连接起来。先天综合判断为这种根据轨迹而产生新事物的拓扑能力命了名，在这种轨迹中，尽管实在界的外观并不能被穿越，但它在离主体内部很远的地方将一种生产的奇异性强加于自身。

b）在论点 3 中，黑格尔的路径宣称内部自身制造了其外观。它是一种扩展性的拓扑学。其中，通往自身的外部，构成了一个位置所有的行动。我们可以这样说，如果不是很有必要，为了安置其延展性的边疆，将整体再一次关闭，并且从很远的地方制定出作为返回其身开始的程序，所有黑格尔的集合都是开放的，以至于局部的外化恰恰就是整体内化的一项后果。

这也表明黑格尔式的真理只能整体地存在。这是拉康在将一半言说变成陈述真理的绝对条件时所颠倒的地方。

在我们到达这一点之前，让我们先来观察一下，我们分裂的医生所犹豫甚至动摇的地方，和我们所有人一样，在黑格尔式的对整体的幻想之下，尽可能地将它向辩证法靠拢。其中，真理以作为其自身谬误的形式得以传播：

［……］只要真理没有被完全揭露，也就是说直到最后一刻，在所有的可能性中，真理的性质就会以错误的形式得以传播。［……］

换言之，在以上论述中，是矛盾将真理从谬误中区分开来。这也是黑格尔式绝对知识概念的来源。绝对知识是这样一个时刻，其中，论述的整体在一个迄今为止完美的非矛盾状态中将自身封锁了。然而在某种层面上，我们是赞成这种观念的！［……］

因此，我们似乎被导向一种历史的绝对怀疑主义之中，它将人类所能言说的一切事物的真理-价值都终止在对未来整体的期望之中。

它的可能发生会很不可思议吗？难道物理科学的进步体系不能被看作单独的象征体系的进步吗？其中，事物给予了物质支持？［……］

这种科学的象征体系倾向于组织严密的语言，人们可以把这种语言看作科学本身的语言，一种失去了所有声音来源的语言。（SI，263-5/289-91）

在这一点上谁不会测量拉康的诚挚，关心轨迹时的谨慎呢？只要对立的逻辑还在考虑范围之内，就让这个问题成为伦理学的说教吧。没有人会在没有唤醒使其联合梦想得以实现的神秘政党的情况下，就认真考虑辩证法的。或许我们应当为此感到高兴，即谬误是真理的广告代言人。让我们想想那些草率地索取一面之词的人。他们怯懦地倒向了谬误的一面。

我很欣赏那些只有在被迫不得已的情况下才放弃整体的人。

而黑格尔并不是很赞成放弃。在他看来，真理是不存在的，不管它们是多么的特殊，都不能认为它们是被真理的整体所保证的。

这一切都是关于什么的呢？它是关于真理拓扑学地位的问题，正如在数学中的情况，它包含了从全球研究到地方研究的艰难装置。

很早以前我们在学校就学习并懂得了这一点。能够对一个功能的简况进行介绍，并不意味着掌握了任何可能并围绕着这样一个特殊价值粗劣又令人迷惑的方面。

真理是一种功能、一个种类、一个表面、一个空间，而这对哲学来说却是一个负担，因为它需要哲学也成为一种广告性的代码。

马克思主义的哲学也不例外。"实践优先原则"并没有言说任何关于"真理阶级特征"的、更为模糊的事件，而是意味着区分，关于实在界——关于事件——履行作为一般结构的功能。通过这种一般结构的功能，它履行了作为个体倾向的功能。

在现行的拓扑学陈述中，最晦涩的一个观点就是"普遍性仅仅存在于特殊性之中"。这也是我们在地方与全球之间尽可能"制造"紧密联结的地方。那么，一场特殊革命的普遍性影响又是怎样的呢？其中，构成世界种类的元素被称为"巴黎公社革命"与"十月革命"，它们分别发生在法国与俄国。它们会构成一个最基本的团体吗？要回答这个问题，我们必须推动历史整套的拓扑学发展，弄清它的起源、奇点、曲率、结构以及所有的工具。

不管在何种情况下，如果黑格尔在地方入口的交叉处开辟了一条道路以及一种功能的话，那么除了在整体以外，黑格尔将不能从真理中看出任何保证。

也就是说，黑格尔根本不会保证任何事物。

在我们的表格中，论点 4 不会因为这些小问题而烦恼。对于拉美特利或卢克莱修来说，知识的主体性时间为空。这意味着什么呢？它的意思是说，一般机械主义的区域可以被"称作"知识；以同样的方式，我们为一头奶牛或一株菠菜命名。是什么区分了这种真实的区域呢？毫无疑问，它将一种物质的装置从一个点转移或运输到另一个点，也即，从实在界转到想象界。求知意味着通过一系列身体力行的努力，对某物进行重复制造而使自己充实起来。真理的保证将自身与这种运输正确的机械主义联系在一起。梦想或幻想在运输图像的冷冻车中，被损耗掉，或只剩下痕迹了。它到达我们这里时就已经腐坏了。

真理的唯物主义标准只适合一个词：重复。我从原子论令人头晕的梦想中逃脱了出来，它标识了与其自身一定距离的重复。

论点 5，即唯物主义的辩证法，承认——我们以下的评估并不是没有付出代价的——我们必须将思想从理性存在中区分出来。这是对激进机械主义的反对。它在后者中保留的——反对黑格尔的——是业已存在于从存在中而不是从观念中所获得的知识。至于轨迹，它在新事物摇摆不定的不一致中发生了，它在那里排斥了唯心主义的整体：从整体当中，尽管它后面什么都没有保证。

所有的真理都是新事物，尽管它的不稳定性也需要重复来克服。是什么将革新的介入放入循环的弯曲当中的呢？即挠系数（coefficient de torsion）。

在那里存在着真理的主体本质，即它是挠的。"真理当然就是那样的。除非是弯曲的小径，否则它将永远无法被企及。"（SXX，95/87-8）

2

以上的表格为我们提供了真理的四个哲学名称：连贯、重复、整体、挠。

再没有其他的了。亚里士多德与圣·托马斯的"公正"也仅仅是存在于字典中的一种美好而已。当精神与事物和谐一致时真理就存在，这并不意味着人们就可以不用找寻问题中达成一致的实际规律了。亚里士多德与圣·托马斯为这个问题提供了和所有其他人一样的解决方案，它们也分布于连贯、整体、重复以及挠这个体系当中。

拉康从来都是不遗余力地猛烈批判这种公平的："因此真理从其他的某些地方，而不是从它所关注的实在界中获取了保障：它是从语言中获取保障的，就如同在语言中真理获得了其在虚幻结构中存在的标志。"（E684/808）

的确如此。但事实上现实与真理并不相关，这是所有哲学的开端。公正并没有误导任何人，它也没有被当作是关于真理之谜的有力一击。

这个谜可以从真理的图示中读取出来：

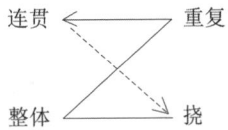

指向整体，真理的主体-过程在一种新律法之下重复其差异，而这种新律法之中所隐藏的连贯，只有在挠的最初规则中才能被放置。

尽管带有一丝狡猾的滑移，但关于这个话题，拉康已经言说了全部。

他没有说的问题，是我留给你们的一道（较难的）的练习题。就马克思主义来说，它是一个关于阐述真理的问题：

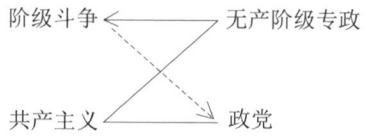

在这个阶段，那些已经解决了这个问题的人可以继续前进到本书最后一章了：他们对于马克思主义的伦理学来说已经成熟了，除了此时此地，在党派的挠的作用下，他们对参与斗争的明确的补充条件除外。

即使"挠"这个词不属于马克思主义的常用术语，我们也可以通过将循环与跳跃的观念结合起来而将其从中推断出来。真理的扭转在没有统一标准的前提下指定了一种循环，一种不连续的弧线。存在着一种循环：真理的开端是实践，同时这也是它的终点，而理论则是从 P_1 到 P_2 的曲线所形成的媒介。存在这样一种挠，它是通过对作为真理不可分割一部分的轨迹的双重分离而形成的，由此便奠定了实践创新的基础，它是被划分为 P_1 与 P_2 的局部项 P。这并不是一个暂时的分离而是一个认知的分离：位置规律。

为什么会是一个双重的分离呢？因为为了保证循环的发生——即使它是一个支离破碎的循环，我们需要两个非连续过程。

由此得出了认识的"两次飞跃"：从感性认识到理性认识（轨迹实践特征的一次飞跃），以及从理性认识到革命认识（P 划分自身的一次飞跃）。（见《实践论》）

人们将意识到，我们通过打破真理的轴线——整体→重复——实现从感性认识到理性认识的飞跃，而从理性认识到革命认识的飞跃，我们则是水平前进的：重复→连贯。

这就是打断重复的事物，因为所获得的连贯是新的。

在他的教育话语中，马克思主义者毛泽东声明了两个论点，这是我们理解真理的基本。

（1）通过不断的重复，理性结构了整体。

（2）所有已获得的连续都打断了重复。

可以对此进行深掘，然而我想象着以下反对的声音："你在模糊整个事件！在这以后，仍然有可能将拉康视为一个唯心主义者吗？至少承认他是有罪的。让我们来看看他所发布的具有摧毁性的一个档案吧！"

> 说概念是事物本身还是不够的，其中，学生们可以通过示威游行来反对经院学派。是词语的世界创造了物质的世界——那些此时此地所有存在物生成过程中聚集在一起的事物，通过将其具体的存在赋予其本质，以及将其普遍存在赋予其曾经的存在：某种恒久不变的价值。
>
> （E229/276）

"你们辨认出来没有，我的马克思主义控诉人将继续，思维优先于存在，主体优先于客体——拉康将这种唯心主义的原理分配到其当代形式当中，它是一个关于语言优先于事物本身的问题吗？"

如果我向我的那些睿智的对手们提问："资本主义优先于无产阶级吗？"我不太确定他们是否准备好了答案。在这一点上，拉康的一个关键论点就显得比较有说服力了："主体一直以来都是被客体内在地排斥的。"（E861/731）在这种内在的排斥中，想要准确地描述一个首要性就很困难了。

是的，这是一个挠。

和马克思与弗洛伊德一样，拉康也强烈地意识到他正在带来一场（哥白尼式的）革命。不是在一种颠倒而更像是在一种倾斜的意义上：我们必须把所看见的直的事物当作弯曲的。正如拉康所洞见的，我们应当坚信，呈现在我们面前的是侧翼存在、准存在、准表象：

> 在这样一个时刻，那些试图以写作效应来表达自身，并总是以并在的形式展现自身的事物的矛盾便涌现了。我们应当学会合适地将其结合起来：我准存在，你准存在，他准存在，我们都准存在。（SXX 45/44）

我们认为，这就是马克思主义所说的教条主义，在我们面前，教条主义假装恢复了那条线索，没有任何偶然性。

将这条线命名为"公正"只是称它为"正确"的一个幌子而已。翻阅历史厚厚的案宗，这只是带褶皱的真理之线。

"让我们准存在吧！"这是我们在战争中发出的呐喊。

或许这样说会更合适："我们什么都不是，让我们准存在为一个整体。"

没有诸如阶级关系的事物

（1977 年 2 月 14 日）

> 基督、马克思以及弗洛伊德被保罗、列宁以及拉康
> 接替了—马克思主义特有的不可能的革命—挠的一项练
> 习—"摧毁"，他说。

1

我来同你们谈谈历史分期的问题。我告诉过你们，唯物主义
辩证法在某些决裂之处破坏了黑格尔辩证法的循环，在那里每种
现象（至少）将自己刻写了两次。

双重的封印是历史为了所有的创新所付出的代价。

当然了，马克思主义是一种现象，因此它也是被划分历史阶
段的。由此它开启了两个时代：马克思的时代，然后是列宁的时
代。"马克思列宁主义"是这种双重封印的名称——为了那个双重
的名称。历史大"二"教条式的大"一"。

基督教也开启了两个时代：基督的时代以及圣保罗的时代。
我们应当注意到，基督时代的开启是与圣保罗时代的真理联系在
一起的。没有圣保罗奠基性的激进活动，没有反对彼得违背律法、

超越犹太世界的、使信息普遍化的观念，这种存在了千年的力量将变成什么样子呢？我们从中便可一览这段复杂历史的开端。其中，宗派的领导者，被在罗马帝国中立保护之下得以建立的巴勒斯坦给清理掉了吗？在所谓"普世"教会的政治时代中，圣保罗就是那个充满了智慧的、暴躁的列宁，反过来奠定了作为事实的道成肉身的基础。让我们这样来理解：作为这种激进论证的事实，它征服了装置。

我们必须认为仅仅那样一个组织便可以使得一个事件成为起源吗？是的，只要作为政治的主体需要一个装置的历史基础，只要除了一种确定的政治学外再没有其他的来源了。

然而，事件一旦被分配下来，便呈现出一种关于作为起源、分析或者边界而固定下来的、反作用批判性预期的、永不枯竭的价值。

想一想预期值与反作用之间的悬念，它将第三国际与十月革命联系在一起。在这一时期马克思主义确实形成了，尤其是——预期值——战胜了异教——反作用——及胜任了一个具有奠基性的时代。只有在列宁主义的胜利中，我们才能将马克思主义的存在作为一种新的政治主体最初始的论证性名称。

确实，只要语言仍然迷失在关于异端学说或史诗的结论中，那么主体就不存在任何问题了。

严格说来，我们只能说，只有从拉康那里我们才能得出作为主体理论的弗洛伊德主义的形成日期吗？或者说，只能得出作为史诗的弗洛伊德主义吗？至于异端学说，它们很快就出现了。我们可以这样说吗？在拉康以前，在关于心理学的问题上，仅仅存在着一种尚未完成的、开放的教条和科学的野心，但较之于经济学的问题上我们归功于马克思的《资本论》而言，它再也不是平平无奇的了。

毋庸置疑。我们必须在自我与本我之间划出一条界线，以便最终孤立这样一种进程，"无意识"在这一进程中是名称，就好像它只是一个关于不明确客体的问题，直到列宁积极地揭示出，在关于马克思主义的问题上，"政治学是经济学的集中表达"，而党的活动则是政治学的集中表达。

拉康发动了战争，旨在反对弱精神分析堕落为驱力能量，有人将其称为反经济主义的战争，并不是没有原因的。

那么在最后阶段，"能指的首要性"指的是什么呢？它是关于一般伦理学的首要性。对于列宁来说，是关于政治学的首要性，是一门艺术——"起义是一门艺术"，而不是一门科学。

拉康是精神分析学说中的列宁。在一篇不算长的文章中，他曾自己这样说道，事实上也的确如此：

> 马克思与列宁，弗洛伊德与拉康，他们并不是成双成对地存在着的。通过那封信，他们发现在大他者中作为知识的存在，他们在被设想的大他者中两两前进。他们知识中的新颖性就在于，他们并不认为大他者知晓任何关于他者的事情——当然也不包括组成那封信的存在。因为很显然，在大他者的基础上，拉康用自己的努力、以他自己的存在为代价完成了那封信，这一切都经由了上帝，对于我们来说并非毫无用处，但这一切也并没有讲明很多真理。（SXX，97-9/89-90）

在这里我们发现，名称的二项式与起源的双重封印是普遍一致的。

因此我们这个时代的难题如下：还没到来、能以一敌三的精神分析学说中的毛泽东在哪呢？

我们所说的列宁仍然健在：他能够积累数字，就像一个超越了自身的国王。

2

就我们所讨论的真理话题而言，我在拉康关于挠的稳定性阐释中读出了一种唯物主义，证明根据整体的指示，一种感知的连贯阻扰了赋结构予它的重复。

让我们来阐释以下真理的挠，在无产阶级/资产阶级的"关系"桥梁作用下，那种唯物主义组成了其连贯的拓扑学、其重复的韵脚，以及其整体的分裂。

我所说的"关系"并不是建立于这样的基础之上的，即如果精神分析学说中的实在界作为关系的不可能性体现，那么马克思主义的实在界可以被描述成"不存在阶级关系这样的东西"。

说"不存在阶级关系这样的东西"意味着什么呢？可以换种方式来表达：敌对。

资产阶级与无产阶级的敌对表明了一种不可能的阶级关系的存在，它在那里划定了无产阶级实在界的界限。这与其客体是不同的。马克思主义的客体，我再重复说一遍，不是别的而正是其政治主体。

实在界作为其偶然、原因以及连贯而被主体所遭遇了。我将回到这个三元组合：偶然、原因、连贯。对于马克思主义理论的主体而言，这种真实就是人民之中资产阶级与无产阶级不可调和的敌对关系。这种敌对关系对任何马克思主义的政治学来说都是合法的，在其对偶然（抓住公牛的角）、原因（正是在这种敌对关系中，这种政治学，也即大众政治学，产生了），以及连贯（这种敌对关系的维持给予了马克思主义存在的力量，以及定义了其各个阶段统一的原则）的描述中。

然后我们将相信拉康的那个准则：实在界就是不可能的吗？是的，毋庸置疑。马克思主义的实在界就是革命。革命的名称是什么呢？阶级关系单独存在的历史形式，即敌对关系，摧毁尚未存在的东西。

革命是敌对关系存在的表现。因此，不可能的名称对于马克思主义来说是合适的。

这是否意味着革命是不存在的呢？恰恰相反！这精准地意味着革命是存在的，就是这样。马克思主义的革命现状就是它们正在发生之中，这是基于实在界的，其中，政治的主体宣称它处于当下。除了革命，什么也没有发生。这是一件不可能的事件，就和所有的真理事件一样，其中，马克思主义通过其概念的反作用确保了主体的有效。

巴黎公社、十月革命并不是经验主义的结构。其中，某些马克思主义的历史学家或其他分子会提供言论。这样的马克思主义概念可以让我们思考政治主体与实在界（即革命存在）的不可能性之间的关系。

这些概念比那些被人们误以为是"生产模式""生产劳动力""剩余价值"等这些马克思的初始概念要重要得多。

对于马克思主义来说，不管从哪个点出发都无法捕捉到其有效的操作，而这是群众内部政治学秩序的全部。同时也不值得将这个时刻耗费到被贬为性歧视沉闷教条的弗洛伊德主义中，它是为了适应某种疗法而产生的手段，或其他意在加强自我的手段。

在那些以左翼"共同方案"为标志的时代里，有人认为，如果人们假装在没有革命可能性的前提下、马克思主义的任何事物都可以存在的人们，他们非常擅长避免学术界那些对才能的追求。

马克思主义是维持一种政治学主体降临的实践话语。什么样的实践？我赞成拉康对矛盾的定义："什么是矛盾？［……］不管它是什么，它都是一种协调的、人类行动的、最广泛定义的术语，这将人类置于一种用象征界来对待实在界的位置中。"（SXI 6/11）

马克思主义致力于通过对象征界的支配来改变革命的实在界。

它确保了这样一个实在界中的政治主体，这样一个主体，众所周知，它保留了"无产阶级"的名称，它并不比"无意识"这个模糊的词要更为恰当一些。

这也是马克思主义必须规定其挠的地方。

3

我们可以用拓扑学来思考内部与外部这对组合，这两个术语对应的位置是什么呢，无产阶级与资产阶级吗？

喜好区分的经济学如此规定这种外在性：拥有生产工具的一方就是资产阶级，而无产阶级就是那些仅仅出卖其劳动力的一方。

有一些事情显然是正确的！

我们知道接下来会发生什么。这种拓扑学的外在性被转换成一种功能型的内在性。这是位置的复仇，在黑格尔哲学中我们可以发现这一点。如果无产阶级只是这种生产性的（被剥削的）外在性，或许称它为——用马克思的术语来说——"劳动力"甚至"可变资本"更合适些。的确，它（无产阶级）除了是一块资本外，什么也算不上。你们已经做出了一个结构的集合规则所统治的区分，其中，"区分"事实上只是扩大再生产的循环所组成的律法。你们所拥有的是资本。在这里，工人阶级甚至成了最宝贵的资本，因为它是其再生产的最活跃的因素。你们可以将资本家废除掉，同时保留资本的律法。这些是俄国官员们非常擅长的事情。相反，工人们却不能从这种整体的结构中分离出来。由此我们可以推断出，它们最初始的区别来源于资产阶级，纯粹来源于剥削的观点以及对剩余价值的强夺。可归结为以下结论：资产阶级的世界归位了阶级，资本是无产阶级的位置。

矛盾的是，为了将无产阶级作为存在来思考——或者作为可能的存在——资产阶级归位的出位，我们必须首先将资产阶级的内部性考虑到无产阶级上来。

真理似乎位于一个挠当中，然而经济学家们却一致地仅仅给予了我们作为位置——整体的资本的重复。

最开始，无产阶级被认为是资产积极的一个特殊形象，即资产阶级政治学中所分裂的一个形象。开启马克思主义的当属著名的1830—1850年代的工人起义，这将它们自身归入欧洲资产阶级民主运动当中，一场例外的动乱。就如同精神分析学说的开始，也仅仅是在聆听了这场世纪末歇斯底里的、独特的、关于动乱的言说之后。历史的征兆所追溯到的主体，最开始可以在资产阶级的政治动乱中读出来。这种动乱是什么呢？通过被分配到一个异质性的秩序当中，断裂被引入主体。主体无产阶级的出现，不管其连贯性达到了什么程度，它都是对最开始组成它内部影响的驱逐以及"大清除"。

我们也可以说，是今天让人困惑的资产阶级政治学领域中怪异的有机体，组成了无产阶级的共在——显现。

无产阶级是什么呢？它历史地存在于治疗其自身致命的政治疾病的过程当中，它是一具产生于腐败的垂死挣扎的躯体。我们应当注意到的是，它永远不会被治愈，只是在被治愈的过程当中。

作为健康的征兆，除了马克思主义的角度以外，它从任何一个角度都可被视为是一种不可治愈的疾病的征兆，无产阶级的政治学当然位于资产阶级政治学内部被排斥的边缘，也即其客体的边缘。

资产阶级能够成为一个主体吗？在这里我们着重强调一下1975年4月的这个位置。我有点自相矛盾，它是主体存在的一个表象。资产阶级很久都没能成为一个主体了，它成了一个位置。

对于任何既定的历史化现象来说，有且仅有一个政治主体。忽略这个主要的事实将使人民陷入作为主体冲突的政治学幻象中。有且仅有一个位置，一个主体。不对称性天生就是"结构"的。

无产阶级存在于某种政治出位被制造的地方。因此，它是通过不断提升自身而得以存在的。较之其政治生存组织，它并没有任何优先性。通过压缩其支持机制来清除资产阶级政治学，以及将其带入无产阶级政治学的存在，显然是一回事。

这是否允许我们对一个政治主体的存在下一个赌注呢？不，我并不赞同这样一种观点，即认为拥有了起义的诸多、纯粹主体化的出位，以及大众政治注意力爆发性的赋予就足够了。

挠就更加激进了。不仅仅是由于出位的自我清算及异质的政治学，作为主体的无产阶级才得以在这个世界上产生。在连续清算的内部，人们总是能够将无产阶级作为资产阶级自身被人注意的一张牌，向其自身主体能力的一种回归，位置的一个诱惑。这一点我们是从一种新型的官僚国家资产阶级即苏联的产生中学习到的。

主体的标准需要出位严格的逻辑学知识，它是因匮乏的随意性而形成的马拉美风格所统管的，在对位置的摧毁中超越了自身。

它不是一个空的位置，甚至不是在政治动乱中，主体对自身控制的突然显现的力量。

"摧毁"，他说道，是必要且延长的无产阶级宣言。这种野蛮的宣言禁止我们在传统的结构现代性、传播、腐败以及颠倒中想象政治的主体。同时它也反对我们在清算的切口中，想象一分为二的世界。

摧毁意味着挠。在其空间的内部，在一段艰难的持续过程中，它破坏了其位置。

什么样的内在性才适合通过破坏作为边界的外部界限规则而得以存在呢？

即便如此，无产阶级依然会出现在其位置当中。

在这里，我们必须生产一种关于摧毁的逻辑学。单单是（洞的）匮乏本身并不能够实现毁坏的思想。

我们对拉康的全部争议就在于分割问题，其中，他严格限定了来自摧毁的匮乏过程。

匮乏与摧毁，让我们把更多的注意力聚集在横跨了代数与拓扑学的辩证法上，它凌驾于唯物主义之上。

每一个主体都跨越了一种存在的匮乏与一种摧毁

（1977 年 2 月 21 日）

拉康—黑格尔—主体的链条—共产主义效应—本体论—拉康的四个定理—作为征服了丧失的摧毁。

1

我早前曾说过，拉康就是我们的黑格尔，也就是说，他（拉康）展现了我们这个时代的唯心主义辩证法。我们这个时代要求人们假装用这种辩证法来反对黑格尔的机械论，拉康没有逃避这个责任。

雅克-阿兰·米勒（Jacques-Alain Miller）在 1964 年的 5 月 27 日发表言论，他认为"拉康是反黑格尔的"，这让拉康兴奋不已，他欣然赞成了米勒的说法，但同时也谦虚地小小否认，毕竟这只是一场"哲学辩论"事件。（SXI，215/240）

所发生的是十年前的事情。我随意邀请人们来看《拉康选集》的索引：黑格尔占了最大的篇幅，在弗洛伊德之后（弗洛伊德并不是参与竞争的一分子，因此并没有出现在名单上），却在任何人之前——这是一个决定"在黑格尔的立场中，是否依然有某些预言性的东西，它建立在特殊与普遍的基础之上，揭示了黑格尔天才的张力"的问题，也即，在其本身的辩证扭转当中，将其自身书写入精神分析学说以往的标签中，通过对其结构的揭示，为他的挠提供了一种范式。其中，这种特征被视为与主体的一种分离，而且并没有诉诸未来（E292/242，翻译修改）。这是运用黑格尔的辩证法现代性双重标志的操作，因此也是一个双重的跳跃。

如同黑格尔对马克思的意义，拉康对于我们来说也是基本的且可分的。结构的主体性解释了主体及言语一般代数学的象征意义，对于言语来说，其先验维度在拓扑学的帮助下变得更加清晰可见，其中，它朝着真实域中的主体性而前进。

广义地说来，存在着两个连续的拉康、匮乏的拉康以及关于洞与节点拓扑学本体论的拉康，也即关于匮乏存在的拉康。

从象征界的优先性到实在界的连续性。

与匮乏效应连接在一起的理性矩阵（通过它，拉康延续了马拉美的效应），集中在这样一些文章中，其中，米勒用一种清晰渐进的方式，陈述了能指逻辑以及言语理论。在消失的整体中，那个不连贯的整体的主题标题之下，米勒的结论总结了结构辩证法的形式主义：

> 只有当符号消失之后位置才会出现，反之亦然。这是否足以证明我们的说法，即只有在其消失当中，它（位置及符号）才获得存在，它仅仅只掌控着其匮乏的边界——在一瞬间？［……］符号的存在就如同匮乏的存在，它仅仅"现存"于物体之中，精神之中，不可捕捉，或者"现存"于一个事物与其他事物的差异当中，于运动、过程当中，不是太早就是太晚。［……］这个过程——这个整体——不能成为整体的形式展现自身——或者，作为一个矛盾的整体，也就是说，带着矛盾的整体，或者是带有不可分的元素的整体，其复多也不能被

化简到整体中。[……] 符号 [……] 并不是构成（它是互相矛盾的），它继续存在着，它是一个过程。

在这里，主体在其符号象征的消逝中被揭示出来，并在言说其自身的瞬间被捕捉到了。

因此，被束缚在资产阶级世界政治律法当中的无产阶级，仅仅只是——如同拉康所说的客体的幻想——一个"无法言说的幽灵"（E550/656）。任何想要揭示其本质的人都是骗子。

对于无产阶级，除了其身体（政治）及其踪迹——有名的历史事实（其象征性的证据用一种不确定性激励着我们）——以外，我们什么也没有获取到。

那么主体是从何处生成的呢？

被其客体的丧失所规定——因此通过存在的匮乏而被缝合进实在界之中——欲望划分了主体，与其奋力朝向的"虚无"之间的关系也变得若即若离起来。这样分割的存在模型是一种交换律，根据此规律，在关于拉康的事件中，没有星星被标上印记。

紧承着消失项，主体便出现了，作为两个能指 S_1 与 S_2 之间的间隔，它将它们彼此展现于对方面前。就如同无产阶级只是一个阶级，其中，一场（已被命名的）革命将自身展现于另一场（可被命名的）革命面前。就如同那艘废弃的沉船（S_1）将主体的书写展现在塞壬（S_2）面前，尽管没有什么事物来加强这种展现，甚至连马拉美关于宇宙密码的梦也没有展现，但它被局限于《圣经》之中，其中，宇宙在逻辑上已经终止了。

对于拉康来说，主体通向的是虚无，这一点不可以被忽略，但是要让主体在没有支配的情况下略过缺席就说不通了，因为"欲望是存在匮乏的换喻"（E534/650，翻译修改）。

用这种方法，拉康给予了其自身一条通往本体论的道路：无意识是一种颠覆了形而上学存在与非存在对立面的存在。因为它是存在匮乏的效应（效应还有一个名称：移情 [transfert]）。

如此我们将发现，根据马克思主义者的观点，无意识与无产阶级的政治学极为相似，它是非存在的效应（这个效应的名称是"共产主义"）。

米勒带着这个问题追逐着拉康："你的本体论指的是什么？什么是无意识？"

每当人们直截了当地问这样一个热门问题时，作为主体的马克思主义者们都会感到备受折磨（这种事情发生了很多次了，所以我们总是随身携带着一个防火装置）："你们所谓的无产阶级在哪里呢？它难道不是一个想象的能指吗？"

那些坚信他们必须跟随其曾经所激发的、唠叨的施虐者进入存在领域的人，他们真的让人感到哀痛。不管他们研究工人及工厂剥削还是培育现存国家，结果总是不遂人意。想要将一个经验主义集合的存在（社会阶级）资历，或一个社会工程理想非在（社会主义者）的资历，交予那些赋予了政治主体力量名称的人，是无效的。

既不是性冲动，也不是国际精神分析协会，曾证明了无意识的存在。关于无产阶级，我们就不要从工厂暴动中奢求获得更多的信息了。

当置身于问题时，拉康立刻留意到隐微技巧的好处。因此，他将其回答散布开来，首先宣称"当然，我有自己的本体论——为什么没有呢？就和其他人一样"，然而，一旦他的话语被人们所注意到，他又声明"这并不代表着本体论涵盖了整个经验的领域"（SXI，72/69）。

1964年2月19日，拉康似乎谦虚得有点过头了：不，"精神分析学说既不是一种世界观，也不是意在宣称为解开宇宙奥秘提供了钥匙的哲学。它是被一个特殊的目的所统辖着，这个目的被主体观点的阐释所历史性地定义了"（SXI，77/73）。

是的，但是精确地说，这种主体是终极的秘密武器（我们的主体也显示了一种类似含混的谦虚，它是政治的现实化），因为其概念也只是对所有可能的科学观念进行了改组而已，就如同我们也只是所有社会纽带的实践类化而已。直到在弗洛伊德那里，建立在从知觉到科学轨迹之上的认识论才跑偏了方向，因为它"逃避了阉割的深渊"（SXI，77/73）。理解这一点就如同说，如果你规避了匮乏的效应，你就无从获得关于真理的正确理念，这就等于说，在没有挠的前提下，你赋予了自身连贯性，而这将把你反复推入整体的海市蜃楼。

本体论与否，根据拉康的观点，精神分析学说都强行对哲学进行了修正，这触碰到了真理反对实在界的方式。

因此，两个月后，尽管拉康"拒绝回答米勒关于无意识本体论话题的问题"，但我们的魔术师嚷嚷着要解开"一点绳索"（SXI，134/122）。是什么样的绳索呢？它避开了存在/非存在的矛盾对立。

在这一点上，我既不应当将无意识的项定义为存在的，也不应当将其定义为非存在的——如同亨利·艾伊（Henri Ey）所做的—— 一种不存在的可能性。它是一个产生了现存存在的关于禁令的不在，尽管它是非在的，但它也是确定性所基于的关于不可能性的一个功能。（SXI，128-9/117）

这种"尽管其非在性却产生了一个现存存在的禁令"，表现了主体的因果关系上的早熟，其太早/太晚的命运。在政治学中，谁不明白线性累进是无用的？谁能做准确的预测？

不管是存在还是非存在，政治项如果仅仅被宣布为项就不能展现，即实在界，它会被迅速废除且令人头晕目眩。由此，历史上的小洞布满了小孔，让无产阶级主体分离的身体能够将自身系在它里面。

它的名称？"群众"。它是这样一种实在界，其中，党的主体回溯性地遭遇了历史化中的断裂。

群众并不是历史的实质，而是重复的禁令，它产生了马克思主义置于话语中的偶然存在的主体。

<h1 style="text-align:center">2</h1>

对我而言，"最初的拉康"并不关注精神分析学说，其思想可归结为四个论点，涵盖了真理的四个名称（连贯、重复、整体、挠）的体系。

在我看来，这种公理式的安排赋予了《拉康选集》以及直到19世纪60年代的《讲座》系列本质的组织结构。

始于19世纪70年代，人们可以通过在链条之上节点的首要性，或者在随意性之上的连贯性的首要性进行符号标识，历史方面的因素获取了凌驾于结构因素的优势。

依我之见，精神分析学说在其前进途中遭受了一次失败，而伦理学却走向了一种绝对的规则。当然，这只是我作为一个外行的薄见而已。

我将推导第一原理如下的四个基本问题：

2.1　关于空的位置的问题，它源于重复

……所重复的并不是来自实在界关于虚无的一个产物（人们相信他们不得不以此为前提），而是一个关于并不存在的存在（ce qui n'était pas）。（E32/43）

2.2　关于消失项的问题，它起源于挠

此时此刻，在一刹那，在仍然发光与一开始就跌倒的区别之间，我可以通过从自身陈述中消失的方式来进入存在。

一个谴责自身的解释，一份宣布放弃自身的陈述，一种将自身

清理掉的无知，一个自我毁灭的机会——如果没有为了远离存在而真实存在的踪迹，这里还剩下什么呢？（E678/801）

2.3 关于想象性定型的问题，它源于整体

然而，一旦它被定义为工作于能指结构中的形象的话，无意识的想象将不再呈现任何困难。

让我们这样来陈述，在其基本的用途中，想象是这样一种手段：通过它，主体在其消失的欲望层面依然能够独善其身。这种消失是由对将其自身从客体中剥夺出来的需求得以满足而产生的。（E532/637）

2.4 关于菲勒斯的问题，它源于连贯

由于菲勒斯是一个能指，其功能在主体内在性经济的分析当中，可能揭开其所服务的神秘面纱。这个能指注定要把意味深长的效应指定为一个整体，因此能指通过其作为能指的展现而为它们设定了条件。（E579/690）

后来的这个能指因此就成为其他能指代表主体的能指了——这意味着如果这个能指消失了，所有其他的能指代表的仅仅是虚无。因为有些事物只能被再现。

现在整个的能指链是完整的，那么这个能指只能是来自其圆圈中的一条直线，它是不能够被计算在圆圈内的。这可以通过其能指集合中关于"－1"的连贯象征出来。

因此它是无法被宣告的，然而其运算却并不是这样的，因为只要有一个合适的名称被宣告了，运算就会发生。其陈述就相当于其含义。（E694/819）

因此，在真理的四边形中，鉴于主体的代数规律，拉康提出了以下的轨迹：

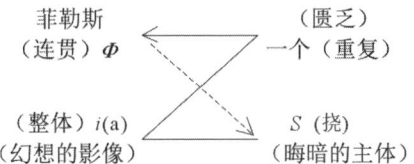

在这条轨迹当中，主体是由组成它的丧失的无知所支配的。由此可见，没有不被阉割的真理，也没有非主体化的主体。

归位的运算是置换（隐喻与换喻），因此不可能由此辨认出丧失。主体在连续局部的将代表激进的匮作为言说的欲望中消逝了。

不用说，政治学极其平庸，它只会盲目地宣扬那些错误的替代性的见解。"社会的问题是什么总是让人烦恼"（《会议 19》）。为了回答揭示了前沿的乐观主义的问题——"关于你们精神分析学说调查的政治暗示？"，这是一个典型的美式问题。我在 1975 年的冬天于耶鲁大学给拉康写了一封信："不管怎样都不会有进展。人们在收获的同时也在失去。由于不知道他们所失去的东西，人们坚信他们在收获。我的'扭曲的大脑'提示我，这样是心胸狭窄的表现。"（《会议 37》）

在一种未澄清的半言半语中，对获得与失去进行一种平衡：这是任何一个政治主体结构概念的结果。

如果可以对此再多说几句的话，它仅仅是关于一种有效的、对丧失的掌控。

被反对的存在不可能成为一种知识形式的问题，更不用说成为一种记忆了。

因此，是什么掌控着丧失呢？马克思主义告诉我们，是摧毁。

被摧毁的实在界不能简单归结为其在匮乏洞穴中的消失。它确实跌入了洞穴，有时没有任何的回旋余地，但随后在其纯粹匮乏的因果关系与我们临时称之为次要后果的东西之间，它被划分了。这种次要后果体现在，由于存在的匮乏，它代表了重复运动中的替代集合的溢出的潜在性。

摧毁将匮乏的效应划分入其无意识状态的部分——无意识的行为——以及其可能阻挠的部分，相对于位置的溢出，无意识行为过度膨胀。

通过这个薄薄的鸿沟，另一种控制，连同获得与失去的非对称平衡，生成了。

与一般将存在的坚持不懈视为保守主义基础的观点不同，正如拉康所宣称的，正是由于匮乏的效应，保守主义才得以保全自身。然而我们必须补充一点，被摧毁的，至少是被保护的保守主义的不稳定性，连同内在于所有重复的部分，一起组成了阻挠它的部分。

每一个主体都站在存在的匮乏与摧毁、阻挠与重复，以及溢出与位置之间的交叉点上。

主体先于自身

（1977 年 4 月 18 日）

摧毁—超越了实在界以及对重复的阻挠—措施与再教育—力的两种分配：焦虑超我。

1

摧毁是主体的一个基本形象，其中，丧失不仅将匮乏转化成一个导因，还从溢出中制造出了连贯。

通过摧毁，主体明白了这样一点，即在自身的匮乏中，它超越了匮乏，且没有成为导因存在效应的重复性终止。

如果（分裂的）矛盾的结构概念将匮乏作为其主要动力且将律法作为其界限的话，那么矛盾的历史概念就是在摧毁的基础上产生的，其行动的范围在非规律之内。

组成归位律法并将其作为位置邪恶天才的矛盾中的一极，对其自身缺席的利用，就如同通过对重复的发现而保证对世界长期的保护。

这就是统治阶级的定义，它永远不会出现，只能借此定义，在一个敌对的主体中对重复有所帮助。

不仅如此，称这种缺席为"社会"更合适，例如，法国的帝国主义社会。这样可以避免落入其主体化的圈套之中。

至于"私人的"主体，它的确是为了欲望规律而产生的，尤其是为了我们必须将其不利影响归因于其优柔寡断特征的颠倒神经症组合。神经症与变态，这就是我们每个人为自身所造的作为主体基本元素的社会。

然而事实上，产生主体矛盾的另一极可以被认为是摧毁性的，这就要求我们不要将主体的辩证法降低到社会的（或神经的）重复层面上。

尽管如此，不能否认的事实是，社会是政治学的神经症。

这就是工联主义，它对国家有着阴沉的强制力与令人悲伤的忠诚，对所有帝国主义的循环不加掩饰地绝对服从。

工会的逻辑单单起源于匮乏，即来源于法律：它们的辩护是通过"合法的"定义而实现的。

尽管政治学是以同样的方式建立起来的，它却起源于自我毁灭的合法性。

我们必须将主体这个名称保留下来，若没有超越将其保留在位置的力的溢出一样的摧毁，我们便无法在重复的归位基础上记录下主体的痕迹。

将主体定义为"存在匮乏的换喻"，仅仅只表明了其本质一半的特征，另外的一半特征将存在赋予匮乏，即摧毁，这是不能被归结为纯粹的替换行动的。

因此，作为匮乏规律的现有产物，主体在其领域内产生了一种超越实在界的事物，通过它，匮乏本身循着摧毁的踪迹到达了匮乏。

事实上，我将这种"超越"称为力。

然而在此做一点修正，在我两年前所写的《矛盾论》这本册子中，关于力的观念还不太具有辩证性，在那本书中，力补充甚至赞美位置，因为它被认为是一个"被安置的力量"。实际上，除了作为提供入口过程的特性，或者推翻位置体系的周期项以外，它（力）什么也不是。

不管它是多么计划周到以及悦耳动听，我们用性质来填充结构的做法在今天都是徒劳的。这不仅仅是因为它们性质异质性矛盾的两个项，才转变成一种"力的关系"。如果我们仍然停留在这个层面的话，我们就又退回到斗争中来了。

保守项可以被看作是匮乏规律，并让其他规律从属于自己，成为可重复的规律。力恰恰是那些集中于自身、出位的项，这种力被用之于重复，受到重复的机械论的约束，从而可能会破坏其规律。

在旧的连贯被仅仅规定为一种变化的非位置的地方，通过超越位置纯化的阻挠产生了。这就是力的历史。

从这一点来说，正如只存在一个主体，也只存在着一种力，其存在总是作为一个事件而得以显现的。

这个事件，主体的踪迹，用摧毁贯穿了匮乏。

当一场革命同时贯穿了小麦涨价、攻占巴士底狱，起义人群，以及布尔什维克的政治秩序时，情况就会如此。

主体——支援在臣服于重复（因为它是被放置的）自身部分与阻挠并产生非重复的部分之间被无可避免地一分为二了。

因此，你们获得了比力/位置简单区分更为复杂的事物。你们并不拥有对于"一"与同样进程的两个概念，而毋宁说是对于一个（关于主体的）概念拥有两种进程（重复/阻挠与匮乏/摧毁）。

力建立在可重复事物的基础之上，并在后者中将自身一分为二，慢慢变成不可重复的事物。

为了将这个分歧弄清楚，我将要求你们把精神分析疗法与政治的再教育目的进行对比，尽管它们中的某一个有明显且普遍的错误。重要的是它们的目的。

　　对于那些争论一个沙发到底有没有一个帐篷重要的人们，我们将置之不理。对于他们，我将毫不犹豫地说这仍然有待考察。新哲学家们的名言（"帐篷就是帐篷"）与那些想要从对拉康的惩罚中获益的芝加哥理疗专家们的名言（"沙发就是沙发"）都是错误之极的。

　　真相是这样的，即精神分析疗法除了对自身重复主体的再调整以外，别无其他目的了。因此，拉康对其作为一个精神分析师的权力进行了极度的克制："一个精神分析师不应当被推得更远。患者感受到生存的快乐，就足够了。"（《研讨班》）

　　政治的再教育致力于激发什么呢？一个人主体位置的激进崩塌，也即由主体以前的（阶级）位置所诱发的关于重复的阻挠。"生存的幸福感"使个体变得绝对平庸。

　　精神分析疗法并没有宣称要超越匮乏原则。事实上其对立面是真的：通过对症候的决定——根据拉康"这是大多数人所拥有的实在界"（《研讨班》），真理的劳动意在重建对其遗忘而导致的项的依附。这是因为"每个成功的象征整体都包含一种正常的遗忘"，并且，"对历史的融合明显带来了对整个世界阴影的遗忘，而这并没有被移入象征的存在。如果这种象征性的存在是成功的且被主体完全呈现出来了，那么它就没有在身后留下任何踪迹"（SI，192/216）。

　　精神分析疗法的目的是轻微舒缓一下匮乏的效果。

　　政治的再教育致力于激发什么呢？一个人主体位置的激进崩塌，即由主体以前的（阶级）位置所诱发的关于重复的阻挠。"生存的幸福感"使个体变得绝对平庸。

　　看看这些控告的对立面：它们仅仅组成了"我"丧失的永恒无知。它们仅仅是捍卫重复的权利。

　　这条防线的矛盾也是显而易见的。当被问及对那些进入分析领域之人的期望时，拉康这样回答：对于这样的人来说，它就是一个关于清除症候的事件。"症候是可以被治愈的"，他说道。但是症候是什么？"所谓的神经症症候仅仅是允许他们继续生存的某些事物。"（《研讨班》）

因此，我们应当摆脱允许我们继续生存的实在界吗？

与一个人自己的真理共存会引起一个症候的发生，因为本应当太少的事物相反却过多了。

就这个层面来讲，精神分析并不真的意图使整体与真理结盟。这样一个向着苛刻真理恢复的溢出开启了精神错乱的冒险："谢天谢地，我们没有使他们（精神分析对象）太过于正常以至于结束其精神病症状。对于这一点，我们必须非常谨慎。"（《研讨班》）

毋宁说这一点将实在界推至对自身遗忘的遗忘当中，在那里，因果关系的力量在匮乏中被清除掉了：与真理一起走向整体。这种工作需要适度。

就革命化进程来说，它对历史的呼吁是徒劳的，通常是对历史进行敲打，使在精神分裂整体中真理的最小价值也能够被榨取出来。它的目的是在旧的整体性中制造出一个症候，并在症候、危机中制造出一个整体的真理。

我们在这里就接近伦理学的领域了，并且是一种类型最严格的伦理学。如果主体的特征仅仅是从可重复的事物，以及存在匮乏模糊的权力中派生出来的话，那么无论什么抵制都有可能说得通吗？

然而反过来看，人们可以衡量丧失掌控以及开启空间新颖性所付出的摧毁性代价吗？

（精神分析）疗法或革命化：和往常一样，关于它们自身的事实不管用何种方法都决定不了任何事情。在那些于沙发上幸存下来的人与激进政治学之间，无产阶级以左派有力的行军方式进行陈列，我们真的不能说 19 世纪 70 年代的西方争论创造了很大的价值。

相反，让我们试图抓住主体观点的两层面纱，阐述将花费我们大量的精力——为了将其与果实累累的摧毁及尚未完成的幸福结合在一起。

2

如果拉康是一个辩证学家，我们就必须注意到其所没有注意到的地方。我的意思是，不管他将匮乏原则结构的重要性应用在"多"①之上，除了至少在摧毁、超越实在界、力量等其他层面，否则我们将不会把他看作我们这个时代的黑格尔。

然而，"力"是拉康极度不喜欢的一个术语，因为他正忙于同美国的经济学家们致命的无知做斗争。"精神能量"，量，在流动：所有这些都是无知的庇护。拉康并没有带着来自认识论的不让人信服的、未确定的术语前进——"在历史的进程中，关于能量与力量的观点经常被拿来反对一种日益增长的整体化的现实！"（SXI，163/149）——关于这个意义深远的结论——"总之，力量被用来划定一个不透明的轨迹。"（SXI，21/24）

我们不期望在这个层面上获取任何慰藉。

我认为拉康有两个主题，它们预示了在匮乏与符号之外，在对主体代数进行破坏的过程中，所有的事物都生成为超越实在界摧毁的存在。这两个主题便是焦虑与摧毁。

当涉及超我之时，关键的参考依据如下：

> 超我与原则②之间有一层联系，同时超我是一种无意
> 义的原则，它偏离轨道太远以至于不能够辨认出（低估

---

① 译注："多"是巴迪欧表示集合的说法，"多"就是集合。
② 译注：这里翻译为"原则"是对应弗洛伊德的名作《超越快乐原则》，拉康也是如此应用这个概念的。

了）律法。这是我们看待神经病案例中超我行动通常所采用的方式。难道是因为精神病中的道德律是无意义的、摧毁性的、纯粹压制性的，并且通常是反合理道德律的，所以才有必要专门分析论述超我的功能吗？

　　超我既是原则又是它本身的摧毁。如此，它是自身原则的要求言说，没有什么除了其仍存的根源以外。其原则完全被降低到不能被表达的事物层面，"你必须"这句话就被剥夺了所有的意思。只有在这个意义层面上，在主体最初始的经验中，伴随着最具毁灭性，同时也是最让人着迷的特征，超我终结了。它以我所说的残忍形象为特征而终结了。我看可以把这些形象与儿童所遭受的最初始的精神创伤联系在一起，不管这些创伤是什么样的。（SI，102/119）

超我为自身原则的力量提供了根源，它不再是语言的秩序，而是原则的核心要求。

　　如果原则能够承载摧毁的到来——原则自身所要求的、凌驾于重复之上的溢出，这是因为原则的秩序就是纯粹要求，自身基本就是溢出与摧毁。

　　这是第一个信号，我将把它描述为主体对自身永恒的超越。置身于原则，为了在自身特殊的分裂中生成，主体必须同时遵循与打破原则。

　　关于这个信号，拉康说超我履行了作为开始的功能，不管它有多危险。非原则是作为法律肯定性的一面显示自身的。由于这个原因，超我可以同时作为原则的符号与自身的摧毁。超我作为一个例子开始了，在那里存在着关于每个位置要求的出位，即那里存在着一个关于重复的非重复指示。

　　可以肯定的是，超我麻痹的（因此实际上也是扰乱性的）功能得了一些启示，正如在对令人困扰的神经症无意义的展示上，在政治主体的事物以及在所有以国家的存在为慰藉的事件展现上，超我就具有示范意义。

在神经症以及感性规则的空间中，超我维持了一种摧毁性的道德律，一种赤裸裸的要求，它管制着每一种象征的位置并使其同步化。

让我们将目前所有以否定的方式记录的存在物（"无意义"的，等等）搁置一边。在这里，诸如扰乱的事物开始出现了。

现在就焦虑而言，它是通过在溢出中的实在界的观点、而不是通过履行扰乱功能让原则失效的观点，给人们启示的。

焦虑是一个很关键的参考项，因为在本质上焦虑不会欺骗。但是焦虑可能会匮乏。

从临床上来说，有必要将其投入使用，如果我们可以这样说的话，对其进行小剂量的使用，这样的话人们就不会被它打败了。这与将主体带入实在界一样困难。这个术语（焦虑）我将试着下次定义。（SXI，41/40-41）

焦虑被实在界所浸没了，它是实在界相对于匮乏的激进溢出？整个装置象征支持行动的失败，这种支持是由自身在断裂中无法言说的经历所激发的。

这里，我再说一遍，很有必要"引渡"其后果，因为焦虑破坏了对重复的调节。它让实在界与承载体的主体之间的关系发生了短路。

于是，焦虑便成为主体中强制归位合法性的一个符号了。

如同拉康的一个很恰当的表述，除了匮乏之匮乏以外，焦虑什么也不是。

但是当匮乏到达其匮乏之时，其换喻的效应就被打乱了，对实在界丧失的掌控便开始了，而这是以对所有象征的参考点的破坏为代价的。

因此，焦虑绝不会欺骗。为了对欺骗、乔装以及将要被清除的遗忘之遗忘进行诱惑，摧毁必须到达匮乏原则。

因此，焦虑与超我是主体的两个基本概念（还有两个其他的）——如果我们意在通过这两个概念来指定，位于迟缓且文明的匮乏之匮乏的交叉处对摧毁野蛮的阻挠的话。

这两个概念已经被拉康所辨认出来了，一个是在对困扰麻木的恐惧当中，另一个是在插入实在界的被毁坏的真理当中。尽管这不是他的理论导线，但它刚好符合其实验的严谨性——拉康的确是在辩证法上造诣很高的选手……

挠

（1977 年 5 月 2 日）

对数学文本一种确定的辩证使用—挠—主观公式——
正义与勇气的首次提及。

1

我想要谈论一种很适合我自己的对数学的特殊使用，而这种
使用方式对其他人——不管是发现数学隐喻性功能的数学家，还
是那些对数学心怀恐惧的人们——似乎不太合适。

简而言之，这是一个通过检验数学对待单词的方式来简化辩
证法分析的事件。其目的在于，在没有丧失其严谨的前提下，这
种对待单词的方式，从一开始就被认为是对这个单词的解释说明。

确实，一个解释，或者一种实现，甚至一种再现，就如同在
戏剧中。

假设没有能指在通过随机偶然性所形成的数学文本中找到其
位置，甚至其产生所展现的形式布局中的地位的数学特征也是真
实的，那么在它的过度决定当中，这种文本结构也应当被认为是
对这种非随机特征回溯性的分析。

这就等于说，我们把数学能指看作症候，围绕着它，在不知情的前提下，演绎文本试图进行一个自动的分析。

也即，为了其自身的某些项，我们将数学文本带入精神分析师的位置——作为其自身的症候。

这种类型的分析将不得不面临从不同的道路中选择一条，例如关于主体辩证的及唯物主义的理论，其目的是完成一种必然性的收敛或者在偶然的巧合下研究其明显的基础。

所有这些的背景知识在于理解这样一点，即在与语言搏斗的过程中，仅仅在以利用最大值——死亡——主体被缝合的能指为代价的情况下，数学的形式主义展现了一种去主体化的场景。

同时也思考一下马克思与恩格斯对存在争议的微积分的痴迷，以及他们试图找寻辩证规律矩阵的天真想法，再思考一下马克思在他无数关于数学著作中所展示的"荒谬"的信念，即他是一个数学家，因为他是一个辩证学家。这些都是与一种形式主义辩证法联结在一起的写作之谜的符号，其中数学是它严格限制的特性。数学，经过仔细研究，辩证法也同样可能提取出普遍性的原则。

为了我正在指明的那条道路，我们应当放弃这条道路，这使得词语在超越了演绎层面的证明内部保持了和谐一致，词语为这种演绎而服务，尽管这个回声除了在对所列举的证明链条的真实理解中听得见以外，在其他任何地方都不能被听见。

我来给你们举个例子。

我已经发现"挠"这个术语指定了一个主体点，通过这个主体点，真理的其他三个经典决定项便成为坐标轴：整体，连贯以及重复。这提醒我注意，除了其拓扑学的用途（和在拉康的带领下，在结的挠中一样），"挠"这个词也以一种非常简单的方式在代数中被使用着。

我要求你们带上一个组合，它是一个通过其元素之间的合成律而被定义的集合。让我用"＋"来表示这种结合律，它具有成

为组合 $(x+(y+z))=((x+y)+z)$、一个中立元素"0"，例如 $(x+0)=x$ 以及用其对立面来结合每一个元素（即，$-x$ 与 $(x+(-x))=0$ 的"良好的"典型属性）。人们将挠称为一个组合中的元素 x，在这个组合中，最小的整数是 n，如果它存在的话，当 x 被加 n 次的时候，结果为 0：

$$\underbrace{x+x+x+\cdots+x}_{n次}=0$$

为了接下来书写的方便，让我们用计数法 nx 来表示加法：

$$\underbrace{x+x+x+\cdots+x}_{n次}$$

一个指出了挠的元素就是挠元素。总之，它是一个挠的元素。每个元素都有挠的群就是一个挠群（groupe de torsion）[①]。对于这个群中的每个元素 x，都有一个整数 n，例如 $nx=0$。

这个名字并不是我发明的。数学家们使用它至少有五十年了。遗憾的是，我还没有研究过关于这种能指的历史。

观察一下数学家们分析这个单词选择范围的方式，也即数学的链条是怎样再现挠的。

（1）定义。有哪些人没能发现挠与重复之间的联系呢？也即，关于群的运算的重复被 n 次运用到同一个元素中去呢？也就是说，元素本身坚持认为，在 $x+x+x+\cdots+x$ 的加法中，通过不断的重复，它变成了序列。每一个部分的增加都是特殊的，而当挠存在后，在被指定的重复数字到达之后，总和为 0。在这一时刻，我们会认为挠阻挠了重复，这定义了其辩证法的地位。

挠在不同情况下的质性特征中阻断了重复。因为如果挠被超

---

① 译注：在数学上，groupe 是"群"的意思，groupe de torsion 是著名的"挠群"。

越了的话，人们将再一次从其以前的结果中发现部分的总和。如果 $nx=0$，我们将得到 $nx+x=0+x=x$，$nx+2x=x+x$ 以及最终 $nx+nx=0+0=0$。

这证明了我们的说法，即在力的作用下，总和会归零。鉴于这样一个事实，即挠将我们带回到零以前，它们展现了一种凌驾于它们之前的空的溢出。

所有元素继续相加下去，代数的挠将将其归零。

（2）挠的逻辑与群的一般规律之间存在着本质区别吗？这是人们所期望知晓的，因为通过对一种新类型的连贯性的发现，挠拒绝通过自身的瓦解而返回组成整体结构的各式各样重复的系列。其主要功能在于阻断。用马克思主义者的术语来说，它也是政党的矛盾地位之体现。

在数学中，这一点是通过一个简单有力的原理来加以分析说明的。这个原理声明：挠群的公理化理论是不能够展现于一阶逻辑中的。

在一阶逻辑中，数量词（存在量词 ∃ 以及全称量词 ∀）仅仅被运用于个别变量中。例如，在这种类型的逻辑中，你可以这样书写："存在着性质 P 的元素"，即 $\exists x(P(x))$。然而，你不能这样书写："存在着拥有性质 A 的性质 P。"一阶逻辑对于通常的用途来说基本上足够了，尽管它也需要借用大量的公理来证明问题中的理论。

有一件事情尤其让我们感兴趣，恰恰是因为我们对它不感兴趣。它就是关于群的问题，其中不存在不同于 0 的、是挠主体的元素。在英语中这些被称为无挠的：绝对无挠的群，也即，"直群"。

这种直群却为难了辩证学家们。在这些群中，x 加之于自身，不会被阻断，而重复下去。

现在关于无挠群的理论，也即代数的直群理论，在一阶逻辑中也是存在的。以无限的公理列表为例，无论你前进了多远，对于每一个不同于 0 的元素 x 来说，对自身重复相加的总和并不会为 0：

$Ax.1$：$(\forall x)(x+x\neq 0)$

$Ax.2$：$(\forall x)(x+x+x\neq 0)$

.... 作为量词的领域

$Ax.(n-1)$：$(\forall x)(nx\neq 0)$ 所有与 0 不同的 x

....

如果你们将以上这些加入组的三个基本公理中，你们就会得出关于无挠群的一阶理论。

然而，同样的程序却并不适用于挠群。为什么呢？因为你们所不知道的是，对于每一个数字而言，整数都展现了其挠。你们仅仅知道它是存在的。因此，你们将不得不这样书写："对于每一个元素 x 而言，至少存在着一个整数 n 使得 $nx=0$。"或者：$(\forall x)(\exists n)(nx=0)$。

但是（$\exists n$）并不是将量词运用于个别的变量，而是运用于"作为整数"的性质，即运用于谓词。通过这种方式，我们超越了一阶逻辑。因此，谈及逻辑的复杂性，关于挠的理论确实在质上超越了代数的直群理论。

这是那位辩证学家绝对信服的东西。事实上，她会很高兴看到出现在挠的结果面前的不确定性，阻碍了进入一阶逻辑的几何直群理论的发展。请注意，如果代数的直群公理比较缺乏，那是因为它们都是普遍性地被 $\forall$ 所决定的，也即，被全称量词所决定，其逻辑的单一、肯定性特质效应是非常著名的。在这种理论中，所有的公理都是普遍性的，它本身具有良好、稳定的特质。尤其是这种理论的模型构造是它自身的同时也是这种理论的模型。

相反，挠理论所遭遇的存在——关于阻挠偶然性质的、在决裂中不确定性的形象——超越了普遍性能够支撑的逻辑平面。

这就是为成功革命开辟道路的数学上的正义。

（3）挠群（无限的，它被如此理解：有限群都是挠群，然而我们很少关注它）能够展现令人愉悦的代数性质——如果它们是可递的话。如果一个群在忽略 x 与 y 的值的前提下是可递的，我们便可以得出以下公式：$x+y=y+x$。

在这种情形中，我们能够很容易得出以下结论。

——拥有同一个挠的元素组成了一个子群。

——群可以被分解并作为子群的直接结果，这些子群可以成为这样一些元素，其挠以 p^q 的形式展现，其中 p 是一个整数。

我并不想花太多时间来解释这些陈述。实不相瞒，尽管不是很明确，但在交流与可递性的范围内，挠确立了秩序良好的子集，打破了原初的集合，并进入特征原则业已建立的下层结构。

由此挠颠覆性的价值被灌入一种分析的规律，成为允许对整体进行合理分割的一个概念矢量。

总之，在这里，挠意在使分割的整体倾向于局部的连贯，其中，重复达到了最小化。

从遥远可逆的历史空间来看，革命似乎除了连续性事件、划分新时代以及重组异质性事物外，别无他用了。

或者说，政党的使命似乎也仅仅在于，通过我们所谓的"恢复资本主义"的交往元素为历史与国家连为一体时，通常会发生这样的情况。

然而在最终的分析中我们发现，历史是不可交往的。这甚至成了其存在的基本原则，其要害就在于挠。

那么，代数学家们会告诉我们关于不可交替的无限挠群的什么情况呢？

（4）好吧，不完全是这样。他掌握着问题的主动权。

唯一的希望便是如此，即一个不可交往的挠群是由本身有限的一定数量的元素所产生的。

为什么这会成为——反辩证法的——希望呢？因为"一"与

两种界限的价值联系在一起：挠的极限，它阻碍了可重复的无限性，以及产生群的极限，从某种程度上说，它掌控着挠的辩证法，这种辩证法使挠偶然有限的悬念服务于群不可交往的无限性。

有限群中的元素可以被作为，以来自定数的元素总和的形式得以展现。例如，如果你的储存中包含这三个元素——a，b，c，那么每一个群的元素都将是 $(a+a)$，$(a+b+a+c)$，$(c+b+a)$ 这种类型。这只是随意举的例子。

显然，两个组合是一样的（也即，它们能够产生相等的元素）。因此，一个有限群不一定非要是无限的。

由于在一个挠群中，任何一个元素对自身的重复相加都会被阻断（即让其归零），尤其是在产生集合的定数元素中，人们可以发现，不可能找到一种无限多的不同加法的组合。直觉告诉我们，一个有限群自身有可能是有限的。

为了我们辩证法集合的目的，这将再现出一种障碍。

就马克思主义的操作领域本身来说，它有三个类推的性质：它是无限的，它包含了挠，它产生于有限。为什么这样说呢？首先，因为那个重要的元素，即大众政治学的原材料，是无限的。甚至在每一个时刻中它都是无限的，因为从政治学的角度来说，其理论上可数的性质只是虚构而已。其次，从挠的立场来说，在整体的内部，由于为了另一个连贯的降临，重复被打断了。最后，为了所有政治学展现的元素——阶级——在数量上是绝对有限的。

从代数的角度来看，对"挠"这个术语演绎的分析将展现出一种意外的分歧及一个探究上的偶然；如果每个产生于有限的群是有限的话。至于辩证的角度，对该术语的数学解释会让辩证法掌握溢出。

然而，事情并非如此。诞生于 1964 年的沙法列维奇定理（Le théorème de Shafarevitch）表明，所有产生于有限的挠群本身是有限的，这一说法并不正确。它通过一个反例对这一说法进行了证明，即通过一个由三个无限元素组成的挠而形成的群来进行论证。

这样一个群的存在将对"挠"这个术语进行分析，在其辩证分歧的文本中带入终结。

挠担当着作为代数边界限制的功能。挠是一种变态（perverse），即主体。

请注意，我们在这里既没有展现一种事物的模型，也没有试图将所有事物都数学化。我们只是尽力去修复一种盈余的辉煌，其唯一的表达方式仍然是数学文本，这种文本被理解为对单词被设计的机遇所激发的症候的客观阐述。

然而，当我们所分离的对数学能指演绎分析从其辩证的阐释说明中分化出来时，会发生什么情况呢？我们应当勇敢地认为，一种未被开发的数学先锋领域必须制止这种分化。我们坚持认为，没有术语是被偶然使用的。

尽管不是很正统，但和其他任何方式一样，这是为那些位置寻找存在的数学的一种很好途径，这些位置运用这些方法前进，并发现了每个人的梦想：寻找一种未知的定理。

数学是实在界中的科学，不管其能指是什么，都会对它本身负责。

2

我们将使用什么样的代数符号来表示超我与焦虑，并以此来显示这两个概念既不涉及主体的经验，也不涉及主体的部分，而是关于两个过程的，其联合定义了我们更愿意称为"主体-效应"的实践物质性的区域呢？

如果焦虑将主体-效应的连续模式主体化了，而超我只是其中一种的话，那么就没有主体会先于焦虑而存在或者超越超我。

在这里，我们用更加普遍的辩证集合来建构主体的概念：力（F）、位置（P）、真理（T）、轨迹（L）、摧毁（d），以及匮乏（l）。

焦虑是凌驾于可以被象征的、在一个特定秩序元中、实在界的溢出（力的溢出）的。在那里，一个业已被划分的主体出现了，它的产生遭到了自身真理的破坏。也就是说，在匮乏原则之下，它达到了自身的匮乏。

因此，如果用 ⊢ 表示溢出，那么以下就是焦虑的密码：

$$F \vdash P = \frac{T + l(l)}{S}$$

符号"＝"表示，在主体化有差别的形式内部，在溢出的时刻，S（主体）作为分裂而存在。

至于超越，它定义了摧毁性地坚持法律本身的非法律部分。如果我们假设 L 代表原则（或者代表轨迹，或者代表归位），d 代表摧毁，我们将得到以下公式：

$$F \vdash P \rightarrow \frac{L + d}{S}$$

在这里，"→"必须被这样理解：正是在（主体过程）的连续性后果中，这个过程是积分运算而不是微分运算，在其消逝中主体 S 持存着，规则发出恐怖的嚎叫，而规则与天生的残暴密切相关。

如你们所见，这是一个关于俄狄浦斯与索福克勒斯的问题。

说焦虑作为路标服务于真理，就等于说在力的掩盖下而不是在位置的逻辑中，尽管人们对此进行了假设为了新知识的出现，足够量的主体效应分裂出来了。

这是对挠的阐释（正是来源于并服务于挠，真理的其他三个名称——连贯，整体以及重复——产生了）。

这可以作为对焦虑的一个定义：通过困难可以将事情看得很透彻。

同样，在这里我们也可以发现勇气的定义，但要实现这个目的，我们将不得不通过展现于古希腊悲剧中的断裂来作为途径。由于其同匮乏最基本相关联，焦虑中的真相毫无疑问，也是不可信的。马拉美向我们展示了其隐藏的结构。在某种程度上，这种结构难以为继（需要阻断象征效果，在象征界上打一个洞），它永远也不能被内化为一种数学表达。只是被言及了一半，真理便被误传了。这也是为什么真理（关于俄狄浦斯与索福克勒斯的真理）是需要凝视的流血牺牲——这的确是个悲剧。

然而还有另外一个真理与另外一个悲剧，即俄瑞斯忒斯与埃斯库罗斯。在这里，摧毁保证了主体对丧失的绝对掌控。它不再是 $\frac{T}{S}$ 而是 $\frac{S}{T}$。如果不是通过这种方式，我们得以从激进且限制我们症候不可超越的固定性进入到位置的整体中，那么这又意味着什么呢？在归位是不可分的这一不可表象的假设中，摧毁开始与丧失辩证地联系在一起了——这种假设是关于真理单一表示的基础，但本身几乎不可言说。

因此，作为反抗焦虑的剩余的主体就诞生于从内部因反抗其规律而产生的分裂距离，并且它还为这个过程命了名，通过这个主体所维系的秩序，作为他者而非自身产生了。

不管是拉康的小他者还是大他者，都不能被认为是他异性这种类型。只有他异性才允许我们思考革命的到来，理解在何种意义上如马克思所言，共产主义革命包含"与传统观念最激进的决裂"（《共产党宣言》）。最终，也只有他异性才能为政治学的异质性命名。

的确，在这种被划分的法律、这种破裂的象征界内部，我们与一种变化了的大他者相遇了，围绕着这种变化的大他者所讨论的，是关于他者与同一性框架的改变问题。

在这个意义层面，从历史的观点来说，我们必须认为：诞生于匮乏与摧毁十字路口上的主体，在焦虑的这个时刻，在其真理的颠倒中，一定可以找到某物，其存在是被拉康所否认了的——一种大他者中的他者，由此它承接着履行作为第一个大他者功能的、现在仅仅以同一性蒙昧模型出现的形式。

它是这样一个进程，其中，雅典娜在埃斯库罗斯《奥瑞斯提亚》的结尾部分作为一个名称出现了。为了阻止陈旧的家庭仇杀，她建立了一套审判程序。由此，在副歌部分——尽管在通往勇气的道路上感到极度痛苦，雅典娜宣布，新的法律体系推翻了旧的法律体系。

法律断裂的勇气、一种隐晦迫害的焦虑、残忍的复仇女神（Erinye）的超我，以及由新事物连贯而得来的正义：这些言说了主体的四个概念。

早在 1954 年，当对其学科的伦理学范围进行预期时，拉康就含蓄地指出了这四个概念的必要性：

> 一旦为了主体之客体的出现的周期数量达到了，且他想象界的历史是完整的，一旦主体连续紧张不安的、暂停的又被焦虑所激活的欲望被命名且恢复了，尽管如此，并不是这些所有都会被带入术语。最开始在 O（字母）中的事物在这里成了 O'，它不得不涉及完整的象征体系。分析的结果需要它。

> 这种延期到何处会停止呢？难道我们不得不将这种分析性的介入，延展到成为在伟大的辩证法传统中，关于正义与勇气基本的对比中的一点吗？

> 这是一个问题，而且回答这个问题也不太容易，因为实际上，当代的人很明显从未谈到这些宏伟的主题。

他们更喜欢按照行为的适应、群体的斗志以及其他的闲聊来解决问题。（SI，198-9/223）

焦虑是不会说谎的，而超我则给予了摧毁合法性的连贯。然而，"关于正义与勇气的基本对话"开启了进入"辩证法传统"的方式。其中，由于实在界突然涌入的不同立场，主体成为力，一种相对于位而溢的力。

索福克勒斯的主体理论与埃斯库罗斯的主体理论

（1977 年 5 月 9 日）

> 正义与超我：作为法律的非法律与作为非法律的法律—约瑟夫·康拉德—勇气与焦虑—荷尔德林眼中的索福克勒斯—埃斯库罗斯对雅典娜的判决—国籍的颠倒以及被流放者的颠倒。

1

"一旦主体连续紧张的、暂时的、被焦虑所激发的欲望被命名恢复了"，拉康说道，精神分析学说就作为实在界溢出的削减而运转。它重建了指定归位内部凌驾于位置、在焦虑的悬念中保持了主体的溢出部分。

因此，力归位了。

然而，拉康同时还说道，"就此而言，并不是所有的一切都会被纳入项中"。在何种意义上说呢？这个问题值得掂量，因为危如累卵的主体理论的辩证张力，也即，在结构效应坚固的物质基础上对它们连续的、颠倒的认知。通过这种颠倒，历史作为主体的新返场了。

于是，从焦虑真相模糊的可读性中分离的实在界溢出，或许能够支持象征秩序的外延，而不仅仅是将其放回履行出位功能的位置。

在这里，拉康提到了一个宏大的观点："正是在戏剧之中，主体生成了。戏剧往往离不开神话，而神话已经扩散到整个人类价值当中。"（SI，190-91/215）

因此，似乎存在一种外延的、普遍性的"主体戏剧"生产。通过生产，最后通过"关于正义与勇气的基本对话"，精神分析学的工作能够掌控关键。

为什么是正义与勇气呢？

通过正义，主体的节点被连接到位置与法律之中，在其变形中，正义呈现出可区分的形象，在那里超我表达顽固的守旧主义，旨在恪守法律的恒定性。如果象征界是不可分割的整体（不可分割整体的恐怖内核构成了主体过程的连贯性，重复生产着这个过程），作为主体组成性类别的正义就毫无意义了。正义需要法律的一种辩证的不稳定性，在其断裂的过程中易受其重组的影响。这并不是关于这种或那种特殊法律的不稳定性，而是关于法律自身原则的不稳定性。

更为激进的是，正义为可能性命了名——从其生成为主体效果的角度来看，到可能存在充当法律的非法律的运行。

这在马克思主义中是非常著名的。在这里，超我的对立面是这样一个事实，即国家最基本的组成核心，对一个阶级的统治，通常是专政的。一方面，打着保卫合法装置及议会民主的幌子，国家基本上是所有合法性的、权力暴力的以及作为非法律的法律的不合法的存在。而另一方面，共产主义的主旨便是正义，因为它宣称，在阶级与国家日渐消亡的过程中，非法律或许可以成为无产阶级政治学最后的法律。作为革命唯一的当代理论，共产主义实现了正义普遍原则党的主体性，即作为法律的非法律。

因此，自我的外延（拉康的"外延的、近乎普遍的价值"）必须植根于溢出的事物（这种溢出凌驾于位置、轨迹、症候以及法律）。

由于诗歌只有通过打破所有寻常的散文结构，才能将可沟通的界限扩展，并将言语难以到达的前线向后推。在这个事件中，只有诗歌才能作为我们的向导。

对于约瑟夫·康纳德而言也是如此，这个焦虑又超我的天才小说家——正如其作品《黑暗之心》与《吉姆老爷》所证明的那样——也应赋予艺术"将最高级的正义给予我们可见的苍生"的战略性的正义。为了这样做，他不得不同时成为在自身之外的那个独特的、充满了勇气的小说家：参照专为男性而写的小说《漂泊者》，与专为女性而写的小说《金箭》。

在对实在界禁令取消的激励下，勇气对象征界的秩序进行了反抗。由于基于实在界的溢出，勇气与焦虑是类似的，然而作为归位内部一个破坏性的力量，它履行着作为其颠倒的功能。勇气积极地实现了症候的无秩序性，这是交流的突破口，在那里焦虑呼吸着死亡。

因为勇气并不是主体的一个特质，而是其本质存在的可分过程，所以更适合将其与心灵的勇气（或力量）而不是胆量（或胆魄）进行对比。勇气的对立面并不是恐惧，而是焦虑。关于这个话题，可以参考斯宾诺莎的《伦理学》（第三部分，从命题 59 开始）。胆量完全是由对大他者的调解而被定义的。它是"这样一种欲望，通过它，人们被牵引着去做某些其竞争对手害怕经历的包含着危险的事情"。勇气是固有的，因为它仅仅在真理中维持自身，$\frac{S}{T}$ 意味着"只要被理解了，所有的行动就来自与心灵相关的情绪"。然而，讨论中的真理，介入实在界，并在象征界中制造了一个缺口。在那里，作为勇气的主体将任意保障的激进缺乏转化成主体的力量。在这个过程中，主体确实失去了其名称。另外，它也是斯宾诺莎的定理之一，即保障是去主体化的（在他的语言中，保障不是一种美德）："保障是主体无能的标志。"（Securitas […] animi impotentis est signum.）（《命题47》附释）

焦虑意味着位置的缺陷，而勇气则是实在界的承担。通过它，位置被分裂了。

由于匮乏，在其不可逆的衔接点上，焦虑与勇气有着同样明确的因果关系。

在焦虑与超我必要且不可摧毁的根基上，勇气与正义将作为分割的主体效果，通过溢出与象征秩序——归位——接合在一起。其中，溢出是不可被安置的。

这就十分清楚地说明，唯有起义激起了革命的连贯性，摧毁了旧秩序的重组，政治主体才会出现。这就是实在界的进程，它证明了这样一个事实，即不管合法戒律的所有秩序及原则看起来多么稳定，秩序及原则都渐渐与其内在的分割变得一致。大他者必须将自身的分裂，变成为所未有的、史无前例的大他者，以及从未被规定过的大同一性。

2

存在着索福克勒斯的主体理论与埃斯库罗斯的主体理论。后者在历史上是前一种主体理论，对弗洛伊德来说是后一种主体理论，而马克思隐性地支持第一种主体理论。完全将他者辩证化了，因为除了保留的焦虑与超我的结构，它认为勇气与正义是主体效果必要的算符。

不言而喻，在这里，索福克勒斯与埃斯库罗斯担任着能指甚至概念的角色，而不是名称或文学作品的角色。的确，它们是文本，然而它们注定要成为戏剧，这将改变一切。

关于精神分析学说对主体理论贡献的批判性限定的目的，可以通过以下的问题来进行评估：为什么其主体理论是建立在索福克勒斯基础之上的呢？也即，为什么其主体理论是以俄狄浦斯情结为基础的呢？

我建议我们必须成为埃斯库罗斯。拉康站在索福克勒斯的一边，却指向埃斯库罗斯，这是我们要明白的地方。

荷尔德林在他令人头晕目眩的"关于《安提戈涅》的评论"中，开启了关于实在界问题的争论。其中，他用以下方式描述了索福克勒斯的本质。

（1）古希腊悲剧中所出现的矛盾类型，是起源与人为形式的矛盾，是先天本性与后天习得的矛盾。（"本土的古希腊人"，荷尔德林说是与"本土形式"相对的）。换句话说，我们发现了本土位置的一种划分，一种反对针对法律自身法律的简易根基的矛盾。说到归位，悲剧是与其有亲密关系断裂的复临，也即，它将归位的大"一"从其功能中分离出来，而这对多进行了调整。我顺便说一句，这是制造了主体在大"一"与整体之间矛盾的体现。

（2）对古希腊人来说，这种矛盾在其对立面中开启了：

——站在原始大"一"这边，其无限的、狂欢的、亚细亚式的连续；

——站在调整的（文明的）起源为大"一"的归位这边，其界限的牢固以及其有代表性终止的权力，都可以在古希腊艺术、数学、建筑以及城邦政治形式的完美中体现出来。

我们来翻译一下：如果古希腊的法律是界限与终止，那么，作为这种法律基础的非法律，其原生性的暴力即多重形式的亚细亚。因此，赋予了主体连续性的古希腊超我的实现——作为非法律的法律——便在悲剧中被阐明了。

（3）在索福克勒斯的《安提戈涅》中，这种对悲剧矛盾的阐释是由暴动开启的。种族互杀的反叛暴力地转而反对城邦，作为结果，反判力量被激进地排除在外了（背叛城邦的波吕涅克斯被杀掉了且被荒尸野外）。然而这种试图排外的举动却失败了：这种冲击在整个城邦中传播开来，不是以政治叛乱的形式出现，而是作为在原始形式内部一种无限的无限制结果出现的。

（4）这种无限的形式——给予过程制造了一种颠倒——由于位置允许其矛盾的起源，以及非法的整体在其规则夸张的结构内部返回，这种颠倒便成为一种主体化进程。

（5）这种颠倒以一种对立的（戏剧）形象呈现出来了。

——这种本土形式的非限制产生了一种形式上的溢出（克瑞翁）。法律在其自身修复形象的溢出存在形式中被揭示出来了。克瑞翁即超法律（sur-loi）。

——作为对这种形式溢出的反映，其返场中潜在的无形化被点燃了，而且号召天空的无限性起而反对城邦有限的法律。（安提戈涅）[①]

"克瑞翁"是超我的名称：当其返回其所限制的位置的溢出时，通过自身天生的本质，法律将这种超我解除并破坏掉了。

"安提戈涅"是焦虑的名称，即，实在界无限性的原则在有序的有限位置无处安放她的灵魂。

从这一观点出发，尽管在戏剧中安提戈涅与克瑞翁是对手，然而在我看来，他们却完成了同样的过程，这定义了索福克勒斯式的悲剧主体。这就是文本中（大写的）"一"悲剧的基础：通过焦虑与超我联合范畴来展现主体的进程。

---

① 译注：这里指安提戈涅这个人物。

3

通过将荷尔德林叙述中的两个主要命题分离开来，我们可以这样来明确表达这个问题：

——起义的后果（过程）是一个颠倒，通过它，新事物的道路被禁止了。

——悲剧内在的动力来源于法律凌驾于自身的溢出及克瑞翁的形象。只有在之后的行动中才能激发这种无形式性。至于起义的形象，它不属于任何一个阵营。它仅仅只是一个代数项，一个从城邦中抽离出来的缺失项。那些起而反对彼此的是形式与无形式的溢出、超我与焦虑——它们是颠倒的原始大"一"互相缠绕的形象。

因此我们不禁要问：这两个命题之间有什么联系呢？在紧要时刻，政治学是优先于荷尔德林的诗学的。悲剧可能的当代性是一个政治学的问题——就如同主体理论中的问题。

对荷尔德林来说，矛盾是悲剧性的，因为除了死亡，矛盾别无出路。为什么这样说呢？因为矛盾不被任何新权力所统辖。在这两个项（克瑞翁与安提戈涅）中，无限的形式渗入万物，即，实在界淹没了象征界，本土的力溶解了位置。对立面的整体战胜了它们的分割，与依赖于业已存在的起源的过程本质成正比。因此，每个主体过程索福克勒斯式的命名是可逆转的。俄狄浦斯在这里将其盲目无知体现得一清二楚。确实如此，我坚信这种辩证法的边缘被限制于焦虑与超我的主体形象中，必须同时盛行于历史与现实中的衰落与无秩序。

这正是我们必须掌控的埃斯库罗斯与索福克勒斯之间的分歧所在。

在埃斯库罗斯的《奥瑞斯提亚》中，悲剧开始于对阿伽门农的谋杀。被迫将其母亲杀掉（他的母亲杀死了他的父亲）的俄瑞斯忒斯，在某种程度上被复仇与反复仇的无限动力预先规定了"人设"。这是一个重复性的归位，其中，一个谋杀应当被另一个谋杀所惩罚，正如副歌中所提到的那样。在这里，血债是无限多的。与归位自身相连接的、未来的索福克勒斯式的范畴清晰地再现了这一场景：在那个充满了鲜血的宫殿中，奥瑞斯忒斯逃脱了通过焦虑将其主体化的谋杀，在那里他被复仇女神、超我监护人以及家族仇恨所组成的重复整体的管理人的侍从们追捕。

然而这三部悲剧真实的起源是允许新事物到来的断裂。处于紧要关头的是无限的血债、谋杀重复性的链条，通过挠的形式——被雅典娜的超级法令给强行中断了，这允许一种新权力的降临，从而能够对决定的整个逻辑进行完全的重组。

由于裁决是从位置开始的，因此它的确是一种"通过中断"，由此组成整个先前社会秩序重复系列而得来的新连贯。

结果就是两种敌对的形式不再通过索福克勒斯/荷尔德林著作中天生的整体来表达。相反，它们是组成其本身的内部分割，这是一种拥有合法价值、超越了一切法律的分割。它是显示在"一"而非"二"的原则之中的轨迹本身。

在这种辩证过程中，新事物战胜了旧事物。在荷尔德林的词典中，我们并不把这种辩证过程称为本土形式的颠倒，而是新事物的降临。

这两种情形在三大悲剧中清晰地展现出来了。我们可以在（复仇女神）副歌中发现第一种情形：

> 如果一种有害于正义的正义应当战胜这个弑母的男人的话，那么现在灾难将来自新的法令。这一项工作将迅速使所有人都习惯于自由。［……］正义的房屋坍塌了。在这样一个位置中，恐怖是善，对恐惧心灵的监视高高在上。伤痛是增长智慧的良好方式。如果人与城市

内心明光中的恐惧都没有消散的话，人们还会同样崇尚正义吗？［……］公然反抗的人，（他携带着）他丰盛的货物，漫无目的地错误航行。暴力的入侵将降低他航行的效率，一旦麻烦找上门来，船上的桁端就会被粉碎。他呼叫着那些不听使唤的人，在旋涡的中心苦苦挣扎。当看到一个曾经自信满满地认为自己绝不会对令人绝望的折磨无能为力，而现在却连一个顶头浪花都不能战胜的人时，上帝对这个头脑发热的人进行了无情的嘲讽。他那持续到彼时的辉煌与正义的暗礁相撞了；他死了，无人悲泣，无人发现。

因此，焦虑与超我之间的辩证法是复仇链中某种测量形式的唯一基础。正义屈从于超我及惩罚的结构规律，在那里，主体化通过焦虑而带来的麻烦，在死亡的符号下发生了。

第二种情形当然是由新权力的奠基者雅典娜所声明的：

雅典娜："在第一个审判中呼吁大屠杀的雅典民众们，现在请听我的法令。对于未来，这种审查委员会议也将永存于埃勾斯的民众中［……］。不为获取利益而心动、令人尊崇的、易怒的、即使睡觉也依然保持警觉的保卫者们，委员会现在建立起来了。这将一直是我对未来城民们冗长的训词；你们必须站起来投票决定你们带着敬意所宣誓的事件。我的演讲说完了［……］即使在审判中拥有同样的选票，奥瑞斯忒斯还是赢了。请立刻将翁中的选票清零，陪审员们，这是你们的职责！［……］"

阿波罗："陌生的人们，请不要把清零的选票数错了，用你虔诚的敬意来反对一个错误的决定！当善的审判消失之际，巨大的恶便发生了；然而一旦有一个选票进入，它将建立一座挺直的房舍。"

雅典娜："反杀戮罪的这个人现在获得自由了。选票的数量是相等的。"

因此，为了反对旧规则的无限性，必须制定新的制度来平息争议。这就是委员会议分配在数字上的勇气，它在本质上指的是投票计数的正义。用平等的选票来保证决定的公正性，这象征了每个决定的意义或可能的意义概念中的激进变化。它是权力本质的分裂。

雅典娜的法令制造了一种平等主义的挠，在那里，新司法的连贯，即申诉之外的大多数人的商议，一旦被领悟并被投入实践，便会打断机械性的复仇系列过程。

因此我们可以发现，的确存在着两种古希腊的悲剧模式：埃斯库罗斯式的悲剧，其发展趋势是通过新事物的勇气，使正义的矛盾降临；索福克勒斯式的悲剧，即其痛苦在于通过反转来找寻超我的根源。

4

荷尔德林又说了些什么呢？

埃斯库罗斯与欧里庇得斯知道怎样更多地利用索福克勒斯的本体语言来描述苦难与愤怒，却不知道怎样利用它来描述在不可思考领域下徘徊的人的理解力。（ELT，翻译修改）

我首先要反对的是这样一个观点，即埃斯库罗斯与欧里庇得斯不会成为对手。这只是一个更深层次曲解的迹象：对索福克勒斯无法解释的偏好，连弗洛伊德也不能例外。谁会争论说无意识的本土逻辑会从颠倒中被免除呢？

埃斯库罗斯如果擅长做某些事情的话，那便是在超我坚固的基础上抓住初始中断的瞬间。在他的戏剧中，从来不会有向秩序的返场，有的只是对不同秩序的重组。埃斯库罗斯排除了对原始整体的假设。这也是为什么埃斯库罗斯式的英雄确实不会在不可思考领域之下徘徊。他的美德只表现在可思考领域。这意味着他拒绝任何的返场，或者这样说：他的美德在于展现一种非本土颠倒的能力。

结果，形式的溢出不再起到原动力的作用，而变成了勇气式的拒绝。尽管被焦虑吞食了——事实上也正是因为被焦虑所吞食了，但奥瑞斯忒斯既没有用其无尽的分配将血债的法律同化，也没有大发雷霆地起而反对它。相反，他要求一个基于事实的讨论。他坚定不移，并没有在厄里倪厄斯谋杀的诱惑面前屈服。

奥瑞斯忒斯，焦虑名称的首个代言人，也是勇气的名称。而"雅典娜"则是正义的名称。

安提戈涅、格瑞翁、奥瑞斯忒斯以及雅典娜，代表了古希腊悲剧中主体效应的整个范围领域：无形式的溢出、形式的溢出、中断以及重组。

在埃斯库罗斯的悲剧作品中，暴动的动态过程，如荷尔德林所言，并不与死亡的传播相一致。正是通过内部的分割以及旧权力制度的消亡，正义才得以建立起来。并没有与缺乏项的排斥联系在一起，但奥瑞斯忒斯或者反叛的普罗米修斯才是这种动态过程的直接代理人。

显然，荷尔德林选择了索福克勒斯式的悲剧，即选择了主体理论的结构部分。

分割线依赖于颠倒的本土界限。由于这种界限，索福克勒斯的悲剧在于大"一"的权力中限制了敌对的产生。

索福克勒斯/荷尔德林论述的关键点在两个方面朝着起源后退：形式的溢出以及无形式溢出的火花。在这种情况下，悲剧中的英雄将其主体化归功于焦虑，将其连续归功于超我，紧承着朝着死亡之点归位的退化。

然而，埃斯库罗斯论述的关键点完全不同——它就是对起源力量的阻挠以及对大"一"的划分。这种阻挠也分两个方面。第一个方面是勇气的拒绝，它质疑了实在界溢出效应之下的法律，并超越了处于争议状态的焦虑。当奥瑞斯忒斯要求就他是否正确的问题作出一个决定时，这个时刻便到来了。第二个方面是基于阻挠的重组，它展现了一种新的正义秩序。

这两种形式中没有哪一种意味着向规则中的起源返场。它们同时为主体的维度命了名，尽管这通常是在法律（焦虑与超我）之下被实现的，然而它同时也超越了法律，以此使其存在的新颖性得以产生——在这种情形中，对于埃斯库罗斯而言，就是一种法律的主体。

与任何一个伟大的辩证学家一样，荷尔德林也有时会顺便承认埃斯库罗斯一方的美德："在本土的颠倒中，事物整个的形式变化了，自然与必要性总是保持朝向另一种形式——它乃至它们进入混乱，或者逐渐变成一种新的形式。"（ELT115，翻译修改）

然而，新的美德，悲剧能够产生的"新形式"仅仅只有通过死亡的力量才能够产生。为什么呢？因为这种新形式，如后来所显示的那样，只不过是一种形式的溢出。它只不过是陷入恐惧旋涡中的法律自身而已。也因为混乱只不过是一种不被限制的无形式溢出的爆发而已。同时，如果人们假定了在原始模态中项的统一，人们又怎么能够完全到达效应的创新呢？因此，荷尔德林必须清晰地制定出一条关于界限的原则：一个整体的颠倒并没有被授予人类。很显然，一个整体的颠倒不可能是与生俱来的。为了使其成为可能，我们必须摆脱掉超我的恒定性。在埃斯库罗斯的道路上，勇气与正义将焦虑与超我辩证化了，允许这种不可分性并阐释了解放的可能性。

并不是说，我们不得不将"颠倒"这个美丽的词语置之身后不理。相反，我想要区分这个词语所指定的、关于主体理论的两种形式。本土的颠倒形式，通过对修复的恐惧以及其对立面，神秘的昏迷，它产生于焦虑之中并假装治愈了它。然而这里还有流放的颠倒形式，其中，正是通过对旧法律的否定与断裂，在新事物以及触及实在界的挠的掩盖下，阐释才得以成为可能。流放的颠倒废除了其稀缺的现实性中的原初之物，尽管它是在正义中对实在界进行修复的。

从这个层面来说，它是一个整体的颠倒：让我们来制造一张关于过去的白板。

这并不简单，因为在没有本土结构锚地的前提下，想要流放的颠倒过程发生是不可能的。确实如此，正是在后者唯心主义的僵局中，前者实践的存在才会产生。宣称主体的悲剧性是片面的，尽管如此，悲剧是存在着的。

坚持流放，或者如同兰波在《地狱一季》中所言，"坚持曾经迈开的步伐"，这是荷尔德林所不能忍受的。对于他而言，流放永远都是返场折磨人的调节。

对勇气没有别的定义了：没有返场的流放，人们名称的丧失。然而，荷尔德林想要将附近的提名维持住：

难怪！你们脚下是你们的国家与土壤，

你们所追寻的，本就近在咫尺，现在到半路来迎接

你们了。（PF277）

我认为，我们必须克服这种怀旧情绪，就如同克服一个特殊的护航队一样；我们必须通过勇气来超越返场的重要形式。

索福克勒斯支持在远距离中向近距离返场的请求，这是对纯粹邻近无限的爱国主义精神，它是如此温馨的一个真理，以至于人们为了在自身中将其解开而不得不死掉。

埃斯库罗斯则支持在近距离中向远距离行进的请求，即向人们自身的流放。

　　一种行动必须在对逻辑学很陌生而对我们却很熟悉的地方停止：这就是敌对的主体。

　　我们不得不返场，而正是这种返场制造了主体，一种不再需要任何返场的明亮的希望便产生了。

线的结点处，只发现了颜色

（1977 年 5 月 23 日）

图解笔记—危机成熟了—阶级，国家，群众—数元—在黑板上。

1

我在最后这一段时间里的进展有点快。为了对抗这种费解之物，让我们夸大其词。我的目标是把我们所取得的成就制成一张表格，我将通过一系列的注解来完成此计划。

1.1　拉康的术语及我们自己的术语

我们的研究开始于 1975 年，有以下术语：归位（或者主体的位置）、出位。它们集中于力量之中。还有这两个术语的双重表达：位置与溢出。

我们破坏了这种力的词语，置入了拉康三位一体的版本：象征界、实在界、真理、想象界。显然这是一种三生四。

对于我们所有人来说，主体是很平常的，且一般被我们忽略了。

我向你们推荐以下两个有秩序的列表。它们是否是同构的？让我们一起来看一下。

拉康：象征界、实在界、想象界、真理、法律、能指、结。

本书以及其他任何地方：位置、力、意识形态 1（整体—重复）、意识形态 2（挠—连贯）、国家、位置的逻辑（代数）、力的逻辑（拓扑学）。

1.2　我们正在讨论与主体理论有关的问题

在主体效果富有成效的理性下，据说一个主体既不需要一个（指性的）个体作为支撑，也不属于一个（社会的）阶层。我们只是给出了一个概要。在那里，前面所提及的被破坏的词语有得以实现的可能性。

1.3　力与摧毁

这是一个同样的概念，它根据结构与过程被划分了。

根据结构，力仍然是按照位置被定义的，在溢出中作为净化，在实在界作为对其的超越。它仍然涉及匮乏。

根据过程，力打断了重复。正是这个打断的时刻使得匮乏遭遇了摧毁。

在马克思主义的政治学中，人们对这个差异太清楚了。"成为一个力"被认为具有很大的重要性——从对手的角度来说——关于其对立面的可以忍受的位置。它是一种深入内心的、被抑制的定义。现在，这种有魅力的匮乏几乎成了"革命"政治政党之间的规则。它们对自身的力量进行测量，以此来反对可容忍的溢出的数量，即反对摧毁的极限值。毕竟，它们并不想代替出位。如果有必要，它们会对自身进行削弱或者分裂。这种倾向所使用的力，只按照结构来产生革命躁动，迫不及待地想要超越阻断行动中的溢出。

关于这种主体戏剧典型的历史形象便是 1917 年列宁的愤怒。当时，季诺维也夫与加米涅夫主政政党，在通过起义来改变历史的观点面前畏缩不前。他们并不想与这种"艺术"有任何关联，而列宁却很着迷于用这个名称来描述在确定权利尊严之下的起义。对于他们来说，布尔什维克党的力在于"等待"，这是一个逐渐妥协的过程。

政治学的本质的确包含了等待，这是不能克服的。然而当列宁说这种起义是一种"艺术"之时，他明确地表明它（起义）打破了政治学的本质。

列宁说了些什么呢？我们必须阅读 1917 年秋季所有的文本，例如其中的一篇《危机已经成熟了》：

> 究竟该做什么呢？应当"有什么，说什么"，应当老实承认：在我们中央委员会里，在党的上层分子中，存在着一种主张等待苏维埃代表大会，反对立即夺取政权，反对立即起义的倾向或意见。必须制止这种倾向或意见。
>
> 否则，布尔什维克政党就会遗臭万年，毁灭自己。
>
> 因为错过时机而"等待"苏维埃代表大会，就是十足的白痴或彻底的背叛。
>
> 现在不夺取、争取，而要"等待"，要在中央执行委员会里空谈，仅限于"为争取（苏维埃的）机关而斗争""为争取代表大会而斗争"，这就等于断送了革命。
>
> 鉴于中央委员会甚至迄今为止都没有答复我自民主会议开幕以来所坚持的上述精神的主张，鉴于中央机关报删掉了我的文章中指出布尔什维克做出参加预备会议的可耻决定，把苏维埃主席团的席位让给孟什维克等，是犯了不可容忍的错误的几段话，我不能不认为这是"微妙地"暗示中央委员会甚至不愿意讨论这一问题，"微妙地"暗示要封住我的嘴巴，并且要我引退。

　　　　我不得不提出退出中央委员会的请求，在此我提出
这一请求，同时保留在党的下层，以及在党的代表大会
上进行鼓动的自由。

　　　　因为我深信，如果我们"等待"苏维埃代表大会，
放过目前的时机，就等于断送革命。（SWⅡ，417-20）

我希望你们能够识别对这样一种未知的、史无前例的主体效
应的提名。它在此断裂了，作为力的一种封闭形象，它拒绝"等
待"，以至于陷入其情势状况的毁灭当中。

这个纯粹挠的时刻——作为一个使命被放弃的时刻，其中积
累变成了损失，成为力的消耗，这是主体时间上的斯芬克斯。

在消失的无生命的直群与阻挠重要的冒险之间，在一种愤怒
的踌躇中，我们看到了两者的交错。

在这里主体意识到，决定纯粹是其存在的样式。决定通常意
味着，在连续匮乏决定性的整体中将摧毁点分离出来。这也是为
什么从属于决定的事物少之又少了。

1.4　力与位置的双重结合

不管它是这样一种情形，即当被摧毁的溢出不能被放置到其
被指定的位置时，"一"是他者的丧失；还是相反，当被保持于其
位置之中时，力在超我无经验的开端中被浪费掉了。

这是马克思的伟大发现，尤其是在巴黎公社革命期间：

　　　　如果你们翻开我的《雾月政变》最后一章，你们将
发现，我认为法国革命的下个目标将不再是像从前那样，
将官僚资产阶级的军事武器从一方手里交到另一方手里，
而是摧毁这个军事武器。这是欧洲大陆每一个真正的群
众革命的前提条件，这也是游行于巴黎街道上的英勇的
政党们努力要实现的目标。

这是一个关于摧毁的问题，作为一种英雄行为的倾向——主体的质量，如果存在的话——产生了"暴动受欢迎"的维度。

马克思对于摧毁与问题中历史现象"真正"受欢迎的程度之间的连接建立了一套理论学说。无产阶级的存在很可能作为主体出现，正如它在 1848 年 6 月，在焦虑防御性的、沉默的、悲剧性的一面中一样。然而，作为整体的人的利益在于对位置系列的一般阻挠上，即在对国家不可侵犯机制的摧毁之上。

革命越变得激进，且没有陷入由镇压的焦虑以及恐惧的超我所统治的血腥爆发中，它就会越发参与到倾斜于摧毁之中勇气的天平的尖端，以及英勇无畏重组的正义之中，也越发会证明自己是群众的行为，其中，无产阶级仅仅为作为政治学的（大写的）"一"命名。

1.5　阶级，真相的层面

统治阶级通过保持归位而获得其位置。通过被宣称是所有的一切，真理只被言说了一半。它管理着重复。在它看来，所有感知的连贯都是不可持续的。

革命阶级将自身定义为维持了在其分割中真理的主体。基于其高度偶然的政治存在，根据被投入实践之中新连贯的挠的观点，一半的言说变成了（大写的）"一"的言说。

马克思主义者关于阶级的分析，与拉康主义学者关于真理的分析是同构的。两种情形都需要挠，因为真理不能被言说为所有一切（拉康），且没有凌驾于阶级之上的真理（马克思主义），因此实际上，它不能被言尽。

这就意味着它必须不被言尽，即它必须在主体的掩盖下被言说：为了"大写的一"而歇斯底里，为了他者而具有革命性。

"无产阶级"不能被认为是所有真理的政治名称。

1.6　国家与大众，法律的层面

国家是法律戒律暴力的核心。它特殊的效应在于对敌对主体力量的废除。

制造了历史（好与坏平衡）的大众可以被登记到非法律的一边。他们是唯一的反国家的力量，这就是对他们的定义。

大众只有在凌驾于国家的摧毁性的溢出中才能登上历史的舞台。这是他们的共产主义永恒性。在他们作为物质的特征中，大众可能也会口述最沉重的，甚至最凄惨的关于中央集权论的舆论。然而这是他的被放置、被管制的存在。他们在力中的存在，在非法律的律法中跌落了。

我们把"大众"称为历史的阻断，实在界的分裂。

1.7　四个数元

我们的代数是由 L（轨迹或位置）、F（力量）、P（位置）、T（真理）、l（匮乏）以及 d（摧毁）组成的。"＝"符号表示不同的时刻，"→"表示一个不可缺少的过程，符号"⊥"表示凌驾于位置障碍溢出的分叉。

我已经为你们写出了焦虑与超我的公式。

焦虑：

$$F \perp P = \frac{T + l(l)}{\$}$$

超我：

$$F \perp P \rightarrow \frac{L + d}{\$}$$

勇气是平衡中摧毁性的尖端，其中，真理在其分割中被保持下来了：

$$F \perp P = \frac{\$ + d}{T}$$

正义在法律的符号之下重组了空间，因此，这是连接于自身的匮乏。它阐释并巩固了位置的分割：

$$F \dashv P \rightarrow \frac{S}{\cancel{L}+1}$$

这四个公式组成了主体的效果。

2

让我在空间中来为你们概括一下（见下表）。

		摧毁		
法律的层面		关于他者以至于法律可以现存	关于法律以至于他者可以现存	国家的层面
		作为非法律的法律	作为法律的非法律	
		国家	大众	
	柯亨	$F \dashv P$ $\frac{L+d}{\cancel{S}}$	$F \dashv P$ $\frac{S}{\cancel{L}+1}$	雅典娜
		超我	S　正义	
真理的层面		焦虑	勇气	阶级的层面
	安提戈涅	$F \dashv P$ $\frac{T+l(l)}{\cancel{S}}$	$F \dashv P$ $\frac{S+d}{\cancel{T}}$	奥瑞斯忒斯
		[真理，不可维持的整体]	[维持于其分割中的真理]	
		统治阶级	革命阶级	
		力量，位置的丧失	位置，力量的丧失	
		力量		

关于决定主体效果的双重分割，可以很公正地说，拉康穷尽所有精力也仅仅只言说了一半。

关于第一个分割，即表格中水平的那个，它符合法律与真理的辩证法，其关联是国家与阶级。弗洛伊德对此命了名。

第二个分割，即垂直的那个分割，它并没有收获到一个分析的名称。它越过了法律与其分割、国家与大众以及两个对立的阶级。马克思对此命了名。正是通过这种分割，历史性才得以循环。

作为这种双重分裂结点的结果，这个结点我们到目前为止只有通过其线的颜色才得以知晓，存在着关于主体理论的四个概念。

这将我们代数批判性的力量都用尽了。我们知道，在没有被命名的摧毁效应下，拉康逃脱了主体的决定。但我们不知道的是，在勇气中是什么对不可避免的焦虑起了反作用，在正义中是什么在超我的指示下引起了共鸣，以及最终不管其是令人恐惧的还是具有摧毁性的，重组是怎样将自身与阻断结合在一起，而不是将自身置于连续错误的经验主义证明。

四个公式的原则定义了我们当前的困境。确保唯物主义者的保障将需要一个巨大的迂回过程。我们期望在后者中用一种结构框架来阐释我们个体的生命、感染它们的艺术、政治学的存在以及植入其中的历史。

在所有的时代中，人们正是通过伦理学行动获取了关于其冒险与成功的征兆。正是在"行动是不可能的"这个广为流传的信念中，最具毁灭性的去主体化诞生了。

如果不能阐明做出决定的奥秘，我们又能期待从主体理论中获得什么呢？

第四部分

|

一个唯物主义者的唯物主义反转

唯物主义的害群之马

（1977 年 11 月 7 日）

传统的主体—跌落的忧郁—保卫马克思主义就是保卫一种脆弱—关于唯心主义者的统治—从上帝到观念语言学。

1

"政治学中的主体是什么呢？"有很充足的理由，这个问题折磨着我们这些记忆力好的以及容易健忘的左翼分子。在几乎对其不知晓的情况下，我们将这个晦涩的问题带入一个更晦涩的点，并将其引入工厂工人阶级以及其愚昧的历史。然而这个问题可以成为一个唯物主义者或一个马克思主义者的问题吗？

政治学中的主体会成为以下这样一种情形吗？即通过波利茨尔想要的方式，将一种快捷心理学加入辩证唯物主义，达到在过程中抑制自身的程度。答案是否定的，我说过很多次了。它并不是这样一种情形，让我们大概地设想一下：将自身投入阶级、国家、历史与政治学的马克思主义，在个体、狂热的性、激情的爱之令人怀疑的领域中留下空白，并将其留给其他的概念大师们。

政治学中的主体从来没有导向任何事物，也不会导向任何事物，想象一下，有一个匮乏被用来填充马克思主义，某种权力应当被延伸的地区学科——例如，心理学，人们为梦想站在俄国一边而感到骄傲，在一些被赐予教育唾液的人们的帮助下。

我们的问题更加激进，政治学中的主体并没有将区域概念的形象带走。我们会问："是什么造就了主体？"只有在最容易被建构的传统领域中——阶级行动及其政党——这个问题才能最出其不意地引起共鸣。

同时，这个传统未能给予我们的问题以保护。或许，甚至对我们的问题给予了太多的保护。这是一个完全正统的区分，可以用来反对工人集体纯粹存在的"自在的阶级"，以及在其革命目标中被主观建构的"自为的阶级"。

这种黑格尔式的安排是否能将问题阐明清楚，尚待分晓。

暴露于我们面前的轨迹存在于这样一个观点，即在任何一个历史的进程中，政治学的组织现象都依赖于主观。现象是主观的物质。

这个争论在贯穿于过去 150 年历史中关于"谁是历史的代理人"这个问题吹毛求疵的辩论中找到了回声：阶级？叛乱中的民众？国家？革命的领导者？谁将历史作为主体？谁又是动词"制作（to make）"的主体？

毛泽东认为："人民，只有人民，才能成为世界历史的动力。"（SWⅢ，207）

在这里，人民占据了一个先验主体位置。

在马克思主义关于主体行动聚集的问题上，列宁主义当然标志着一个主要的阶段。在这里，作为实践主体的组织理论统治了阶级分析。

同马克思一样，我们宁愿拥有关于自身的一套理论，一种意识幻想的批判理论。阶级位置被解释为意识形态装置的一部分，它们激活了在组成其整体的、每个主体自身理想的精神修养中的想象界的功能。

也会有关于在历史个体作用中周期性的论辩。相关的体现便是赫鲁晓夫用"个人崇拜"的论点来驱逐斯大林的幽灵。

你们会发现这个遗产的性质是不一样的。

在任何情况下，我都反对所有将主体作为退回到简单以主体为中心的道路上。主体理论是直接与所有解释的透明度相对的。及时性即自我呈现性，是唯心主义者只有在将辩证的分割作为目的引入时才显现的属性。

聚焦于实在界中的辩证性，主体进程从根本上触碰到了分裂。不管是对于实在界还是对于自身，主体都没有在任何关于自身的调和中战胜自我。对于这个主要的预警，拉康是我们的老师。

2

1977年秋季所有的纷扰都是为了什么呢？对历史异质的唯美主义，特殊结构的品位，定义了我们命运的赫然耸立的国家的高大形象，以及在这个定义中被捕捉到的、只有马克思主义才能成为其当代结晶的西方理性的绝望，促成了这一切的发生。媒体重复了这条消息，即在古拉格集中营、越南难民、波尔布特与苏联舰队的协助下，我们最终停止了对马克思主义的憎恨。

这股潮流背后的伦理学被划分为两派，即关于权力的伦理学（保卫个体的生命以此来反抗国家致命的抽象艺术）以及关于较少恶的政治学（保卫西方的议会并以此来反抗东方的"极权"主义）。由于其偏好大众政治学胜过了人道主义及司法的谈判，共产主义的目标被评判为有罪的。为了反对意识形态的暴力，我们听到了请求组织机构绝对正规的声音，前提是它们将在保守的良心周围建立一道牢固的壁垒。

激进的社会主义分子阿兰喊过诸如"让市民来反对既有权力"的口号。这种法国式的质朴现在以一种反马克思主义分子的抨击论调卷土重来，它由一个很关键的特征所支撑：左翼分子的脱离。

将教育移交至那些厌倦了对抗，那些将自身命运与工人联系在一起，返回他们作为知识分子预定位置的人之后，人们将通过保持对在接下来两个时代的一般事物进展过程狭窄范围的思考来希望国家的功能可以实现。人人都是为了自己，没有人会假装为了他人而言说。

这绝对是一条不归路。当人们放弃了普遍性之时，他们获得的是普遍的恐惧。

关于这个平凡的挑战，在不同的人群中我发现了两种态度：保卫自己或者挑战自己。

"保卫"马克思主义政治学只会导致一种失聪。如果我们能够成功地保卫我们自己，你真的相信我们的反马克思主义分子，会对着污秽的戏剧大喊大叫并宣布我们的崩溃吗？我认为，如果没有所有的新奇性，反马克思主义分子对那些忏悔的及再结盟的，以及那些人类权力的拥有者与那些瑞士和平思想的爱好者的宣传，就仅仅对我们自身的嗜好生效。

是的，让我们直接承认：马克思主义处于"危机"之中了；马克思主义被"原子化"了。在国际解放斗争之后，我们在危机时代以及即将来临的战争威胁中，所继承到的是思想与行动一系列狭窄又碎片化的集合，它们在毁坏与幸存的迷宫中被捕捉到了。为了对旧事物进行评判，对摧毁进行阐明，对来自独立抛锚匮乏的政治学进行重组，历史继续在最黑暗的旗帜下按常规发展。

在今天，保卫马克思主义就意味着保卫一种"嗜好"。我们必须践行马克思主义。

在这个充满矛盾的陈述里，我向你们建议：尽管很明显，我们的反马克思主义者们的目的在于辩证法，但我们必须在唯物主义中重新找到我们精神力量革新的军械库。

如果我们想要放任我们的支配，限制我们自身——正如我们在激进岁月中所做的那样——假设运动是所有的一切并将其自身一分为二，尽管反马克思主义者们需要一个值得空头理论家向权利与法律的返回，我们将仍然对此问题予以回避，无视时间与我们自身。

的确，对格鲁克斯曼及其他爱好者的小规模攻击，意在针对黑格尔及其历史性中的理性企图并不是偶然的。最终的目标是辩证法。

如同古代中国有谋略的战术家，我们允许对手在陡峭地形的挑战下，将他们毁灭的舰队变成如直升机般的骑士队伍。

我们需要唯物主义包含我们所需的一切，即使不知道它的存在，马克思主义也总是能成为其指导的思路线索：主体理论。

开始的文本标题为"共产党宣言"。如果在 1848 年，开创者不对这个新主体说出如下的话语，这些共产主义者又会成为什么呢？

> 共产党人不是同其他工人政党相对立的特殊政党。
>
> 他们没有任何同整个无产阶级的利益不同的利益。
>
> 他们不提出任何特殊的原则，用以塑造无产阶级的
>
> 运动。

共产党人同其他无产阶级政党不同的地方只是：一方面，在各国无产者的斗争中，共产党人强调和坚持整个无产阶级共同的不分民族的利益；另一方面，在无产阶级和资产阶级的斗争所经历的各个发展阶段中，共产党人始终代表整个阶级运动的利益。

因此，在实践方面，共产党人是各国工人政党中最坚决的、始终起推动作用的部分；在理论方面，他们胜过其余的无产阶级群众的地方在于，他们了解无产阶级运动的条件、进程和一般结果。（SWⅠ，119-20，翻译修改）

共产党人：在历史的进程中，他们是政治的主体。

这就是我们必须重新开始的地方。

3

唯物主义者的论点并不简单。尽管它看起来比辩证法的论点要简单得多。

马克思主义者们总是认为自从古希腊时候起，定义了哲学的矛盾就是对唯物主义与唯心主义的反对。这是文员们的战斗公理：

> 哲学家依照他们如何回答这个问题而分成了两大阵营。凡是断定精神对自然界来说是本原的，因此归根结底承认某种创世说的人［……］，组成唯心主义阵营。凡是认为自然界是本原的，则属于唯物主义的各种学派。（恩格斯，《路德维希·费尔巴哈与德国古典哲学的终结》，SW Ⅲ，346）

这种结构的恒定性源自什么呢？根据它，哲学似乎上演了一场关于"是 A 先于 B，还是 B 先于 A"的战斗。

在实在界中对此进行支持的是统治阶级，他们总是倾向于宣称思想先于存在（自然界）。所有这些都是相当令人惊奇，难道不是吗？恩格斯自己实际上并没有就这个话题展开讨论。

让我们为这种唯心主义的强制力赋予两个临时的动机吧。

统治阶级是位置的守护者，归位的义务工作人员。其目的既暴力又隐蔽，就是意在通过对阻断的封锁来保卫重复，禁止政治主体的产生。

统治就意味着对阻断进行了阻挠。

在国家政治学的语言当中，这被称为"秩序修复"。秩序就是当对其自身的建立保持沉默之时被重新建立起来的事物。如同它所否认的主体一样，秩序宣称它居第二位。

保守的态度需要法律作为不可分割之物被命名：它仅仅只能未被建立，却永不可分割。通过扰动，从颠覆到阴谋，国家词典中充满了关于法律未被建立的词语，然而没有一个单词涉及对其的分割。

关于位置法律的不可分性将自身从实在界中排除掉了。将这种例外连接到理论领域之中，就相当于规定了规则的激进先锋性，这实际上通过挠仅仅被逆向地定义（建立）了，在这种挠中，其连贯以从其新连贯中分离的面貌显现了。

这种居先的位置在哲学中作为唯心主义被详细阐述了。有必要将重复系列的位置在其绝对中打好基础。

唯心主义是归位名义上的基督再临。作为一个理所当然的奠基者，柏拉图将它定名为拓扑斯（topos）。

一方面，作为对语言义务的保护，唯心主义的统治是很有必要的。另一方面，的确，就在这一天，每一个为了自身利益的统治阶级都将自身放置在劳动力社会分割的位置上。横向地越过阶级矛盾，我们发现这些伟大的千年结构不变量，"著名的差异"——城市与乡村、工业与农业、知识分子与劳动分子——的废除便是共产主义的当务之急。

从这个意义上来说，共产主义是具体的。被最顽强的社会区别的精确所规定，它仅仅从进入实在界所需的角度来呈现政治学的问题。如它所命名的那样，通过群众暴力，关于对三大差异再吸收利用的阶段测量需求来了（参与生产过程的学生、停止生长的城市、群众公社的小规模工业化、工人的技术革新，等等）。

失败的事物都保留了其名称。如果并非如此，那么它到底在什么地方失败了呢？

对那些共产主义是其幽灵的阶级来说，加强它们之间的区别就很重要了。即使在各种各样的公式中其延展缺乏共同的测量，它们也垄断了所有的脑力劳动力，并将其凌驾于对体力劳动力的"优越性"系统。

我们将承认唯心主义被过渡到这种社会定理之中的事实。在最终的分析当中，它使得本质屈从于概念，就如同集合线上专业化的工人屈从于工程师或者奴隶，如同那个"活生生的工具"屈从于其数学家主人。

不要以为这种粗俗的论调是到达真理的一个障碍。

在哲学手册中你们会发现，如同一个低廉的荷马人的绰号，形容词"粗俗的"几乎总是将自身与名词"唯物主义"联系在一起。是的！知晓了在浓稠的社会层级中发人深思的永久性的不幸秘密是一件无关紧要的事情，然而事情就是那个样子的。

在那里，18世纪资产阶级的唯物主义革命反对教会中极权的建设，而19世纪无产阶级的唯物主义革命反对信仰变为唯心论的金融资本大亨。

因此，在保守主义旧时代的开始，人们很容易忘掉其青年时期激进的唯物主义论调。同样是这样一些痴迷于神父与学者的人，他们终结了对非洲先辈们的资助任务，或将"苏联人道主义"的画像颁发给中央委员会的任务。通过这些，我们可以轻易窥见富有的（俄国）乡间宅第以及黑色的梅赛德斯（奔驰）的影子。

4

唯物主义在概念的内部证明了对力量的净化。它是一种富有攻击性的哲学。带着其毁灭性的目的及简化的勇气，它使得象征界中的裂缝在最遥远的地方闪闪发光，就如同它被一个出位者所指示着。

唯物主义处于朝向其目标的内部分割之中。在其内部发现很多充满辩论的轻蔑是很正常的，其内部的构造永远不会平静下来。

唯物主义通常对敏感的思维很反感。

唯物主义的历史在其对手中发现了自身的历史分期的原则。只有在其致力于打击摧毁的事物中，唯物主义才能形成一个体系，在潜在的愤怒中得意扬扬，这个目的几乎与哲学无关。在残暴的曲折变化中，唯物主义将颜色赋予对摧毁的渴望。

我们这个旧时代的一个唯物主义的代表，新兴的资产阶级——18世纪——仅仅是关于宗教而存在的，它用一种暴力甚至敌对的方式建议（比伏尔泰《奥尔良女仆》以及那些肮脏的、人们醉心于乡村牧师华丽僧袍的酒吧故事更平庸的是什么呢？）立即将对手废除。这种唯物主义，它尽管是关于世界装置的科学，却故意向牛顿的力学靠近，致力于尽快地传达一个指令："将恶摧毁！"

然而，这种有攻击性的主体化并没有制造一种稳定。早在法国大革命中我们就发现了这一点，当大量反基督教徒组成的临时同盟、城市中的平民，被在断头台上执行了死刑的赫伯特所摧毁之时，尽管伟大的唯心主义主体和唯灵论的重建，意味着一种普遍的（宗教的）协约的可能性。通过国家而建立起来的资产阶级的现实主义将时不时地反对教会干预政治，却永远不可能是唯物主义的。

让其成为这样一个有追溯力证据的事实，即唯物主义组织了攻击，但并没有（用武力）接管；它策动了起义，但并没有进行镇压。

被认为是当代位置守护者的资产阶级必须遵循以下三个条件（一旦旧的政权被推翻，新的道路就向着全世界的规则开放）：

——忍受这种足以合理剥离生产力的、被科学所认可的唯物主义最微小的部分；

——重组唯心主义，这将从体力劳动屈从于脑力劳动的劳动力等级分工中制造一个症候与规则；

——维持在哲学中给指定位置命名及分配重复的司法与道德秩序。

所有的这一切都将导致一种特殊的唯心主义，它以人为中心，而不再以上帝为中心。良心作为经验的焦点，主体作为真理的保证，道德作为永恒的形式主义。在很大程度上说，这种均衡的康德主义一直持续到了今天。

唯物主义的第二个形象便是用攻击来反对人道主义，尤其反对大学中小规模的康德学派的老师们。

他们将兵卒推得很远，那些超验主义的兵卒们一路向前直到新政治学的等级，正如我们可以在被称为"唯物主义与经验批判主义"的列宁主义者的谩骂中发现的。

在第二个唯物主义运动背景下的战争中，资产阶级已经不再是其代表者了，他们开始站在黑格尔的一边来反对康德了。

顺便问下你们自己，是否每一种唯物主义都不是一种旧唯心主义的固化呢？

如果不是从笛卡尔那里，那么18世纪的唯物主义学家们又是从何处得到他们元素的机器的呢？列宁用黑格尔学派的内在性来应对超验主义。我们则是援引拉康的观点来反对阿尔都塞的"无主体过程"。

一种新的唯物主义形象，在对唯心主义的分割中，宣称了自身的存在。其主体的主要动机便是引入断裂。

在反宗教运动之后，第二个唯物主义运动将是历史性的，因为它的任务不再是摧毁上帝，而是摧毁人类。自然——人们反对它的优雅与奇迹——不再发挥作为指示物的功能。取代其位置的是世界历史性的生成，其中，阶级地位反过来对人类进行了划分，而且不存在一个简单的术语能够发挥作为经验或真理中心的功能。

在那里，名称为"历史唯物主义"以及其姓氏"辩证唯物主义"，第二次被提升到普遍性的层面上来。其中，第一次的提升保证了其暂时的不稳定以及其被分割的存在。

然而在今天，我并没有发现这种"反人道主义"是如何能够成为马克思主义的一种特殊符号的。自19世纪60年代以来，人们普遍性地认为我们必须同人打交道，这也是福柯、康德以及阿尔都塞的任务所在。

这是否自动意味着，我们进入那个给予唯物主义毫无魅力的真理以避难所之名的孤儿院呢？远远不是！所有那个时期的反人道主义在最终的分析中都坚持一种构成性的话语功能。

语言即效应的经验，正是由此使其言语成为可能，人类也获得了并不存在的力量。你们也拥有了我们最优秀思想家的公理原则。

存在着三种唯物主义。同理，也存在三种唯心主义：宗教学的唯心主义，人道主义的唯心主义，以及——历史困境中的果实，在这种困境中，帝国主义将其日渐衰弱的现代性的最后一丝光线也给切断了——语言学的唯心主义。

在这里，语言学只要"结构［能够］被作为生产而被辨认出来"，则就"如我所言，强行将语言从言语中解放出来了"。

语言＝结构：这就是构成性的论述，我们不应当将其同名为语言学的、自然科学学科中的这种或那种论述相混淆，或者与人们所谓的——由拉康发明的——"语言的奥秘"相混淆。

即使是这样，当它宣称要不遗余力地支持这种观点——世界即话语——之时，当代哲学中的这种论调就需要被重新命名："观念语言学"。

今天正是唯物主义学者们所攻击的观念语言学转变为其导因了。

也正是这个原因，这种积极的唯物主义的本质——通过一种哥白尼式的颠倒——需要一种主体理论的观点，这种理论最开始的功能是排除。

最坏的情形就是，当它迫使自身处于以一个时代整个心理与实践过程为特征的、无层次结构的描述之中时，观念语言学将排斥任何的主体。这就是我称之为固定论者的福柯的观点，档案馆中的居维叶同其他一些书呆子们对此进行了天才般的论证，向人们呈现了整个"雷龙"的世纪。

在其最狭窄的地方，观念语言学所容忍的主体可以是任何事物，除了简单的中心、半透明的聚焦点以及超验的布局以外。这是一个去主体化的问题，一个屈从的主体，在其消退中，法律揭示自身可以为了欲望而具有互利性。

如此，根据表明它的效应，这个主体就与我们非常亲近了。

只要我们在一个阶级中辨认出了政治的主体，后者就会束缚于通过主要矛盾的形式，而预先规定于它的距离当中。工人阶级永远不能重新吸收断裂，这在其社会及时性与其政治工程之间，赋予了其存在的生成。这样一个政治的主体最终被限制于其位置拥有者的行动之中。政党，由晦涩而复杂灵魂所组成的躯体。我们将永远不会说它组成了历史，更不会说它制造了历史。

假定其欲望（共产主义）与律法（无产阶级专政）是互利的，那么在政党成为这种互利性神秘的主体援助之后，马克思主义天才们的罢工游行就开始了。

这种教诲式的亲近禁止我们将不久以前的唯物主义的粗俗予以抚平，我们认为是粗俗的唯心主义者假定语言先于世界而存在。确实如此！然而相反的观点（世界先于语言而存在），揭示了处于危险中的事物极其脆弱的一面。

在当代唯心主义中，上帝与人类都不具备存在组织者的功能。在主体效应之外，语言的构成性功能遣散了颠倒的唯物主义操作者——在这种颠倒的意义层面上，马克思认为应当将黑格尔传统予以恢复。

要想通过一种唯物主义者的颠倒来宣称从实在界进入主体，就意味着缺乏当代辩证法的批判主义，这将主体与实在界这两个术语分开了，以至于第三个术语——象征界或话语，在没有成为一个中心的前提下，作为一个结点来进行运转了。

被禁止进入一种简单颠倒的道路，且被召集起来抓住断裂，其中，观念语言学的主体作为一种链接效应产生了，我们马克思主义者发现自身已处于可怕的摧毁—重组道路中。

要想穿越对手的防御线，就需要有一颗盲目崇拜头脑的负责人来承载我们主体的象征符号。

那样一个概念性的害群之马——一种以主体理论为中心的唯物主义——对我们最迫切的政治需求来说是同等必要的，它包括起草一份关于政党问题的文件，而这个政党毫无疑问是可以证明一些事情的。

但是这个政党能证明什么呢？

真理的不可溶之盐

（1977 年 11 月 21 日）

大"一"的论点，大"二"的论点—我属于康德学派吗？—两个隐喻（反射与渐近线）—请求鸭嘴兽的原谅—除了剩余物都一样—位于临界值的政党—交叉定理。

1

在唯物主义的名义下，我们理解了两个完美矛盾的命题。一个命题宣称存在着一个大"一"，另一个命题宣称大"一"先于大他者而存在，因此存在着一个大"二"。

"存在着一个大'一'"是关于存在的一元论观点，在这个观点看来，位于现实中的物质仅仅只是能指而已。每一种唯物主义都假定了存在的原始单一性，同时暗示其最亲密的构成仅仅只需要一个名称。这个名称便是物质。

只有存在的"大'一'"不可推导的本质，才会被这种物质的能指所指派。人们可以通过各种各样的自然元素来阐释这种提名权的力量，使它看起来诱人又有说服力，这样的自然元素包括质量、电子、原子、能量、波、各式各样的粒子等。

因此，如果你想要为大"一"的名称命名，你便立刻获得了复多。这就和神学家反对任何对上帝的论断一样消极。

唯物主义者的无神论观点是非常有必要的消极。

神学的唯心主义建立在对大"二"的牢牢获取之上。对于古希腊人来说，纯概念对可感之物作出了回应。对于基督徒来说，无限与有限就和造物者与生物一样是不能比较的。两个区域的存在重叠在一起，分裂了可以在有限中被捕捉到的大"一"。因此，它是为了由躯体与灵魂构成的人类，或由物质与形式构成的亚里士多德的事物而诞生的。

一种宗教唯心主义的关键概念总是在两个存在区域连接的地方运转，不管它是（柏拉图主义者的）参与，（犹太人的）创造，还是（基督徒的）道成肉身。

我们可以这样说吗？对于拉康来说，这种辩证法的极端可以在结中被发现，或者说得更确切点，在打结中被发现。似乎呈现的是："结并没组成一致性，它存在于绳索的元素之中，存在于连续的绳索之中。"

在这种结的存在中，我发现了接合的功能。正是通过内在性中的超验（连贯内部的存在），我们才得以辨认出连接的算符。由此，所有的唯心主义——观念语言学也不可能例外——推导出其假定的、存在差距的整体性。你们可以为了参与、创造以及道成肉身而对此进行查证。我将在私下里对结进行处理。

至于唯物主义，你们将发现，它更像是一个关于打破提名整体性的问题，在那种提名的帮助下，它阻碍了存在的生成。然而，这并没有使问题变得更加简单明了。

我们茫然地从圣保罗跳到了拉康，你们会问：人道主义的唯心主义又是什么样的呢？这样提问的目的是将主体从本体论的区域中脱离出来。对于构成性的主体、良心以及自为来说，其反向代表的是流出、客体及自在。同样地，通过概念，其良好的未开拓地带一直追溯到了经验的边界。看看所有那些被令人苦恼的晦涩所标志着的康德式训练，那些对于知识来说是图解式的说明（运用想象界中的律法，通过它可感觉的存在进入超验主体的领域），对于道德来说是尊重（可感觉的律法，仅仅根据可理解的事物而运动）。

我发现，你们中的某些人会认为：自 1975 年以来，带着我的归位与出位或位置与力的概念，对于唯物主义来说，是我走错了一步。人们在结合的地方等待我，他们问自己，我是否没有在康德与其他人陷入困境的地方，称"主体"为边界的效应。

你们应当注意到，这已经比使术语中的某一个成为主体要好得多了。不仅如此，我还可以将我们的祖先们激活，向他们寻求帮助。的确，关于那个政党的目的，被列宁高度赞扬的考茨基说，其"任务 [……] 就是向无产阶级灌输 [字面上：向无产阶级填满] 其形势与任务的良心"（SWI，156）。如果不是这样，那么在可理解的马克思主义与可感的自发的工人运动之间，就会出现一种新类型的主体化的图解式说明吗？

毫无疑问，政党是一个临界值的存在，是在历史唯物主义大"一"的破裂结合处的一个操作者。

然而，我们是唯物主义者。不管我们的困难有多么艰巨，它都与唯心主义者所面临的困难不同。

2

唯物主义的第二个基本观点强调"物质先于观念"。

这个观点是否具有约束力？毫无疑问，有约束力。如果你坚持大"一"的观点，那么你只会拥有名称。黑格尔向我们示意，关于大"一"，理念可以应付。只要实在界被纳入考虑，绝对的唯心主义与严格的唯物主义就很难区分了，它们只不过是一元论的两种称号而已。

存在的单型承载了两种可能的符号。

为了"颠倒"黑格尔，我们需要颠倒中的大"二"。头与脚，理念与物质。我们该如何假定一个事物先于其他事物呢？

因此，对于象征着存在的大"一"与整个唯物主义者来说，将物质与理念区别开来是非常有必要的。

致力于将自身的大"一"与整个唯心主义者们的大"一"区别开来，唯物主义者们必须接受实在界有两个名称的事实，这两个名称都是有效的，并且它们的秩序也不同。

这就等于说两个仅仅只有一个元素的集合总是同构的，不管它们的结构是什么样子的。当 a 与 a 结合时，如果没有其他的事物，结构总是 a。名称倒没有那么重要了。

如果你们想要使代数差异的最小化成为可能，你们就需要 $(a，b)$ 这个组合，它可以按两种方式排列，$a<b$ 或 $b<a$，这支持所有类型的代数结构（因此，$a+a=a$ 作为一种律法并不与 $a+a=b$ 同构）。

为了将自身与唯心主义区别开来，唯物主义不得不放弃其基本的一元论原理并假定，在所有主要唯心主义的论点中，一般说来，的确存有两种存在的区域。

然而，唯物主义这样做也仅仅是为了废除这个论点，因为事实上，对唯物主义来说，只有一种存在的区域。

的确，为了给大"一"本身命名，或给诸如大"一"这样的事物命名（在这种情形下，例如物质），我们所需要的是实在界的大"二"。不管在何种情况下，都需要两个能指（物质与观念）。

马克思对此总结如下："思维与存在当然是有区别的，然而同时它们彼此又是统一的。"

我们假定唯物主义存在于两种论点中，一个名为存在，一个名为秩序。在这种秩序中，存在位于一种名义上已消失的改革中。

——同一性的论点：存在仅仅只是物质。

——本原性的论点：物质先于思维存在，而并不是相反。

简而言之，我们可以说，同一性的论点为（存在的）位置命了名，本原性的论点为位置规则之下的（知识）进程命了名。

"优先于"并不意味着本体论的层级或卓越，因为仅仅存在着物质。它与柏拉图主义和对臣服于颠倒的、可理解之物的优越感是不一样的。"优先于"意味着，在建立于同一性论点基础之上的知识进程中，消逝的思想位于存在的规律之下，而不是位于自身思想之下。

唯物主义的两种论点，为知识进程中的隐喻分割提供了结构样式。在那里，存在着它们对立面的实际效力。

在这里我们位于著名的"反思理论"奥秘的中心，在关于理论的问题上，唯物主义建议从两个隐喻中选择一个，而这两个隐喻的结合形成了唯物主义复杂多样的诗歌风格。

另外一个隐喻是关于渐近线的隐喻。

3

关于"反思理论"有成千上万条的注释，不管这些注释是带着斯大林主义式的笨拙，还是带着理想主义的讽刺。唯物主义者"粗俗"的一个代表性产品现在正躺在地板上，这个产品没有显示任何生命的迹象，就如同批判性投掷乱石的受害者。它的名字，只要稍被提及，就会引起来自过去已经完结事物的笑声，它是一个跌入被遗忘赎罪中的罪恶。

这个所谓的"理论"是关于什么的呢？它是一个关于将同质化转变为隐喻的事实。对大"一"的维持，需要我们将已知的客体与其知识统一到本体论的安排当中，据说这种安排应当是"物质的"，在没有任何不对称而且不是因果关系的情况下（是客体导致了反思的发生）。

反思理论通过将已知的部分安排为一个纯粹被动的形象，在可感觉的重复中维持了自身，否则它将不得不归因于主体的构成性行为。

在这个"理论"中，很重要的一点就是它必须与镜子打交道。这很具有马拉美式的风格，毕竟它拥有成为一个碎片化物质的独特美德，其中，被一种物质效应所影响的同时，一种可感觉的双重客体可以被辨认出来。

实际上，反思理论建立起了马拉美诗歌实验性的基础，其中，有一个关键性的收获——主人是缺席的。通过主人，让我们来理解一下康德式的主体。

记住在这种方式中，在《资本论》第一卷德语第二版的《跋》中，隐喻的起源是固定的：

> 在黑格尔看来，思维过程，即他称为观念而甚至把它变成独立主体的思维过程，是现实事物的造物主，而现实事物只是思维过程的外部表现。我的看法则相反，观念的东西不外是移入人的头脑并在人的头脑中改造过的物质的东西而已。（SWⅡ，98，翻译修改）

在这里，关于知识的操作被提及三次，分别是作为"反思"（这组成了镜像理论），作为"运输"（这显示了事物与重复系列位置之间的空间距离），以及作为"调换"（这将开启通往第二个隐喻的道路，那是重复内部的一个差异）被提及。

可感觉的同质性的三重禁令，是用来反对观念生产性的自我发展的。

我们可以这样说，唯物主义的反思是同一性论点的隐喻。仅有一个存在的区域，其中，镜面反射在知识以及同一性的名义下使生产加倍了。

第二个隐喻使本原性的论点数学化为一条渐近线。

"反思"为大"一"命了名，"渐近线"则为大"二"命了名。唯物主义为渐近线与加倍、消逝点与复制规定了同样的措辞。

如果你们愿意的话，让我们读一读恩格斯于 1895 年 3 月 12 日写给康纳德·施米特的一封信：

> 思维与存在同一性的问题，我用黑格尔的语气来说，到处都与你们关于圆圈与多边形的例子相一致。或者它们中的两个，物与其现实性的概念，和两条渐近线一样奔跑，总是无限接近对方，然而从来不会相交。这两个事物之间的差异是这样一种差异，它阻止了概念直接迅速地成为现实，以及现实迅速成为其自身的概念。尽管概念具有一个概念最基本的特性，且因此不能明显直接地与现实相吻合，从中它首先必须被抽象化，但它仍然比虚幻更有效，除非你打算宣布所有的思维结果都是虚构的，因为在现实与它们相吻合之前，甚至仅仅在渐近线近似的情况下与它们相吻合之前，现实本身必须经历很长一段旅程。

如果人们想要仅仅抓住同一性这个碎片开始的方式，他们就必须跨越那些不可逾越的鸿沟。反射的本质就是渐近线。每一个镜像（每一个概念）都将客体扔进一个有偏见的深渊，其中，它是一种虚构的复制。这就是古典学告诉我们的。

假设关于真理，人们需要（反思）纯粹重复的话，那么人们将失去连贯；假设人们坚持（影像的）整体的话，那么所消融的便是（有偏见颠倒的）挠。

由于对充分论证的动物学概念过于严格，恩格斯亲身体验了一下这个经历，在那一天，他嘲笑了所有关于产卵动物的谎言，仅仅发现他自己不得不乞求"鸭嘴兽的原谅"。

　　这可能是激进唯物主义者们的一个众所周知的说法："过于相信镜子，连鸭嘴兽都会藐视你。"也就是说，当心将渐近线牺牲于反思，让优先性问题（存在先于思维，实践先于理论）牺牲于同一性的问题（存在的单一性）。

　　从1964年开始，我们反思了法国共产党（PCF）抛弃所有阶级目标的事实，并将这种情况称为"修正主义"。事物概念的充分论证——同一性的论证——相当紧密地涵盖了这个政党的政治实践。尤为著名的是，在修正马克思主义的意识形态掩盖下，发生于1968年5月至6月之间的由贸易工会主义者发起的反革命运动。我们对这种解码的操作抱以很大的希望，因为所有教条式的修正都是脆弱且不堪一击的——它们仅仅成为拥有大众支持权力的分解。通过真正的马克思主义与"真正的群众"，我们能够想象在关于阶级革命的意识形态之中为我们所保留的现场直播。在那里，仅有一步之遥，便可以假定我们在短期内是后者的组织者。因为在资产阶级与法共工人阶级理论家（他们的修正主义仆人）之间，一方面是暴动，另一方面，在产卵动物与哺乳动物之间还能有什么呢？或者说，什么也没有。

　　位于之间的当然是"鸭嘴兽阶级"，也即新兴的资产阶级、垄断资本主义，以及官僚资本主义，其中，修正主义也仅仅只是一个暂时的意识形态产品，其历史性的掌权也从一开始就抛锚于"苏联帝国主义"的权力之中。

　　因此很有必要测量一下，我们首个意识形态的概念与政治现实之间有偏见的鸿沟。为了测量它，我们应当在一个孱弱的实验中回到政治实践优先于思维布局的格局，并加入一个尺度。

　　在历史的反思中，通过矛盾地向"共同纲领"中的鸭嘴兽寻求原谅，我们不得不经过一种顽固政治延续的渐近线。

　　很少有人能够经得起这种考验，这主要表现在对唯物主义隐喻分割的详细研究上。"请求鸭嘴兽的原谅"对于大多数人来说，意味着在成为鸭嘴兽与背上毛皮猎人的枪之间，做出戏剧性的选择。

历史就是对所有近似值做出一个良好的筛选。这就是它朴素唯物主义的一面。

反思作为一个隐喻是为了说明思维与存在是同样一个事物。对此恩格斯补充道——通过渐近线——它是同一个事物而不是某物，对于这个某物，知识的进程作为其余数无休止地提及它。

在结构的秩序中，反思的隐喻认为，渐近线尽管将这种同一性转化为一种历史的进程，它却通过概念性地臣服于其剩余物而超越了自身。

唯物主义作为一种复制结构的统一分裂，以及一种近似值的效应而运转。它安置了同样的事物及其剩余物。

认为唯物主义是辩证的说法，是一种不充分的陈述。它完全被辩证法的辩论性、作为结构与历史的双重出现而跨越了。

我建议将代数命名为唯物主义辩证性的第一种类型（在隐喻律法的反射下，作为同一性论点的逻辑），将拓扑学命名为其第二种类型（渐近线的隐喻，优先性问题的逻辑，剩余物的因果关系）。

4

唯物主义将反思与渐近线的隐喻辩证化了，因此将整体安置于其剩余物的例外中。拉康见证了主体生效的分割，对此文本进行注释的任务就交给你们了：

> 通过存在的类型对其镜子的影像进行的兴高采烈的假设，仍然被困于其原动力的虚弱及婴儿期的依赖中。因此，处于幼儿阶段的可怜人对于我来说，似乎在象征矩阵的典型情势中被显示了，在这个矩阵中，"我"被投

掷于一种原始的形式 ［……］

　　然而很重要的一点是，这种形式坐落于自我的中介处，在一种虚构的方向中优先于其社会决心，这种虚构的方向对任何单个的个体来说，将永远是不可约的，或者这样说，它将无限地靠近主体的生成，不管其辩证的综合体有多么的成功。通过这种综合体，作为"我"，他必须解决与自身现实不一致的问题。（E76/94）

镜面反射与渐近线的结合，对此已经说了很多了。"我"的辩证法的成功，即其身份认同的决定，是与关于为反思界限命名的想象界中的自我渐近线相关的。

对于"我"来说，自我是非生产性整体的一个形象，在这个整体中，实在界的统一实现了临时的连贯性。

弗洛伊德的唯物主义在"我"与自我的断裂中找到了立足点，正是为了后者的恢复，拉康从一开始就致力于反对美国的唯心主义学家们。因此，在关于主体理论的问题上，过程的逻辑实体研究与直觉的巧合断裂了。

不管"我"怎样强烈地用自我的理想形象来表明自身，这一点绝不会是真实的，即在我的影像中，"我"自身是丧失的。

拉康将在其关于"镜像阶段"的陈述中重申这种确定性，这是相当贴切的。

没有哪个唯物主义者，马拉美、拉康或者列宁，能够在没有镜子隐喻引擎的前提下完成这种事情。

对于我们来说，当政治学意味着制造一个主体之时，最严格的条件要求我们，既不能将其当作实体，也不能将其当作自我意识。作为阶级主体化物质性的政党，必须同其接受了现行机构与意愿形象的自我区分开来。这种想象政治自我两极的魅力，使许多人宣传"政党总是对的"，或者说政党是阶级已实现的目标。

然而，除了根据其在人民之中取得的政治学形式的渐近线以外，政党绝不可能是阶级。如果这种假定说得通，即政党在两大阵营可以被迫追溯的战略部分中反射了阶级的位置，我们就应当立即战略性地考虑到，它更像是在"一系列的虚构"中发现了自身。这是政治路线真正的名称，因为政治学的真理如同其他任何真理，位于挠的结构中。

在没有及时包含一种需要其不断练习非同一性的有倾向的剩余物前提下，政党的进程是绝不会采取与自身或与阶级一致的形式的。这也是为什么政党总是历史性的、充满危机的。

其实存规则与对该规则相关联：挠。

作为渐近线与反思的认知行为，既不构成客体，也不构成自身。

我必须了解的事物进入知识的领域时，仍然保持着对已知事物的未知。

事实上，认识过程并不构成客体的可知性。从认知系统中可以得出，这个或那个就是实在界，我认为这是真的，它不可能在真理过程中被描绘出来。

马克思有句名言：人只会提出他能解决的问题。这句话的含义不言而喻。

只要是作为"人"这种动物存在的话，那么作为问题而降临于他的便不会依附于他。问题化就是实在界如何为真理打个洞，它是适合于解决方案的剩余物，真理的不可溶之盐。在那里，渐近线产生了。

然而，人们能够解决某一问题的事实，在对这个解决方案的追溯中已经得以表明，这个问题是自动产生于人且人完全可以将其解决掉，因而保证了反思的隐喻。

这就是《反杜林论》中著名的矛盾所在：知识是相对的（渐近线），只要知识是绝对的（反思）。知识是残缺不整的，只要知识是至高无上的，尤其是对于"永恒真理"生产来说。

在这个意义层面上，人类思想有多么的至高无上，也就有多么的等而下之；其容纳知识的能力有多么的无限，也就有多么的有限。就其特性、使命、可能性及其最终的历史目标而言，它是至高无上且无限的；就其个体的实现以及在任何特殊时刻的现实性而言，它是等而下之且有限的。

永恒的真理也同样如此。如果人类曾经到达这样一个阶段，其中，他们仅仅只与永恒的真理以及拥有至高无上的合法性，与对真理不设限的所有权的思维结果为伴，那么他们将到达这样一个点，其中，知识世界的无限性在其现实性与其潜在性中被耗尽了，因此著名的被计算的不可数的奇迹就要上演了。

实在界的密码，认识将不可计数之物作为数的剩余物，不可计数的物溢出了数，而只有数才能做精确运算。

在没有及时将后者划分到其运算中的情况下，我们将不知道如何把认知的行为固定于一种简单的轨迹中，而这种运算本身位于剩余物的位置。

知识横跨了两种进程：在实在界中，是关于知识条件的进程；在主体效应中，是关于知识获得的进程。其中，知识具有如下反作用。

如果［主体］想要知晓某些事物，也仅仅只有通过成为由客体所产生的主体才能实现——这不是知识所知晓的，而是知识的想象所知晓的。产生知识的客体也并不是知识的他者。

我将越过这种拉康式的陈述。尽管如此，我将保留自己对某个确定观点的判断力。也就是说，对于拉康而言，知识的客体——剩余物——并不是已知的他者——客体，客体仅仅只是主体的动因。

对于我来说，对剩余物理论的划分仍然只是反思与渐近线的马克思主义式联合。我假定，正是由于它们平等地位于实在界中，因此我必须将未知作为知识的动因项。

将后者作为主体的项使我们处于观念语言学的整体框架中。

因此，我们将把优先权赋予交叉定理。其中，主体并没有出现：已知的在实在界的思维中打了一个结（其中，有充足的反思），而实在界中知识的生成使两个术语彼此相对，在那里，第一个关系的界限作为剩余物的条件（其纯粹的渐近线价值）被决定了。

知识领域的消耗以历史与实在界中的非消耗为前提，作为大"一"来支持它的存在。

回答—斯芬克斯—不必回答来自
主体的要求—为了斯芬克斯

（1977 年 12 月 4 日）

不存在不为人所知的—俄狄浦斯，斯芬克斯，基础—处于为了整数以及毕达哥拉斯而存在的主体位置上的非理性。

1

不！剩余物学说，通过它，反思与渐近线的两个认知隐喻处于紧张的状态，这并不是康德哲学。

我认为并不存在本质上不可知的事物。

这一点必须加上，即在实在界作为问题而显现的无名运动与提供了解决方案的、名为知识的反作用之间发生转向之时，我们以前所不知的就被作为已经为人所知的剩余物所决定了。

俄狄浦斯在十字路口对斯芬克斯的回答并不是偶然的。

然而，如果康德知道如何回答"什么是俄狄浦斯？"这个问题，他就得作为这个问题中的问题（死去的）剩余物而离开：谁是斯芬克斯？谁使俄狄浦斯——这个人——成为康德的麻烦？

我们不要忘了，斯芬克斯实际上是一个阴性的斯芬克斯（Sphinges）。

康德的自在之物更像是一个基座，在其顶部是斯芬克斯。从来没有人会耽搁这个石头即是答案的问题。

然而，我坚持认为斯芬克斯是值得注意的。问题的界限——在那里俄狄浦斯的临时答案似乎对其完美契合——通过一个被迫事件，进入历史之光。

作为问题的一个反思，这个答案切中要害。如果这个反射不是被忽略的实在界中的渐近线，俄狄浦斯就通过将斯芬克斯杀掉，跌入了为所有精确而付出代价的剩余物的无名之辈。

当唯物主义提出了关于"人"的问题时，俄狄浦斯为这个晦涩难懂的问题给出了清晰的解决方案，使斯芬克斯复活了，并将她从提问者变成了问题的主题。

由此剩余物将知识划分了时期，这影响了所有拥有零度指数累积的、线性的进步希望。

不存在不可知的事物，尽管所有的知识都需要位置。

在所有的时代中，真正的知识都是不可能让人知道的，然而知识精确地将未来的反思渐进地固定下来。因此，这种不可能被人所知的知识将被人所知。通过在其领域中新的附加物，知识一直被放置于（反思）可能性的位置。

2

毕达哥拉斯的数学认为，可数的与不可数的数字构成了整数及它们之间的关系。这是关于可能性的一种前提。任何超出这些赋值的都定义了数字的不可能性：不可计数之物。

你们将承认这一点，仅仅将整数及它们之间的关系（逻各斯，后来被称为有理数）作为数字并不是数学内部的一个结果。更确切地说，整个毕达哥拉斯的数学领域都被这个潜在的规策所限定了。精确地说，它不是一个规策而是一个不被人所知的现实运动，通过这个运动，数学的问题、数的问题、整数或者有理数得以产生。

因此，你们会获得这个领域中构成性的剩余物。其中，这个时代的数学知识得以起作用了。根据不可计数的规则，这种剩余物被认为是并不存在的非不可计数的数字。

只要数字得以运转且渐近线考虑到适合它的非存在，那么知识就意味着一种反射。

在这里人们规定，通过问题的答案——反思，这种几何关系内部（到正方形侧边的对角线），既不能用整数也不能用有理数来测量。

对于我们来说，只有这种示范性的事件才显然开启了一种危机。根据演示所遵从的位置律法可以得知：到正方形侧边的对角线定理并不是一个数。

毕竟我的高脚凳不是一个数字，且这个直径为圆的高脚凳的周长也不是一个数字。

如果存在一个危机的话，那也是因为于非不可数中制造出一个数字成为一个难题。这就是毕达哥拉斯在其哲学的想象中想让我们做的，他想要我们全力以赴地从数字中制造出整体的存在。

这个讨论中的认识论寓言在这里起草了著名的拉康"事件"的表格。它简单明了：对于我们而言，象征界被假定为组成整数的不可计数的律法。在这种律法的帮助下，我们拥有了它所取得的数字并将所有数字联合起来了。根据律法的规定，哲学的想象界将世界的整体性描绘成（数学）词汇的准则。它声称："存在即数字"。实在界是一种不可能性，是对非自然数的非不可数的一种抵制。在想象界的匮乏点上，主体向非不可计数之物呈现了可计数性：作为数学家的欲望载体，它计数了不可计数之物，将不可能性合法化了。

就这一点而言，必须强行推行位置的律法，它并没有为这样的一个数规定一个位置。

这是一个关于在领域范围内为剩余物命名的事件，由此其匮乏得以维持。

换句话说，这是一个关于在渐近线的分割中形成反思的事件。

与欧多克索斯一道，古希腊那些研究不可数几何化的数学家们，在其关于比例理论的内部，建立了一种包含无理数的分类组合，它攻克了不可能性的事物，并象征了实在界。

由于溢出了位置，其渐进的剩余物的注入会摧毁之前的反思系统。可计数领域扩大了。一个新的法律体系，打破了旧的限制，它在新基础上，产生了（forçage）数的概念。

这样说并没有错，即在数字的名义下，正方形对角线的关系进入了不可数旧位置的主体位置。

由此你们发现了归位、力、摧毁及溢出。

由此你们发现了正义。正义是根据秩序而对数字理论所进行的革命性重组，在这种秩序下，先前被认为荒谬的知识形式现在可以发挥反思的功能。

你们已经排斥了将渐近线与反思、剩余物与位置以及不可能的实在界与可能的合法性联系在一起的交叉原则。

这是否意味着所有剩下的都从属于反思理论呢？绝不是这样。在这样一个空间中——它承认无理数的存在——依然存在着（例如）方程式 $X^2+1=0$ 不可能的解决方案。（未被命名的）非不可数数字依然作为渐近线的支持而存在，这种支持是为解决其预先规定的可能存在的问题的反作用而产生的。

当 16 世纪意大利的代数学家们提出了虚报（绝佳的命名！对作为大全整体的数字的幻想式的迷恋）以及 $\sqrt{-1}$ 类型的存在之时，他们完成了对无法计数局面的第二次力迫。

通过为主体的不可能性命名，知识的每一个非交叉的结都导致了一场革命。

3

你们会同意这个观点，即 1917 年的十月革命开启了马克思主义历史的新阶段。

这个阶段是由被先前革命——尤其是 1848 年 6 月及 1871 年 3 月的巴黎起义——的失败流传下来的问题的妥善解决（即反射的解决）所定义的。

这个问题可以进行如下表示：无产阶级需要什么样的组织结构真正且永久地打破敌人的国家机器呢？是什么成就了一场胜利的起义呢？

列宁主义政党解决了这个问题。被这种组织形式所规定的可能性领域被称为第三国际。他们几乎无处不在，其政治的阶级组织与业已建立的布尔什维克模型相一致。大"一"反射了布尔什维克主义，普遍地践行了政党的布尔什维克化。

这里是一些成功的例子。中国共产党夺取了权力，朝鲜、南斯拉夫及阿尔巴尼亚的共产党同样夺取了权力。

不久它便出现了。它来自因 19 世纪 60 年代国际共产主义运动中的断裂而进行的列宁主义调查的内部——事实上，列宁主义政党已经差不多等同于资产阶级政党了，它用一种近乎法西斯主义的方式对人民及工人阶级进行镇压。

我们能对这些例子说些什么呢？在没有诉诸剩余物理论的前提下，人们甚至都无法心满意足。他们断言，如同一个右翼的毕达哥拉斯学派简单地将对角线驱向虚无，这些退化的政党并不是列宁主义政党，它们在那个领域中是不存在的。这种保守的立场相当于言说了正统观念不公开的语言。其目的之一是重建业已丧失的列宁主义政党。

然而，如果一个人属于冒失的毕达哥拉斯学派或者布尔什维克党派，那么他相反将提出一个亵渎神明的问题：布尔什维克知识的渐近线是什么？它的剩余物在哪里？

列宁主义政党是被刻入国家与革命矛盾中问题的历史性答案。它涉及胜利的摧毁。当涉及国家与共产主义的矛盾（即关于进程的问题）时，政党会发生什么呢？在那个进程中，国家——阶级——通过一种过渡的效应，不再被摧毁，而是慢慢枯萎？

总的来说，苏联的历史就是对这一观点的证明：列宁主义政党对于向共产主义的过渡任务来说是不可通约的，尽管它对于那些胜利的起义是有效的。

然而，对可部分化必要扩张的约束所证明的一切——如同在欧多克索斯数学中的不可数，在共产主义起义的零星火花中无意发现了政党，这便将列宁主义政党的灭亡事实提上了日程。

当涉及政党中诸如共产主义这样的问题时，列宁主义的领域中没有实际存在的位置。它关注的事业是国家——其敌对的胜利。

由此反过来证明，列宁主义的问题——如斯大林所言——作为这些问题的剩余物而被剩下来了，他们只在执政的时候反思了共产主义的问题。

布尔什维克反思的渐近线仅仅只是共产主义。

是什么使国家与革命的矛盾成为一种必须被破坏且被重组的约束了呢？这种破坏与重组是通过与国家与共产主义的矛盾有关的、对其剩余物的历史命名而实现的。

因此，这是在马克思主义之中的一场革命。

4

如果知识是进程的话，它必须在原则上遵循黑格尔的矩阵，对此我们已经在 1975 年用图表说明了。

我们应当在这个交叉中期望两种将自身分离了的背离及复萌。

唯物主义的异端是什么呢?

机械论单独谈反思隐喻。它想象没有剩余物的充分性。它坚持重复。

动力论者对渐近线采取了同样的做法。他们将剩余物的教条普遍化了,认为所有的都是变迁、倾向性以及近似值。对于这种异教来说,每一个统一的布局都是幻影,甚至是一种"极权主义的"威胁。

表格如下:

动力学唯物主义	辩证唯物主义	机械唯物主义
各种强度的复多 ⟵	交叉 ↙ ↘ • 本原性论点　• 同一性论点 • 渐近线　　　• 反射 • 相关知识　　• 绝对知识 • 余数　　　　• 位置	不可分解 单元的联合 ⟶
左翼分子		右翼分子

右倾主义仅仅只了解位置的规则,它所解决的问题不是问题。

左倾道路是一条逃逸的道路。这种背离是一种新激进主义。它打碎了所有的镜子。

德勒兹属于极左派,而列维-施特劳斯属于极右派。他们将观念语言学当成飘移的唯物主义。一种是符号的组合,另一种是癌症化的分子。

唯物主义总是不得不抵制让其支撑起来的诱惑:它既不是一种原子论的解释,也不是一种流(flux)的解放。

代数学与拓扑学

(1977 年 12 月 19 日)

　　教条主义与经验主义—结合律或元素属于（代数
学）—邻域或包含于所属（拓扑学）—黑格尔，大"一"，
大"一"中的大"一"。

1

　　唯物主义的诺斯替教徒——机械论者——假定了没有剩余物
的充分。对同一性的满足隐匿在重复中，他们很少关心两个过程
的交叉对即将被人所知的课题是否是必要的。

　　他们的逻辑仅仅只是一种精确。从隐喻意义上来说，他们坚
持镜像理论。

　　在政治学上，他们武断地提出："所言说的说明了一切。"

　　值得注意的是，我们需要教条主义者。位于镜中凝结表面原
则的守卫者们，使我们免于将剩余物规律同对位置的遗弃混淆。
他们警告我们注意这样一个事实，即在马克思主义中（从伯恩斯
坦到赫鲁晓夫）或弗洛伊德主义中（从荣格到德意志帝国）的这
种或那种"新颖性"，绝不是力迫一个无法占据的位置——这个位

置阐明了我们问题当下状况，而是走向了其他地方。

事实上，仍然是力迫使它们转变了方向。镜子的保守功能使教条主义者勉强成为一个唯物主义者，由于不知道剩余物使得教条主义者仍然处于位置之中。

唯物主义的信徒们——物力论者——假定了普遍存在的剩余物，即多种强度的复多的存在。他们这些人相信难以解释的倾向。对大他者的满足，在挠中竭力向外伸展，他们并不在乎归位及其规则对任何即将位于（知识）客体位置上的现实是否有必要。

从隐喻意义上来说，他们坚持渐近线理论。他们的逻辑仅仅是一种接近逻辑。在政治学上，他们认为："还有什么比所言说的更重要呢？"

经验主义既枯燥乏味，又毫无用处。躺在那里等着运动，他们使我们免于将对精确反思的需要转变为忘却新奇。经验主义者们警告我们注意这样一个事实，即位置的这种或那种限制（从拉萨尔到斯大林，或者从琼斯到安娜·弗洛伊德）向我们掩盖了任何破裂都能继续前进的、未被占领的位置。

事实上，他们被其党派拒之门外。逃逸的渐近线视角使经验主义者们成为流浪的唯物主义者，研究自然实体的流浪哲学家。对镜像理论的无知使经验主义者们成为世界的镜子。

结果论的唯物主义的这两个侧翼是后者自身分裂的症候，其隐喻的结被经验主义者们解开了。这些在他们自身生活中被中断的保护主义者的话语指出，存在着组成一种唯物主义的两种过程——而不仅仅只是两种问题（同一性与优先性的论点）。

在开启一种新的隐喻过程中，我们认为存在着代数学与拓扑学的倾向。

积极的唯物主义跨越了这两种倾向。

至于主体，主体唯物主义的论断处于这种交叉之中。任何一个主体都影响了一种拓扑代数学的操作。

2

　　首先，如果我从隐喻意义上向数学家们借用词语的话，那么我就不小心将自身置于他们的谴责之中了；其次，如果我放弃将借来的词语闪耀于纯粹自然科学中的话，那么我就不小心将自身置于哲学家的谴责之中了。

　　分裂的解释道路是我自创的。对此可以参考"挠"这一章。我希望我没有使用一些在数学上很不严密的措辞，也没有使用一些数学上所提供的表达。在这里我的目标是用一些新的能指来装饰唯物主义，这些能指持久的严谨将是珍贵的宝石，并将最终的目标转移到其力量之中。

　　精确性被置于马克思主义理发师的剃刀下，数学就是那不变的刀锋，人们用它使那些猪们流血致死，这就是结局。

　　除此之外，作为数学某些特定领域而不是这些领域中客观的名称，代数学与拓扑学都不是科学的名称。它们更愿意作为几何学或几何理论参与到分类的解剖学中，在其中，任何一种学科为了根据一些新选择的片段描述自身而对自身进行了复制。

　　数学家们对"代数学"的称呼是什么呢？让我们大事化小，如数学家们所言。设一个集合——整数中临时的数字——代数进入这个集合元素之间有趣关系的系统研究。最普遍的概念就是关于结合律的概念：人们以一种有秩序的方式将集合中的两个元素与第三个结合在一起——正如人们将两个数字与它们的和或者产品结合在一起。

　　是什么定义了一种代数的类别（一种结构）呢？数学家们保留了代数的关键概念并关注于结合律的限制。例如，结合律 $(a+b)+c=a+(b+c)$，或者作为交换律 $a+b=b+a$。

　　代数的提名练习假定同质性。其中，只要元素被考虑到了，所有的一切就会被考虑到，一旦它们在原始集合中类似的存在被接受了，这种同质性就是它们根据结合律而生成的行为。一个元素不会由其在集合中的位置而被代数化地定义，属于这个集合对这个元素而言便已足够。在某种程度上说，位置是普遍的，而力则是匮乏的。结合律强行将区分加于不可区分之中。对于这样的元素，例如 e，将拥有"中立"的特质，如果"＋"是律法的话，对于任何一个元素 a（包括 e 自身），都有 $a+e=a$。

在先前的表格中，我们可以说代数被登记"在右边"：它排斥所有关于倾向性与渐近线的思想。附属的同质特性、元素的构造、关于合法限制类型有区分的种类：代数的普遍性被限制在结合的唯物主义中。

拓扑学起源于——通过分析的需求——为了抓住运动而对数学保证的需求。它位于那些最初含混概念的起源中。例如位置、近似值、连续统以及差别。其目的（如同代数那样）并不存在于两个有区别且同质的事件，以在某种特定限制下所结合为结局而发生的事情。其目的在于，当一个人调查关于其周围事物都差不多与它相邻且在连续的变化中与其分离的术语位置时，其孤立或者附着的程度会达到怎样一种状态。

如果代数的主要概念是关于结合律，那么拓扑学就建立在邻近概念之上。

技术人员们反对的是什么呢？反对的是一种始于开集定义的有效公理。这个反对并不具备历史的有效性。对于辩证法的解释而言，开集显然充当着其周围每个点邻近的角色。

拓扑学必须在集合的区域中才能运转，并被看作元素邻近的簇（一个点——人们会说——而使得位置极为关键）。它并没有将每个元素与其他的元素联系在一起，而是将周围多样态的结构强加于它。

代数规律在同形的其他元素的基础之上制造了差异。根据其周围他者的复多，拓扑学的排列"制造"了同一性的特征。

总之，元素本身对拓扑学并无益处。有益于拓扑学的是一种异质的学科，它倾向于通过部分的簇来决定一个点，通过位于其周围的事物来决定所应当包含的事物。其目的在于在近似值中制造一条规律。因此，一个术语的存在致力于建立其近似差异的体系。

代数的他异性是有结合性的，拓扑学的同一性是有微分的。

在业已成立的代数或者拓扑学奠基公理中，你们能够迅速发现这些特征。第一个特征将元素之间有生产性关联的限制固定了下来，因此它们是指定的簇、环、物体，等等。第二个特征决定了（子集）簇部分的条件。

拓扑学在先前的表格中是"向左倾"的——在动力学唯物主义这一边，因为它是根据（部分的）多的优先性来思考（基本的）大"一"的。

高等数学面对着同某种特殊代数结构"相容"的拓扑学。

任何一种重要的唯物主义都清晰地表现了一种渐近的（拓扑学）过程以及一种复制的（代数）过程。

3

在黑格尔的《逻辑学》中有一段著名的文字，其中，文章认为大"一"的实在生成保证从量到质的转变。

这恰恰促成了数字的顺势而生。

什么是量？黑格尔这样回答：连续的与非连续的统一（L199）。即对周遭的辩证附着（连续性）与基本的附属（非连续性）。"这种有区别的或者差异的行为是一种未被打断的连续性。"（L188）代数与拓扑学是联系在一起的。

因此，从（大写的）"一"的纯粹概念开始，黑格尔试图建立不同种类的唯物主义。也就是说，将唯物主义建立在诸如被安置好的元素基础之上。

这种方法对于我们来说大有裨益。为什么这么说呢？因为在政治学中，人们试图完成的恒久不变的任务便是在（大写的）"一"概念的基础上推断出位置的唯物主义前景。阶级的统一、人民的统一：这些就是唯物主义分析的参阅点，它在离静止最遥远的地方，规定了政治人士在既定条件下需要完成的任务。

在敌对行动中，是什么将暴动中的社会力量统一起来了呢？又是什么将这个首要的统一与全部政治进程中的大"一"合并起来了呢？毫不夸张地说，在那里存在着激进介入的主要动力。

因此，正是通过大"一"，唯物主义的行动主体必须维持自身。

这种需求的资本主义版本在今天给了我们打击，由此它在唯心主义的服从幻想中短路了，并在"左"的联合中找到了它的象征意义。

阻挠了人民对议会位置的代数运算，从连续行动的拓扑学道路中假定了统一性的存在。

黑格尔引入了两个中介运算，以便根据（大写的）"一"实现代数的离散性与拓扑学的连贯性。排斥，通过它，大"一"以区别于大"一"之多；吸引，通过它，大"一"自身与多合并了。

所有的这一切都相当明智。排斥从分割中抽取了其象征意义，并将其作为大"一"的本质。这种"'一'的分化首先进入许多事物，然后，由于它们的即时性，进入他者。"（L173）我们也根据大"一"的"分化"而接近了它。对于社会实在来说，起义与意识的形成是我们的向导，社会现实可以在对其先前链接的解锁中被读取出来。在那里，大"一"在原子化及倦于生活的、除了"生成许多'一'"之外什么也不是的整体内部，作为一种创新的规矩而生效了。（L167）

在这种消极的代数中，有排斥力的大"一"，起义——或相悖中出现的首个大"一"——仅仅在其有吸引力矛盾的美德中才能显现出来。如果其直接的一面便是同质复多内部的异议——关于这种'一'的复多，黑格尔英明地断言，在通过这种"一"所草拟的位置中，"一"仅仅成为"一"（L167），它的行动目的在于通过一种有吸引力的统一使整个领域极化，正如在一个局部的大众起义中，如果起义带来了一种新联合的特征，扰乱了关于在一个革新的连续性拓扑学方向中的代数同质性的话。

在阶级斗争中，这个过程被称为形成一个阵营。

因此，这种有排斥力的大"一"的本质就在于从斥力中将自身区分出来，将它自身充满吸引力地净化以便能够前进，这种前进始于离差的理念，即实现了多的联合的实在界。

通过这种方式，结构为无产阶级政治学过程的新的大众阵营，不再作为"一"的多中的大"一"而被代数地决定了。我们可以这样说，这就是投票站中选举人的状况，作为异质于平等复多中的大"一"而拓扑学式地将自身决定了。

这就是黑格尔接下来所关注的："因此练习了吸引力的大'一'，当它从复多开始向自身返回时，将其自身决定为大'一'；它不是作为复多中的大'一'，而是作为大'一'中的大'一'而存在。"（L174，翻译修改）"大'一'中的大'一'（das eine Eins：拓扑学的!）"近似表达。

大"一"中的大"一"是这样一种大"一"，它在排斥——吸引律法下作为主体而出现，在一种代数的限制——这使得它成为大"一"中的大"一"，以及一种拓扑学的、有吸引力的、凝结的连续性——这也使得它成为大"一"中的大"一"，之间的交叉点上建立了自身。

因此，在其分割的但有时是暴发性的社会存在中，阶级就是大"一"，从中它遵循大"一"中的大"一"以及政党原则，这使得它可以作为政治学而生成。

关于政党的问题仍然是有吸引力的，因为吸引力正是"大'一'中的大'一'"（L174，翻译修改）。

贸易联合主义本质上是一种有排斥力的形式，其组织结构复制了资本主义的生产部门形式，其中，大"一"不仅仅是大"一"。它的统治者是代数。

无产阶级的政治学是排斥—吸引运动的体系，通过它，大"一"变成大"一"中的大"一"。

在这个意义层面上，它遵循了黑格尔的如下规定，即其类比原则的最终点必须同时包含吸引力效应的连续性，以及排斥力效应的非一致性。

确实，如果有吸引力的整体——一个阵营的大众连续性——得以蔓延，调解这种传播所需要的就是可操作的敌对排斥，即阶级斗争。通过它，连续的大"一"中的大"一"在其对立力量不一致的体系中作为大"一"反过来区分了自身：

> 因此，在连续性中，量级迅速拥有了不一致的时刻——排斥，现在作为数量中的一个时刻。连续性即同一性，然而在大写的"多"（Many）中，它并没有被排斥，是排斥力将同一性扩展为连续性。因此就非连续性而言，它是一种接合的非连续性，在那里，"一"并不是通过空、消极，而是通过它们自身的连续性连接在一起的，且它们并没有在小写的"多"（many）中打断这种同一性。因此，排斥的差异仅仅作为可微性而存在着。（L187，翻译修改）

尽管在本质上是肯定的，吸引力在自身的"微分化"中坚持了自身，它开始前行，其存在在"一"的复多的位置上，仍然服从于准时存在的律法。

任何一个物质的主体，不管是为了大"一"中的大"一"而存在的大"一"，还是根据大"一"而存在的大"一"中的大"一"，都清晰表现了代数的位置以及拓扑学的创新。

邻　近

（1978 年 2 月 6 日）

属于与包含于—康托尔定理以及历史永不枯竭论—合适名称的相对缺乏—唯物主义与集合论—可理解的辩证法中的邻近定理—个人崇拜中的数元。

1

让我们从一段摘要重新开始。

显然，人们可以说代数是唯物主义中可计算的隐喻。其中，在其差异与其结合的容量中，在诸如此类明确规则的效应之下，它与实在界的关系，起源于了解诸如此类的术语程序上的可能性。

拓扑学"成群地"获取事物。它隐喻地将唯物主义中功能性的事物翻译了过来，只要它是邻近，是直属的簇及具体的变化，这些都构成了它的邻近范围。

与整数的两种不同关系：代数在属于它个数的支持，以及由此它们与其他个数相关联的规则下开发了自身。拓扑学这是在各种类型的子集支持下开采了自身，在这些子集中，每个个数都在整数中占据了一个位点。

对于整体而言，代数的唯物主义术语是独立的。它与集合唯一的关系在于单数的属于，$e \in E$。拓扑学唯物主义的术语，在其整体内部在场的局部形态中被理解了，这是通过围绕在其周围的部分族群的调解实现的。因此，详细说明的便是它追随整体的特殊方式。事实上，其元素中的某一个是一个必要但不充分的需求。人们致力于知晓它是从何处直属于它的，以何种方式、在何种地理中、以何种集体地貌呈现的。

代数是一种属于逻辑，而拓扑学则是一种包含于逻辑。

思考一下属于一个政党成员与包含于一个政党之间的区别。

记录——并拥有卡片——属于代数；将卡片联合起来属于拓扑学。

2

希尔伯特曾经说过，数学家们永远不会将自己从康托尔为他们开启的天堂中驱逐出去。

希尔伯特可能是最后一个组成第二个概念的黄金时代中从属于写作伟大的主观大师了（第一个是古希腊人）。与前者一样，这个时代持续了三个世纪，而在这个时间跨度中间，高斯获得了其所有的威望。在这里，你们拥有关于期望与统治无可比拟的形象系列，其中，即使是以兰波形式出现的、令人费解的青春期也没有缺席——因为埃瓦里斯特·伽罗瓦（Evariste Galois）代表了这样的形象。

集合理论天堂般的一面由康托尔以威猛突袭的方式创造出来了，它存在于这样一个事实之中，即它为诸如普遍性权力之类的事物提供了一种统一的语言，且在对比中，古代的数学符号客体必须作为人工制品而显现。

对此人们并不会惊讶，即在一个活跃的神学家的隐居中，在建立无限多可计算特性的过程中，康托尔也渐渐处于崩溃的边缘。

据我所知，一切事物都可以在集合专有的名称之下，及属于逻辑的内部被规定的观点，与对大"一"名称存在的唯物主义认知是一样的。在这里，为了存在而产生的材料被当作普遍的能指，就如同为了数学而产生的集合。除此以外，与集合一样，物质仅仅接受一种被公理所统治的内含定义，不管这种定义是潜在的还是业已形成的。

结果就是，集合与物料从属于限制任何主人能指用法的限定原则，也就是说，它不会涉及整体。所有集合中的一个集合是非连续的观点众所周知。同样，不可缺少的物质总体性的概念仅仅只是唯物主义的多孔性幻想返回唯心主义的沮丧而已。

集合理论的数学与真正的唯物主义一样，所有的整体都是特殊的。属于整体的事物需要并不属于整体的他者的位置。

由此，人们可以在其他令人欣赏的模式中总结出一些东西，例如，作为政治事件真实总体性的普遍历史，是一个非连续性的概念，存在着一种不可避免的历史离散。这是作为历史科学的马克思主义定义无意义的原因之一——因为历史并不是一个客体。

"具体问题具体分析"是活跃的马克思主义的列宁主义的名言，它具有这样一种美德，即将指示物去总体化，且指出没有哪一种马克思主义是处于任何一种总体性的调查情境之中的。

当人们冒着风险列举出"当今世界的几大矛盾"之时（几大矛盾：无产阶级与资产阶级之间的矛盾；帝国主义与被统治的人民之间的矛盾；帝国主义自身之间的矛盾；社会主义国家与帝国主义国家之间的矛盾），很显然，这种正式的组织机构并没有让自身参与对一系列历史整体感知的统一。而且，除了绘制出过程的类型之外，这种正式的组织机构别无其他功效，这种过程的局部重叠设置了关于围绕在它周围的一种情形。

因此，这四种基本矛盾的代数为具体情形中的拓扑学作了准备。除此之外，由此被归入在内的术语没有一个拥有任何的历史存在。这些是位置同质性的纯粹概念：帝国主义至少是双重的（古典帝国主义，站在美国的一边；社会帝国主义，站在苏联的一边），世界无产阶级只以被统治的人民的形式存在，等等。

为了所有集合中集合的非连续性证明的结构，为了绝对的多，而在代数与拓扑学的结合处运转起来了。

其主要目的在于，我们不能将诸子集的集合与所有元素的集合一一对应起来，诸子集的集合必然大于所有元素的集合。

设全集为 U，即所有元素的集合，你一定认为 U 不是绝对的大，因为 U 必须小于诸子集的集合。

辩证唯物主义的奇特之处，就在于康托尔所提出的对角线推理原则，通过这个原则，失去根基的东西却拥有溢出的价值！

以关联函数为例，对整体（想象的）全集 U 中的每个子集 P 来说，它们都与这个全集 U 中的每一个元素 u 是一致的。通过这种方式，两个不同的部分拥有了两个不同的关联元素。我告诉你们，在关联函数中失去一部分子集。

为了明白这一点，我们需要区分含元素的子集和不含元素的子集。

我们可以说，我们要在名称上区分出全集的所有子集和该全集的所有元素。这就是其子集的名称的属性，该属性内在于全集 U 的资源，在这里是不可能的。

我们把其名称在其子集之内的子集叫作"自名"（autonyme）集，若其名称不属于该子集，叫"异名"（hétéronyme）集。

我们来研究一下所有关联结合——有名称的集合——给这些子集的命名，但名称不属于该子集，即所有异名集的名称。由于全集 U 的所有元素的集合毫无疑问是 U 的一个子集，所以该子集有一个明确的名称。事实上，有一个名称是全集。

这个子集是自名集吗？不是，因为按照定义，它只包含异名子集，所以，它没有自己的名称，让其成为一个自名集。这个子集是异名集吗？根据定义，异名集的所有名称都属于它。若是异名集，它将包含自己的名称，那么，它就会不得不成为自名集！

我们必须认为，该子集既不是自名集，也不是异名集，它既没有命名，也不可能命名。它自己溢出了所谓的关联函数。

我们触及这样一个问题，即全集 U 的诸子集与全集 U 的元素之间不可能是一一对应的。诸子集的集合超越了作为其根源的原集合。在子集上，全集 U 的潜在性在数量上大于 U 本身。

原集合会引入一个比自己大的集合。

我研究了这个计算过程，顺便说一下，这个计算过程驳斥了很多人认为在诸个体的值和各种集体的值之间是等价的观点。各种集体的资源必然会远远超越个体所在的结构集合的类型。

全集 U 的元素与 U 的诸子集之间不可能一一对应，这个观点代表了实在界的什么？U 没有能力来命名它所有子集。至少可以说，你不能用一个名称（专用名词）来命名两个不同的子集。

若全集是封闭的、总体的，那么有某种东西在严格意义上难以分辨，因为在你所在的全集中，没有足够的名称来分辨各个子集，或者说，要分辨所有子集，全集必然不是封闭的整体，会存在着溢出，由于溢出，你才能在总体之外给出命名。

全集所包含的东西，比全集利用自身的资源能够命名的东西，要多得多。

这就出现了非实存（inexistence）。

如果无产阶级是实存的，它必然是不寻常的，在一个封闭的国家里，无产阶级是无法命名的实存。按照当时的法律，找不到他们的名称。他们不具有公民地位，这恰恰是他们的政治地位。这代表着共产主义是一个非国家、非整体的实存。

3

由于拓扑学通过代数与子集的簇以及元素的结合而得以前进，我们可以这样表述全集 U 的不可能性：拓扑学相对于代数学的溢出。在这里，一旦一个集合被固定下来，你们将拥有两种类型的集合。一种是根据属于原则用 $e \in E$ 来定义的，另一种是根据包含于原则用 $P \subset E$ 来定义的。

"包含"在这里应当被仔细地留意，它并没有破坏集合论语言的统一性。什么是部分？部分是这样一个子集，其所有的元素同时都属于那个最开始固定的集合。从定义上讲，$P \subset E$ 意味着 $e \in P \to e \in E$。然而，部分的实质在原始的集合中溢出了。"在之中"的含义存在着一个分裂。子集，如同元素，"在" E 中。从另一层意义上来说，部分超越了 E——尽管是元素组成了它。

从抽象一般性来看，就不要对你们关于欲望个体"微观革命"的信念抱什么期望。这些革命只是在原地踏步。没有个体超越时代及其局限性，除了通过部分的调解之外——通过党来调解。

我将通过以下的表格来对此进行概括：

唯物主义的主题	数学的类比
（物质）存在的统一	语言的统一（集合，关系 $\in$）
去总体化的原则： 既不是全集，也不是历史	去总体化的原则： 不存在所有集合的集合
反思—绝对的知识	$e \in E$（属于关系）
渐进线—相对的知识	$P \subset E$（包含于关系）
集体是一种优于在其中的个体 被放置的结构框架的力量	集合的诸子集的集合大于原集合

续表

唯物主义的主题		数学的类比	
拓扑学的观点	代数的观点	拓扑学	代数
成为一个过程	元素与过程的结果	子集的簇	元素之间的结合律
力的溢出	情势	（邻近）	代数的结构
	位置	拓扑学的结构	（规律）
		（空间）	

在集合及其子集的集合的辩证法之间，谁不会发现我以上所说的比喻是关于唯物主义知识的分裂呢？由诸项组成的代数学涉及反思，即概念与实在界的基本关联。由于命名的完全性，已知的东西是绝对的。我们涉及一个溢出子集的集合，该集合是相对的、渐进的，它成为理解整体的障碍。

4

邻近的数学问题在于在集合的元素（它是代数唯物主义的属于关系）与元素被定位的其周围的包含于关系（它是拓扑学唯物主义的基础）之间建立了一个关联。

让我们来践行一下关于统治的这个观点在用法上的四个公理的注释。

公理 1：每个点的邻近都包含这个点。

也就是说，每个靠近你的集合都包括你。在这里我们拥有包含于原则的一个基本样式：在拓扑学思考中，外部事物并不存在邻近。这种唯物主义是一种广域运算，在那里，由于其是一个子集，单数被靠近了。元素是一系列集体的逃逸点。除了多的包含于关系以外，个体再无其他名称。相反，作为分离的唯物主义，代数将单数外部的连接安排到单数之中。

公理2：任何一个包含了点的邻近的子集本身就是这个点的邻近。

此即拓扑学思考的延伸价值。一个不如其他邻近精确的邻近仍然是一个邻近。只能被"更近的"测量"更远的"邻近，这就勾勒出了局部的扩张运动。通过曾经不明确的近似值，元素有意地触碰了整体，这是有限的邻域，这个邻域的任何一个点都拥有一个邻近。公理就是那个颠倒的渐近线：要抓住元素就需要关注其不同视域的运动，这给其距离的轨迹施加了影响。

在对具体情况进行分析之时，我们有一个双重运动。在代数框架、可区分的原则以及规律联系的牢固基础之上的，是寻找最紧密的邻域、最密切的集体，总之，就是要寻找与身体相吻合的集体。为了能这样做，我们必须采取扩张的行动，并承认更大的环境让局部辩证化了。

拓扑学的这种扩张——收敛律赋予了一般与特殊这对经典组合以积极意义。这些固定种类的真理即代数的真理。它们真正的作用在于，将拓扑学最远与最近的附属包含都延长了。

公理3：两个邻近的交叉也是这个点的邻近。

在那里，你们拥有一种渐近线的工具来使得近似值更加完善。如果你们是两个过程的一部分，你们也是它们交叉的一部分，这个部分来自它们所共有的位置。工人阶级可能是首个工厂起义的邻域——已经非常巨大了。因此，根据公理2，你们将获得更广阔的邻域，直属于无产阶级革命与帝国主义一般过程中的矛盾的阶级。这两个邻域的交叉只不过是内在于"起义"术语的国际主义的形式而已。"两个邻域的交叉"将法国人同其移民统一起来了吗？还是说，它其实是沙文主义的？它向法国共产党确认"仅由法国制造"了吗？它是一种位于国际起义与工人起义交叉之中的新邻域，需要一种特殊的拓扑学视角。

显然，在政治的拓扑学中，你们拥有其他的系列。工人尽管发动了起义，却在其受欢迎的周围（支持，女人们的行为，等等）导向了一种逻辑。它是一种扩张（公理 2），也是一种交集。由此，原则即领导者们假设工人是人民的附属吗？他们是被锁在工厂中的强调工人利益的人吗？他们对政党类型有什么建议吗？对工人们在人民政治学中的内在性，制定出了什么清晰的原则吗？

你们或许还会问：占统治地位的历史记忆浸透了领导者们吗？这是一种暂时的扩张-收缩吗？领导者们是按照 1936 年 6 月的梦想来行动的吗？是 1968 年"五月风暴"的回声吗？是一种隔绝的意义，还是开始的意义？

当然，这些问题是以马克思主义代数学的连续性为基础的？它们被安排到阶级、人民、帝国主义、意识形态历史的强大时刻等的元素结构之中。

在分析学马克思主义概念合法性的内部，对情势的具体分析贯穿了集体的包含关系，它们的"包含"即交集。政治的主体被发现了或者没有被发现——在这些关于映射与渐近线的唯物主义交集中。

公理 4：被赋予一个点的邻域，便存在着这个点的副邻域，以至于第一个邻域（"较大的"那个）是第二个邻域（"较小的"那个）中每个点的邻域。

这个公理从数学上解释了渐近线的思想，由此，跟一个点相近的事物与所有跟这个点相近的事物邻近。邻域的种类对邻近的近邻都是公平相待的。

这又是一个探索集体包含关系的问题，即具体化相对于项的奇点的溢出。这个公理宣称：如果唯物主义决定了一个点近似的环境，那么人们就知道，这个环境同时也将是其他几个点的环境。这一系列点的集合自身组成第一个点更紧密的环境，不仅如此（公理 1），它自身也存在于它们之中。

人们看到，拓扑学如何在本质反辨识（désidentifiante）。在拓扑学中，项、点、个体都被反辨识了。由于位的规定，位的包含关系对于他者及其归属的集体来说，必然总是真实的。

任何一种拓扑学的谓项都是复数的，拓扑学的命名是常见的，这便将代数合适的名称辩证化了。

主体的唯物主义宿命，使得它不得不在其常用名称的近似值中颠覆其通用名称。

或者说，主体的唯物主义不得不在其专用名称的代数归纳中识别出其通用名称。

在唯物主义中，这是人们反思个人崇拜的力量和错误的根据，而个人崇拜实际上是对名称的崇拜。

包含关系的拓扑学是造成主体（党）反辨识焦虑的原因，由于恐怖的名称代数学的回归，包含关系被排除了。

连续，动因之后实在界的第二个名称

（1978 年 2 月 20 日）

19 世纪 60 年代及以后的精神分析与马克思主义—斯
大林主义者？—实在界中的两种概念—大众，阶级，国
家，政党：链条与结—公社的双重实在—弱连续与强连
续—"这里就是罗陀斯，就在这里跳跃吧！"

1

主体代数化的极端形式可以首先在拉康的著作中找到，例如，
"最开始，主体性与实在界并无关联，而是与能指符号所产生的句
法有关联。"（E38/50）

与实在界的"无关联"属于算法规则，是一种用倾斜的方法
来挽救在其主体的害群之马晦涩难解的神秘之中的唯物主义。如
果你们决定了开始于其结构的过程，至少你们就获取了结构唯物
主义。你们避免了通过主体来对实在界进行建构，你们使得意识
数据的现象学"短路"了。

然而，句法等于材料吗？那个时候（1955 年），人们在还没有
知晓它的情况下便对此深信不疑了。我们对此还不是很确定。十

年以后，马克思主义被考虑到了，在阿尔都塞关于阶级是一个起源于对过度决定的社会整体性的不同立场进行阐述的无主体论断中，思考的句法才得以保留下来。因此，在将唯物主义的焦虑扔回其能指题词的组合与其作为匮乏的主要公理、观念语言学之间，存在着一种不可判定性。

拉康杰出的贡献在于预期（十年以后的事情），甚至对其预期的未来进行了预期。

他（拉康）从来不会将能指链的算法规则与术语单调的组合混淆，他的代数因此能够最有效地成为自身的边界。较之于规则，拉康更感兴趣的是规则所生效的非法的、偶然的规定原则。当其他的人都认为主体效应必须被归入垂死的人本主义的意识形态博物馆之中时，拉康却对此保持冷静。

当中国共产党在意识形态上与苏联分道扬镳之后，他们采取了以下三个原则：

——恢复了严格科学与概念上的马克思列宁主义。在这个意义上它们是代数的、反对乏味的拓扑学的，这种拓扑学是关于和平共存、互相渗透、"无边界的实在论"以及大杂烩般的共产主义的。

——维持在国际解放战争形象中依旧活跃的革命主题（因此，它是算术的，而不是一个不变的组合）。从这个意义上来说，在所有发挥作用的压缩点（一个限制点）的符号之下，他们（中国的一些人）将代数世界范围内的矛盾推向了拓扑学的边缘。

——永远不要放弃作为普遍政治主体的无产阶级。

因此，他们（中国的一些人）证明了马克思主义科学性的潮流——世界范围内列宁主义的正统，反对克里姆林宫修正主义的运动——超越了其自身。正如拉康，在返回弗洛伊德以及反对美国经验主义者的旗帜下，他们将反人道主义以及结构主义者主张的去主体化的一般主体颠倒了，一路朝向其逆转并进入一种分析的理论。其中，正是在实在界中，主体在失去其形象与律法过程的痛苦冒险中揭示了自身。

某一天，将拉康贴上另一个斯大林标签也无关紧要了。从今天所坚持的事物来说，一个斯大林主义者就是那些在教义或伦理学主要观点中力求不放弃的人。

即使这样，你们所知道的是拉康而不是斯大林主义者，根据这样一个事实，即他是共产主义"动乱"中的佛陀（另外一些人则是色彩浓烈的乐队的社会主义指挥官），而首先是根据其以下的文本，在其他事物中，在以上所提到的代数金属返回其运算法则，在拓扑学者的火炉中熔化了。

你们知道皮亚诺是怎样通过定理将数字系列阐释清楚的。他将后续的 $n+1$ 作为建构整数的救援——尽管这样，他在数字的开端假定它不会是任何其他数字的后续，他将这个数字命名为零。这些公理所制造的一切都与算术要求一致，因此也将与整数的系列一致。

而结点就是另外一回事了。的确，在这里，"加一"的功能是被规定的。将"加一"省略掉，便不存在一个系列了——仅仅来自其他事物中的"一"的部分，其他的被解放了，每一个都作为"一"。通过这样一种重要的方式，你可以理解大"一"不是一个数字，尽管数字的系列是由"一"组成的。

必须承认这样一点，即在这样一系列的数字中，存在着这样一种连续性，以至于人们很难不把它（这种连续性）认为是实在界的组成要素。对于我们来说，任何向实在界的靠近都会编织出数字。然而这种存在于数字之中的连续性起源于何处呢？它根本就不是自然的，正是它使得我能够靠近实在界的范畴，只要它与我亦倾向将其连续性的想象界与象征界相连接。

如果我能在结中发现某些功劳的话，那也是因为在我最初命名为象征界、想象界以及实在界的三界中，它是关于连续性的问题。我正是因此创造了波罗米安结，着眼于使我的实践价值得到充分发挥。

将连续性区别看待是从来没有做过的事。我将它（连续性）区别看待，这就是我给你们说明的方式——弦（corde）[1]。

我们在这里说明了拓扑学介入。正如所预期的那样，它（拓扑学的介入）从大"一"中产生。

马拉美式的实在界从属于消失的客体，它（马拉美式实在界）是欲望的起因——或者是文本的起因——在这里是零，从中它推导出连续的存在。

拉康曾经很明白地说："结是另外的事物。"我们可以这样理解：拓扑学与代数是不同的。

关于波罗米安结，我们在这里只需了解其基本的特征：三个环是互相连接在一起的，且每个环都与另外两个环系在一起，对任何一个环的切割将把所有的连接破坏掉并使整体散开。

例如，如果你拥有如下图示：

你会发现环2组成了链条之一。只有将中间项2（"最弱的连接"）切断之时，才是将整体散开的链条。如果你将环3切断，那么环1与环2的连接仍然存在；如果你将环1切断，那么环2与环3的连接仍然存在。

相反，如果你拥有以下任何一个图示（它们是一样的！），对三个环中的任何一个环的切断将使整体散开：

---

① 译注：弦（corde）是数字的弦论，不是"绳索"。

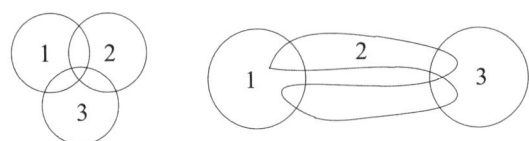

波罗米安结中的大 "一" 是影响了整体的一种连续性，它是包含关系的大 "一"，项的集体属性。在那里，链条的大 "一" 规定了具有分离功能的连接。

是什么使得结成为 "其他的某物"？这是因为大 "一" 并不拥有与在代数序列中同样的分配。为了通过加法来重复自身，数字中的大 "一" 通过零得以维持。结中的大 "一" 使得系列中的项结合在一起。

在这种情形中，相同数迭代的算法原则，序列的代数连续；在另一种情形中，部分连贯的拓扑学原则，多结的互相依赖。

> 因此，我们必须继续向前至拉康理论，在拉康看来，大 "一" 有两种适合它的分割，实在界中存在着两种概念：消失的实在界，它处于主体代数项的情势之中；结的实在界，它处于为了其拓扑学而产生的连续的情势之中。

从作为原因的实在界到作为连续的实在界，人们可以发现一种整体唯物主义的轨迹。一旦数字的连续在消失项的后果中产生了，我们就必须知晓是什么使得所有的数字结合在一起。

一旦我们理解了这一点，即在零所标记的因果关系中，"一" 超越了其他，且它们都属于数字的领域，我们就必须知道哪一个是数字中的大 "一"，即 "连续" 包含于其中的包含关系。

不可数定理的代数连接并不能关乎其身，这奠定了一般维持的连续。

连接存在了，然后便有了结的存在。

因此，在主体理论的空间中，拉康上升到了唯物主义最高级问题的挑战层面，正确地根据代数与拓扑学将其与自身的分割系在一起了。

由于实在界不得不在个体的名义下，支持同时成为作为客体的项与作为第三术语连续的事实，它（实在界）来到了其被规定的位置中：对于任何一种辩证的过程，它都必须保证存在着"二"中的"一"，且由此产生了"三"。

具有摧毁性的反证是足够清晰的。如果作为原因的实在界坍塌了，如果匮乏来到了匮乏之中，你们便拥有了对实在界太多的焦虑，这不再有任何意义；如果作为连续的实在界坍塌了，如果波罗米安结被砍断了，你们便拥有了对实在界太少的离差，这就将律法解缆了，因此是恐怖的，而想象界也膨胀到其普遍外表狂热的程度。

我们都是马克思主义者，我希望我们将"群众"看作实在界的历史名称。我已经有了这样一个机会来说明，通过"群众"我们将永远不会理解一种物质。那么我们能够理解什么呢？一种在冲突中奋力抗争的历史的切割。

一般来说，群众既不是思想也不可思。"存在"的群众是历史实在界中的消失模型。可以通过这样一个事实来理解，即在国家的装甲中——用列宁的话来说，一种"革命的情形"中——存在着某种不足、某种裂缝。

然而，我们也必须意识到这一点，即群众是政治连续的唯一原则。国家——作为业已建立的政治代数的集中保证，阶级——作为社会认同以及诸如想象界的分配点（在其国家形式中的阶级观点，社会自我的纯概念形式）：所有这一切，仅仅只在普遍大众活动强大的规则内部才会结合在一起。除了群众的许可（不管是通过暴力手段还是通过和平方式获得），国家不能够从任何事物中保证自身。至于作为分配原则的阶级，作为想象界中的不一致，他们直接的主体物质是巨大的。

因此，群众是将国家与阶级联系起来的实在界；他们是连续的保证，如果解开了，将使国家恢复至其装置封闭的存在中，使阶级恢复至其历史的想象中。

唯物主义确实肯定了"群众创造了历史"这一事实，它这样说是根据代数——作为消失的革命项，且/或者根据拓扑学——作为政治位置普遍的连续性：国家、阶级以及群众自身的波罗米安结。

至于政治的主体，它将系住结的事物组成了国家、阶级以及群众，在雕刻于政党内部的形象中，它将其时机从革命的现实中拉回来了，将其"连续"从群众中的连接中拉回来了，将其目的从国家中拉回来了。

让我们拭目以待的是，这种连接是怎样将其序列从主体的连续中抽取出来的。这种在群众中的连续，被国家之上的阶级观点的阐释给阻挠了。

政治学只不过是这种阐释的主体效应，因此必定存在着对（群众）实在界概念的分割。

抓住这个时机也为革命的代数天赋作出了定义。这是一个关于不要错过作为实在界消失的能指的事件。然而，高举连续的原则定义了共产主义者的拓扑学天赋。这是一个编织绳索的事件，由此国家可以得到解放，只要将其与阶级政（无产阶级专政）联结在一起的结在群众的调解下变成波罗米安结即可。

当毛泽东说"你们要关心国家大事"时，他是一个时代的开创者。

我们可以这样说，同时既是革命的又是共产主义的，这种主体于现实的挣扎中，在不朽国家的交替立场以及被移交至暴动的阶级的过程中消失了。

这些偏好并没有为了代数的利益将实在界进行分割，在一个绝对是想象的无产阶级的阶级名义下，它们定义了一种特殊历史实体的面貌，以及国家与群众的反共产主义融合。这个实体有一个名称：新兴的资产阶级。它产生于政党自身。

为了成为新兴资产阶级中的一员，人们必须放弃在其政治学中的共产主义愿望。到目前为止，这是可以做的最简单的一件事情。

在这些情形下，如果我们说在连续的困境中，勺子依然能够站立，那么国家单单向我们承诺了一种我们很少提及的连续。

目标丧失了，失去的也丧失了。

2

在没有连接的情形下，思考的大"二"中的大"一"将是一种表面现象。显然，这需要拓扑学中的后果。

拓扑学是这样一种唯物主义论点，在那里辩证法支持它的分割。"在弦之环的基础上，一种分裂发生了，因为两种连续的交叉阻止了第三种连续。看起来这种楔入似乎可以组成一种最原始的拓扑学现象。"（SXX，119/131-2）

楔入、交叉：我们已经发现这些术语是知识进程中的唯物主义构成。实在界，除了作为一个消失的因果关系的客体特征之外，在连续中作为业已停止的两个过程的交叉显露了出来。

这显示了实在界作为代数与拓扑学、原因与连续统一的程度。

它（实在界）是客观的，然而不仅仅如此。

在何种意义上我们说巴黎公社革命是真实的？当然不是由于它已经发生了，这只不过是它现实性的标志而已。

首先，它（巴黎公社革命）的真实性在于，它冲破了国家的框架体系，甚至冲破了国家马克思主义的理论体系。通过让这个理论中不可能的论点生效，它揭示了其在实在界中的地位，以致在逻辑上反对暴动的马克思也只能在消失的巴黎大众中与它相遇。

在那里，他（马克思）仍然忠诚的职责完全拥护它在理论上所反对的观点，让他能够在他实际赞成的观点中发现新的具有反作用的概念。

其次，它（巴黎公社革命）的真实性在于，公社进入一种持续很久的无产阶级的政治学的连续性。重点是当来自十月革命的力量超越了 1871 年贫穷的巴黎国家的持续之时，列宁被带入雪中翩翩起舞。

由此我们经过了代数的严密性，通过它唯物主义的领域将自身向知识以及拓扑学的附属开放了，这将冲突的再现充满了回忆与邻域。

对于我们所有人来说，巴黎公社是其所阐释的革命断裂的反射，尽管我们朝向其共产主义事业的渐近线是和谐一致的。

由于业已消失，所以它存在着。同样是这个带着其业已消失的精密度的客体，这个在佩雷·拉雪兹神父公墓中被纪念的客体，作为一个永不枯竭的、与我们的行动最接近的概念，与现时共存。

正是对存在的双重模式的编织组成了巴黎公社的唯物主义现实。

显然这需要当前政治主体的存在。

3

拉康已经将实在界的辩证法向前推进得如此之远了吗？

在这里，我们位于一种合法的、可命名的分歧附近。为什么这样说呢？因为拉康式的连续概念过于严格。由于未能抗争且将代数与拓扑学清晰地连接起来，拉康将自身置于仅仅将连续看作是代数的一种特质的风险中。

那些政治中的人物会在人民群众中发现，过去的起义根本没有因果关系，起义造反就是阶级国家的一个属性。

从自身的需求来说，拉康不是非得将问题推到这样一个层面，即在形式体系化的层面，让它自身作为象征界中连续的同质性被辨认出来：

> 数学语言的本质，一旦在关于其纯粹演绎的需求中被完全隔绝了，就成为在那里被提出的一切事物——而不是在作为对信件特殊处理的口头评述中——假设其中有一封信没有经受住检验，那么其他所有的信件，由于其组织安排，不仅没有任何可信度，而且如一盘散沙般分散了。正是在这个意义层面上，波罗米安结是这样一个事实的最好隐喻，即我们仅在大"一"的基础上前进。（SXX，116/128）

那些在波罗米安结图像中没能看到连续的人，在这里都危险地接近成为与存在主义互相依存的一个简单原则。

这并不是偶然的。恩格斯与斯大林错误地使这种原则成为辩证唯物主义的关键。

大"一"的单方面参考标准，如果没有在黑格尔哲学中反对大"一"中的"一"，将使得适合拓扑学的事物消失，也就是说，它在附属、部分、邻域、复多中的根将消失。

如果说不存在大"一"，一切事物都分崩离析，那就需要从动因引出连续性。

代数的本源拥有使拓扑学的领域处于代数位置唯一连续的效力。

为了便于区分，在这里我假设存在两种连续的概念。

弱连续在结构的连贯中被解决了。它仅仅使得一个结成为一个链条。

拉康在实在界中的所有轨迹都臣服于对绳、对一系列的结点以及波罗米安结的研究。

强连续将代数过度决定为邻域中的连续。尽管在起因中抛锚了，但客体与结构为集体溢出与包含关系的实在界原则命了名，使得自身既不能在术语上也不能在直属的匮乏中被总结出来。

相互依存的连续几乎没有从代数中分离出来，它是这样一种基本的形式，对此它必须一路朝向有争议的连续、异质性的连续以及独立于所有相互依存的连续的论点前进。

你们知道这需要力的概念。

我们可以这样说，拉康式的动因—连续的关系组成了实在界中整个被划分的名称，它想要在其位置中得以保持。

真相是这样的，在唯物主义的中心，为了在其内部植入邻域与匮乏逻辑的真实统一，摧毁是必然的。

至于主体，在拉康那里，唯有等其痕迹消失之后，我们才能发现主体的统一性；而主体的痕迹溢出了规律，这并不需要违背唯物主义。

因为主体正是在代数与拓扑学不可分割的整体的唯物主义中，在它被一个主体化所引入的次要性原则中，进入它自身之上的溢出。

毕竟，两条道路是很清晰的。不管是主体的物质轨迹组成了拓扑学的代数化（波罗米安结，相互依存的连续）；还是它（主体）组成了一种代数的拓扑学化（摧毁的矩阵，有争议的连续）。

"这里就是罗陀斯，就在这里跳跃吧！"

本体论如此之少

（1978 年 3 月 3 日）

海德格尔—社会主义国家所保障的共产主义并不比目标所保障的连续更有价值—工人阶级的三种连续—存在被三种方式所阐述。

1

存在是根据起因以及连续而被阐述的论点，实际上是哲学中一个最古老的主题。

如此，不管它披着多么具有理论性的外衣，通过对代数学/拓扑学组合间接而窘迫的认知，哲学都触碰到了实在界以及唯物主义。

坦白地说，我并不赞成拉康学派在想象界理论中明确表示的对哲学的轻视。

他们自诩为勇敢的反哲学家。我更愿意把他们看成是保护客体代数不可分割性的卫道士。除此之外，在这里，一旦他们对主人本体论的跟踪追求到了沉默的边缘，且对隐喻与换喻隐晦自负的游戏漠不关心之时，他们就茫然失措了，仅仅想要保持其对自身错误的诺恩女神——其实在界命运——之弦。

连续支持这样一个问题："是什么"的存在是什么样的？因果关系，超级存在的问题。由此，世界成了"是什么"的存在样式。

本体论的问题，神学的问题。

海德格尔倾向于将隐喻解构，这个先前被定义为次要问题所导致的首要问题的隐藏。我认为他致力于将上帝代数的准确度、简单直属的定位以及从中所有存在都获得了其位置的、被放置的存在驱散开来。这是一个上升到存在拓扑学无限性的问题，对此，海德格尔可笑地将远、近辩证法激活也是不无道理的。

海德格尔想要将起因所保证的连续的哲学理念终结。

如果你们了解当代马克思主义者希望用社会主义国家达到共产主义的目的。

作为让群众消失的因果关系，国家建立了政治学的代数特质。我们认为，不管是否是社会主义的，对行动的可理解性总是很有必要，但在关于共产主义的主观实现问题上，国家什么也不能保障。

为了相信相反的结果，人们必须将这种社会主义国家想象成一个例外。作为一个例外的国家，它必须能够通过自身的运算法则实现自身消亡的道格。列宁已经知道，任何一种当代国家形式，包括社会主义国家，从本质上说都是资本主义性质的，因此，关于共产主义的拓扑学，它属于结构与障碍的种类。

这种例外的状况可以允许人们在起因或上帝的名义下，将连续摧毁的关键操作者之间的哲学解译出来。例如亚里士多德：所有的本质都存在于运动之中，这就是世界的律法。那个杰出的最高原动力当然就是普遍运动的客体起因，然而它却被普遍运动排除在外，使自身变得稳定。

被假定为共产主义起因的社会主义国家，正是这种不变的原动力。

再没有比保持作为实在界效应的辩证分割的起因，以及连续之间的距离更为迫切的需要了，危如累卵的是主体。

如果一种哲学除了通过其不变的原动力、超验的主体、否定的否定以及这种哲学作为不是其存在的存在向这种距离靠近以外，再没有什么其他的限定，那么真相就是我们不能成为哲学家。

我们可以这样说，带着这种巧妙的计谋，哲学试图确保其通过客体的强度，以及匮乏随意性被规定的效力而对邻域以及附属的支配。既不是美德也不是其本质试图奠定作为客体大写的"一"统一性的基础。即使在为了这种可谅解的错误而制造的隐晦概念中，我们也总是能够读出对这个事实费力的认知，即名义上分裂的实在界建议，对于客体——起因与程——连续来说，为了即将面对的任何知识的客体，他们所需要的便是，对代数基本的网络与拓扑学复杂的分割之间，矛盾兼容性的开采。

2

看一下工人阶级。

首要的是代数。工人就是任何将他或她的劳动力出卖给资本所控制的劳动过程的人。合情合理地，人们将要宣称，阶级是被其在生产模式中的位置所定义的。这是反射与代数化绝对正确的符号。此外，这是一条强制性的通道。

这个阶段存在连续吗？存在着——如果人们将弱连续，即代数的位置保留着。它是一种客观的连续，可以还原为一种直属的相似性，一种不变的律法。"工人"这个名词对此进行了命名。

这些工人们形成了一个阶级吗？是的，形成了，社会主义学家将欣喜地发现这些特殊的属性，他们在服装、态度、品位、选举习惯等方面的相似性。在记账员的详细目录中，社会主义学家们并不需要了解关于相似性唯一不同的特征。连续的内部消失了，显然，通过其他的因素，社会主义学家们将资产阶级、教授、农民调整成统一的模样。"他们"对《蓝色多瑙河》的喜爱超越了瓦格纳吗？结果是：我仅仅将他们看成是为了另一个客体而存在的客体——那些喜欢瓦格纳的小资产阶级；我并没有超越代数。

严格来说，人们应当说，在这里，连续性是不连续的。因为属于劳动力市场的工人的直属结构，使得工人们之间充满了竞争。比起将工人们连接在一起，这种结构更多是将他们分离了。你们知道什么叫作一个工人，但你们忽略了作为大"一"的两个工人是什么样的。

这就是邻域的零值。

提供给我们的第一个值，是通过需求或工联主义的连续性而实现的。附属在其中既不是空的也不是无效的事实，在组织现象的出现中变得显而易见了。在这里，拓扑学将距离"运入"竞争的代数之中了。

严格来说，让这条鸿沟合理化的东西是对劳动力价格可能性的讨价还价。工资使工人们分散了，但事实是，将他们组织起来是可以协商的。

在这里有一个趋势：实际的工资会随着劳动力的价值轻微波动。尽管被限制了，但在这个波动的四周产生了关于反对与需求的完整的拓扑学，这将工厂或部门的工人与工资不再作为一个固定的合同，而是作为一条渐近线联系起来了。工会所称的"公平的工资"统辖着"合法的需求"：这些概念的特征是，他们不知满足，因为他们仅仅将注意力聚集在想象的限制点上。

你们可以测量一下，在何种程度上，这种连续仍然对代数的运用有效。只有在资本家的竞争、工业的调整、帝国主义的扩张所开启的利润空间中，工联主义者的需求才赋予了工人们一种包含于其中的现实，使得他们逃脱了市场的分裂。

由于劳动力的客观价值在一个固定点周围波动，起因自身最后作为其缺失的起因而遭遇了它，需求的连续性仅仅了解最贫乏的邻域——离直属最近的包含关系，以及最简单的拓扑学。

工会最后会在伟大的帝国主义国家代数中固定下来，一点儿也不奇怪。在其顶峰时期，正如在美国，这种包含关系的角色授予了工会剥削的垄断权。从严格意义上来说，工联主义者附属的义务，仅仅是为了找到一份工作，而这与工人的直属联合在一起了。

在这里，我们所获得的事实仍然是对代沟的一种宝贵认知，至少在工人联合的英雄时期如此。组成工会的阶级并没有成为主体，也不再位于客体的律法之下。组成工会的阶级产生了主体的抽象元素。

政治上的敌对产生了一种从根本上异质于其基础代数的连续原则。结果就是直属因此仅仅成为一个模糊的标准。阶级的（拓扑学）位置必须从阶级的（代数与社会）存在中区分出来。工人的领导者们是一群知识分子。总之，这仅仅引起了资产阶级，或对其来说实在界的奥秘深不可测的那些人的愤怒。

在党派的政治拓扑学中，其风险在于，对代数的超越一直到达它能够分裂的极限点。摧毁是关于维修的阐释，在那里，工会被保存下来了。

政党是对完整主体的支持，由此，建立于工人阶级基础之上的无产阶级，便致力于阶级被安置其中的代数框架的解体。

如果连续是不连续的，根据竞争代数的相关规则，连续就破坏了位置的连续原则。因此它们都是同样非连续的，其中，没有站在资本一边的客体能够作为其连续的起因而发挥功能。

在无产阶级内部，工人阶级业已消失。消失的起因被人注意到了：它（工人阶级）包含于政党之中，其存在的目的仅仅在于抑制使得随意性成为可能的事物的生成。

阶级的客体存在将分散的工人聚集在了一起，其政治的存在将共产主义者聚集在了一起。在这两个事例中，起因于连续的断裂是不对称的。阶级的实在界是代数与拓扑学的不平衡体现。

只有工会主义致力于一种平衡。这是因为它意在从资本主义的动因中制造出连续性。

啊，工会主义终于将单调乏味给解除了！工作的困苦与劳动力的革命都不以其"现实主义"为豪，它们引以为豪的是一种隐藏的代数与一种柔和拓扑学！

3

这些区分是普遍的。

存在——如此之少的本体论——用这两种方式被言说，因此变成了三种。起因于连续是原始的概念，其联合在辩证法分割的非对称性中被辨认出来了，由此让我们了解到以下内容。

（1）在连续之上的起因（在拓扑学之上的代数）的本源：被放置，处于一种关于客体的消失与主体的离差——重复的情形中。

（2）起因于连续的均衡：被结构化了，处于一种关于客体的变化与主体的比拟的情形中。

（3）在起因之上的连续的首要性：被管制，处于一种关于客体的摧毁与主体的溢出的情形中。

作为一种练习，我建议你们直面在拉康式的命名下建立起来的、存在的三位一体：

——持续，在其中，象征界的效应统辖着重复；

——连续（弱连续），其中，想象界的同一性被解决了；

——存在，在那里存在这实在界。

对于我来说，我只会告诉你们，看看人们是怎样生活与思考的。人们可以总结出，的确存在着三种世界形态：平凡的，工联主义的，以及政治的。每一种态度，每一个单词，显然都属于这三种形态中的一种。每天给你自己分个类，你会更自在。

从远古时代的意义上说，这些世俗标准的本体论基础中不存在一种幸福的源头吗？

从这个经历唯物主义的过程中，我推断业已存在两种互相对立的主体定义：

——主体是一种连续的重复，其中，实在界存在着；（拉康）

——主体是一种摧毁的连续，其中，实在界溢出了。

第五部分

|

主体化与主体进程

结的拓扑学对立面不是切割—分散，
而是摧毁—重组

(1978 年 3 月 13 日)

主体的双重出现—关键的概念—一种拉康式的窘迫
—赞扬政党。

如果这样一个效应存在的话，主体就是物质的——如同其他存在的一切事物。由此可见，通过反思与渐近线的方式，经由代数与拓扑学，主体可以被捕捉到。

限定主体进程的物质性，两种可理解秩序彼此对应的规定是什么呢？

让我们回忆一下，政治主体是阶级的政党。其实证的一面向我们显示了：当它是一个起因问题时，其断断续续的辉煌；当它属于国家时，其长久的连续。

系在一起的行为——波罗米安效应——在这两种情形下是不同的。我认为，作为首先将旧的阶级与旧的国家系在一起的连接的切割，它主张一种在其效应的分散消失中，群众实在界的生成。国家倒塌了，阶级掌控了群众，政党被分解到承载它的流动之中，政治学与历史变得一致了。于是，重新维系导致了一种不同类型的大"一"的产生，一种新的阶级国家，它组织了一种群众舆论。

打结的行为要么取决于其切割，要么取决于其连接。

认知一个结意味着什么呢？将其解开是不够的，因为它有可能是一个偶然事件，也有必要将其系住。

主体跨越了这两个运算。

如我所言，起因的时间基本上是代数的。正是由于导致其消失的事物，革命才需要被测量。方向的时刻是拓扑学的。正是在它所建立的事物的名义下，政党先于共产主义评估的裁决出现了。

然而在这些时刻的抽象分离中，主体还不可以被命名。

拉康对此非常清楚，这可以在其《选集》发表之时附加的一条注释中看出来，其中，他锻造了其第一个时期占统治地位的代数学。文本写作开始于 1955 年，注释开始于 1966 年。其中，拉康对其研讨班中引入性的练习——《被窃的信》的评论，在那里我们可以发现其主体代数是最极端的公式：

> 事实上，通过这样的练习，将解构的方法引入精神
> 分析理论的领域，这一做法遵循着我教学中的重要发展
> 脉络。与主体化的概念、关于分析位点的参考一同前进，
> 我宣称将主体的进程形象化。（《选集》48n.29/57）

"主体化"与"主体进程"的概念对于我来说是很重要的。对于第一个来说，我们可以将算数规则的运用与链条结合起来；对于第二个来说，我们可以将分析的位点，即由邻域所导致的定位，与链条结合起来。

我同时还认为，如果没有摧毁——以及其对立面，重组的话，你们就不可能想到主体联结一路朝向终点的物质性。

这也是拉康一个接着一个研究它们的原因所在：对主体化的研究，即在 20 世纪 60 年代中期，他坚持对主体化进行研究，同时对主体进程进行研究，尤其是在 1968 年以后。

"主体化"向我们提出了关于其动因的问题，对此拉康用作为客体的实在界来回复；"主体进程"向我们提出了关于其连续的问

题，对此拉康仍然用实在界来回复，但在什么幌子之下呢？对此他并没有回答，因为他所理解的波罗米安结，仍然是通过缺失与分散的逻辑出现的。

拉康关于连续的窘迫起源于他将（结的）切割作为其真理证据的事实。现在与打结相对立的并不是将其剪断，而是将其摧毁。剪断的行为仅仅是摧毁的代数抽象，正如革命的行为仅仅是共产主义抽象的瞬间。

这种窘迫在拉康的文本中是显而易见的。看一下下面这段话：

> 实在界是这样一种存在，其中，存在着连续性中三者共同的特性。现在，这种连续性仅仅在于形成结的能力。精神上的结是真实的吗？因此问题来了。[……]

> 我们被规定不要将实在界置于连续中。通过其名称，我的意思是通过其一致性而被称道的连续是想象界中的秩序。那些在所有人类历史中被最大限度演绎，以及应当在我们人类当中激起一种单一类型的审慎的事物，表明了这样一个事实，即所有经得起时间考验的连续性都是纯粹的想象。[……]

> 如果我们能确保想象界是存在的，那也是因为它是一个关于另外一个实在界的问题。我认为意义的效应是存在的，正是在这个意义层面上，它是真实的。它并不是一个关于辩惑学的事件，毫无疑问，它是一个关于连续、想象连续的事件，然而似乎又确定存在着一整个持续想象功能的平常领域。

只要它是真实的，在这里，连续便可被归纳为一种存在，因此也可被归纳为任何将它自身从所刻写的事物中提取出来的事物，以及任何组成其存在的缺席。确切地说，关于连续，在这里它再次归于想象界的记录，其与实在界的联系在于存在。

以上片段组成了一种基本的歧义，其症候是显而易见的：

——实在界同时存在于波罗米安结中，作为三个环中的一个且与那个同样的结同时存在，因为"即使我不追踪黑板上我的波罗米安结的身影，它也是存在着的，且一旦它被跟踪，人们就清楚地发现，要想让它不存在于实在界，也即一个结中，是不可能的。"因此，实在界就是出现在导致其存在的大"一"中的消失元素。它是客体——动因，结中的大"一"，在那里，三个环中的任何一个都标志着它的匮乏。我们将回到马拉美，除了——连续性，大"一"的拓扑学形式，同时也是"三个环的共同特性"，连续性能够在三个环的一个中出现，即想象界，它是所有整体性与相似性的历史关键。因此，结中的一个将要在想象界而不是实在界中找到其连续的保障，除了——实在界导致了想象界连续的存在。在那里，一方面，它触碰到了连续存在的断裂，并使其进入客体的动因（客体——结）；另一方面，则是存在。

你们不可以不假思索地认为，这种不可思议的循环是一种纯粹的诡辩论。说实话，这种现象我们天天可见。人人都宣称，如果在一场革命中存在着可以在群众推动下对实在界的切割，那么，在某个共产主义或平均主义乌托邦的幌子下，通过成为社会恐怖分子的连续，想象界实现了其报复行为。从本质上来说，这就是当今时代的反马克思主义战争武器。这意味着什么呢？如果实在界不再被坚持认为是唯一的消失起因——某些人会用"平民"这样的字眼来称呼它——且是共产主义政治学唯一的连续，而是为了弥补大众所保证的一种想象的回忆，那么，这种大众尽管作为国家的一种抽象被不断地激发，却也已经出局了吗？

这种论断中遗漏掉的是关于对旧法律有效的摧毁，以及对再也不能恢复成以前样子的对其自身重组观察的思想。通过这种方式，主体的实在界在没有想象界的调解下保证了连续。

甚至实在界在政治主体的僵局中，也没有将旧的规则修复。

在苏联，在当代国家普遍且重复的概念之下，我们既不拥有一种"被打断的"革命，也没有对资本主义世界极权主义的演奏一无所知。我们拥有一种新的资产阶级。

然而，为了给思考这种新颖性的新方式打下基础，我们必须确保实在界在连续中搁浅了，就如同在因果关系中；我们必须在主体化的争议以及主体进程的存在中决定主体。

尽管从经验上不容易看出来，但在这里危如累卵的是共产主义革命可思考且可实践的存在。

我认为，"不被阶段所阻挠的革命"，其中，"阶段"应当使你们想起主体化；"不被阻挠的"，应当使你们想起主体进程；而"革命"则应当使你们想起政治的主体。

这些革命的完整概念在拉康那里遗漏掉了，主要在于这样一个事实，即在存在的理念下，拉康让连续落入想象界，让共产主义落入乌托邦，让革命落入相同代数的结构空白。

拉康隐含的意思是党外主义。现在，我认为，只要它存在，尽管很少见，共产主义政党绝对是主人话语，即国家话语，但它同时也是歇斯底里的话语，事实上这也是起义者的话语，以及之后时代反转的话语，就如同它是大学话语以及分析师话语①，因为在让政治学阶段性萎缩的过程中，共产主义群众必须起而轻视政党对大转移的清除。

我热爱政党的理念，就如同人们热爱曾经作为主体所组成的事物，因为一旦失去了它，其自身未来的领导者也将终止。

---

① 译注：拉康在《讲座 17》中，提出了四种话语理论。巴迪欧显然在这里挪用了四种话语的概念。四种话语即主人话语、歇斯底里话语、大学话语、分析师话语。

主体化的预期，主体进程的反作用

（1978 年 4 月 3 日）

囚犯的寓言—主体进程的分析—仓促的主体化功能—逻辑学家的辩驳—不可言说之物。

1

在这里，为了文本的自足，我必须向你们叙述这样一则轶事，其注释将把我们与其创造者拉康之间不可缩减的距离固定下来。

以下论述应当被作为那个细微的点（ce point infime）的推断，由此，同样的事物便进入他者。

如果一直致力于试图保持一种令人尊敬的协调感，那么我承认，在这里业已生效的阅读功能，与马克思为了确定其未来而在1843 年运用的黑格尔《法哲学原理》中的阅读功能，是可以相提并论的。

处于争论中的是文本"逻辑时间与预期确定性论断"，你们将会在拉康《选集》的第 161 页到 175 页中找到它。

在这里你们有三个囚犯，只有一名被"启蒙的"专制所控制的残酷成性的看守人，这名看守人承诺，他将仅仅释放三个囚犯中的一个，只要他能从这样一个心理测试中（在这个测试中，危如累卵的仅仅是主体）胜利地走出来。

这段文本材料中包含三个白色的圆盘与两个黑色的圆盘。每个囚犯的背后都系着一个圆盘，通过这样一种方式，他可以看见标志其他两个囚犯的圆盘记号而不能看到自己的。这个测试的任务就在于从其他两个囚犯的标志中推断出自己的记号，每个囚犯都会被告知一共有五个圆盘，三个白色的，两个黑色的。每个囚犯都将通过走向出口的方式来表明他已经找到了答案。当然，他将被审问其严谨的逻辑推断。

我们可以发现，这个测试意在使每个囚犯完成标记他的不同特性（黑色或白色的），然后通过离开的象征行为，取得其自由主体的地位。

很重要的一点是，这个方案是从大他者（另外两个囚犯）的立场出发的，每个囚犯都占据了一个前提。

这种幼稚的游戏是很吸引人的。为了使无产阶级将其自身融入共产主义政治学，了解怎样从标志其神秘的普遍性特质中，推断出其经验难道不是最基本的吗？在我们生活中每个决定性的阶段，难道我们不应该承担起自身对一个名词、一种行为以及我们仅仅能从其他事物中获得其存在系数的一种辉煌的赌注吗？那么，现在是我们超越它们的时刻吗？这种超越始于相信它们是同样的一种信仰，且从标志我们的事物中获取了我们的推断，这种推断基于这样一种方式，其中，同样的事物会践行一种类似的推理。

尽管它强调的正是从同样的事物中——他者中"一"的最终优势才会体现出来，监狱的看守人在三个囚犯的肩膀之间都系了白色的圆盘。

因此每个囚犯都会看见两个白色的圆盘。

主要的推理如下："我看见了两个白色的圆盘。如果我有一个黑色的圆盘，那么其他的两个囚犯会看见一个白色的圆盘与一个黑色圆盘。他们会对自己说：'我看见了一个黑色的与一个白色的。如果我有一个黑色的，那么拥有白色圆盘的囚犯会看见两个黑色的。因为他知道一共只有两个黑色的圆盘，他会立刻知晓他的是一个白色的圆盘。因此他将开始朝门口走去。然而没有囚犯起身，因此我的是白色圆盘。'他们应当已经朝向门口走去。然而他们都没有动身，因此，我的是白色圆盘。"

跨过你所困惑的潜在障碍，所有的一切都将逐渐变得明朗起来。

让我们记住这一点，这个基于"我看见了两个白色的圆盘"前提的推理，对三个囚犯来说都是一样的，他们每个人都看见了两个白色的圆盘。因此，他们开始同时朝门口走去。

那么拉康又告诉了我们什么呢？拉康告诉我们：三个囚犯开始行走的行为宣告了他们自己推理结论的无效。为什么这么说呢？A 如果在将一只脚迈出之前，发现了 B 与 C 也在做同样的动作，他就不能再做出结论了，因为他的推理是将另外两个人的固定不动作为结论来论断的。

他们中所有人因此都会停下脚步，为各自已得出的结论坐立不安。

然而，每一个看见另外两个人停下脚步的人，都会迅速将他们本已否定的假设再否定掉。因为如果他们已经看到一个黑色与一个白色的圆盘，那么另外两个人就没有理由停下脚步。如果他们停下了脚步，那么原因与自己的一样：看见了两个白色的圆盘。于是他们中所有人都对其可能的预测的确定性感到不安。

因此，他们中的所有人又开始走动了。

根据拉康所说的，在这里你们终于获得了产生确定性的五个基本时刻，这五个基本时刻将完全需要主体进程的名称按不同时期进行了划分，这种主体进程如同人们期望的那样，是主体间性的：

（1）为了必要推理的时间间隔中固定不动的等待，同时我认为这种等待是另外一个人用来确定其最后的推理，即如果我有一个黑色的圆盘，他将朝门口走去。这是理解的时刻。

（2）我将向前移动的行为作为我自己的标记。这是总结的时刻。

（3）一种可能仓促的再现——假定其他的人已经开始移动了。一种预测的确定性之可能性的反作用力发现。

（4）分析——在这个暂停的时刻，所有的一切将再次停止。对其他人停止的态度将他们自身的推理前提客观化了。

（5）重新开始的步行——被这样一个确定性支配着，即这一次的推理是完全站得住脚的。

你们可以很明显地发现，包含在这个过程中的主体化藏在总结的时刻，这反过来证明主体化是被一种可能的仓促所标识了。正是在这里，行动在凌驾于代数的溢出中浮出了水面。我仅仅能就另外一个人的时间打赌（就他理解的时间打赌），因为我在现实的情形中慌了手脚，这将仅仅使第一个离开的人得以解放："在这里，问题中的'我'在逻辑时刻的功能中，通过与他者竞争的主体化而定义了自身。如此，对于我来说，他者似乎为心理学中的'我'提供了最基本的逻辑形式（而不是所谓的存在形式）。"（E170/208）

根据定义了由监狱看守人所辖制的归位的逻辑界限，在这里，出位就是一个输出时间，一种可能前进的时刻，由此向前走的行动预测了——可能！——那个业已建立的确定性。正是这个"仓促的功能"将主体化从主体进程中区分出来，它一直在大他者的律法下将其束缚于后者。

考虑这样一个事实，即无一例外，一场即使最终胜利的大众起义，相对于为其做准备的政治进程来说，总是草率的，不成熟的。

不存在不经过预测的主体化，这反过来可以被主体进程所测量。这一点是绝对正确的，即，"在诡辩术所演绎的主体声明中的决断行为如此非凡的原因就在于，它根据其被主观掌控的暂时焦虑，而预测了它自身的确定性。"（E171/209）

同时考虑到这一点，即主体进程就相当于在确定性元素中主体化有反作用力的基础，这种确定性仅仅靠主体化便成为可能。因为在分析的时刻，当三个人都停下来时，"我"质疑的是其他两个人的"仓促"，且这种"仓促"将它们的特征反馈给了"我"。

现在所有的这一切都是真的了。马克思认为公社革命是突如其来的——在其政治犹豫的主体化中——并责备其没有向凡尔赛进攻。然而这也是为了反过来预测其（胜利的）确定性本质，在这种确定性中，仓促本身可以成为载体，只要它能在他者中被解码：在凡尔赛居民的最初混乱与惊讶中，在随后的仓促所导致的、将匮乏转化为理性的可能性中，以及在反对凡尔赛的军事进攻中，确定性将最终在主体进程中被捕捉到，即在一种合理的政治导向中被捕捉到，这种政治导向是巴黎群众进入一个始终如一的主体的消失代数的唯一有效途径。

在主体化中，确定性是可以预期的。

在主体进程中，连续是具有反作用力的。

将连续置入起因仓促的连续性中：主体所有的谜都存在于那里。

2

然而，拉康式的诠释并不能满足我们。其缺点在于预设了使其不可能的原因：一种绝对的相互作用，三个囚犯之间的一种严密的逻辑特征。

我认为，如果三个囚犯是相同的逻辑机器的话，事情就不可能如拉康所说的那样发展。因此，通过强行推动代数的发展，我们将拓扑学废除了。可能既不存在仓促也不存在反作用力或悬浮的时间。

"逻辑时间"这个标题的奇特之处就在于，它致力于跨越时间、预测、悬置、反作用力以及纯粹逻辑发射的渐近线效应。

为了将主体论中的标题合法化，我们需要的是某些其他的事物，而不是拉康用来规范其游戏的定理。

我将来证明这一点。

根据实际游戏的规则而得以可能出现的三种前提，我们将三种推理 R1、R2、R3 区分开来（"我"看见两个黑色的圆盘、"我"看见一个黑色与一个白色的圆盘、"我"看见两个白色的圆盘）。

推理 1（R1）："我"看见两个黑色的圆盘。由于仅有两个黑色的圆盘，因此"我"的是白色的。

这种推理我们称为即时推理。偶尔一瞥。

推理 2（R2）："我"看见一个黑色与一个白色的圆盘。如果"我"的是黑色的，那么拥有白色圆盘的人就会看见两个黑色的圆盘。因此，他从一开始就会根据推理 1 来进行推理。在其浏览的时刻，他应当起身离开了。如果他没有，那么"我"就不是黑色的圆盘，而是白色的。

注意在这个阶段中，推理 1 是完全包含于推理 2 中的。正是通过假设另外一个人会进行推理 1 的过程（"我"可以激发这个人的直觉智慧），"我"才得以推断出他应该已经离开了房间。

推理 3（R3）："我"看见两个白色的圆盘。如果"我"的圆盘是黑色的，另外两个人会看见一个黑色、一个白色圆盘。因此，他们从一开始就根据推理 2 来进行判断。他们应该已经得出了结论。如果他们没有离开房间，那么"我"的圆盘就是白色的。

同样，推理 2 也包含于推理 3 之中，它围绕着这样一个事实，即如果他们（三个囚犯）一同开始，推理 2 将先于推理 3 结束，通过另外两个囚犯（开始动身的竞争者们）的行动事实而发出信号，并得出一个结论。

你们可以发现，在关于论证的"空间"问题上，三种推理绝不是相同的。事实上，它们（三种推理）组成了一连串的包含：

$$R1 \subset R2 \subset R3$$

在以上事例中，如果每个人都根据 R3 来推理，那么显然，当 R3 完成之时，R2 的过程早已结束，因为 R2 隶属于 R3。

如果三个囚犯的推理速度是一样的话，至少是可以这样假设的。现在拉康明确地预设了这种逻辑同一性："只要他是真实存在的，他们中的每个人［……］就都是 A——也即，只要他完成了或者未能实现对自身的判断——每个人在那个时刻都持有与他相同的怀疑。"（E164/200-201）

然而在这种预设之下，R3 的推理是最具有结论性的，它鉴于这样一个事实，即如果其他的一个人根据 R2 来推理，那么在"我"完成 R3 的推理之前，他就已经开始移动身体了，而 R2 是包含于 R3 的一个部分，因此他已经给了我一个十足的信号——然而太晚了！我的确拥有黑色的圆盘。

相反，"我"移动身体而其他人却没有移动身体的事实，并不能让"我"心生怀疑。这甚至是最精确的对立面，因为它仅仅表明他是和"我"一样根据 R3 来推理的。结果，"我"那业已确凿的结论仅仅被确认为多余的确定性，而不是暂停的怀疑。

在这样一个假设之下，即主体的计算是同构的，且我们在与算术上相同的主体们打交道，那么这三个囚犯会同时朝向门口的方向走去，这过度决定了这样一种确定性，即在没有任何信号的前提下，每个人都在 R3 的推理中完成了对自身的判断。

从即时起你们将只拥有一个时刻，即从 R3 的演变过渡到做结论的行动。

主体进程的分级和主体化过程，两者都被推翻了。

若是太急，则什么也不会发生。

当然了，历史分期是准确的，主体化是存在的。

因此，一定存在着某些拉康所没有言说到的事物。这个无声的补充正是这样一点，在那里，为了跨越时空拓扑与计算代数，为了说明仓促的原因，有必要假设力量的异质性超越了位置的连接。

由于代数太过强大，再没有为出位所预留的位置了，也再没有为超时所预留的时间了。

"快！快！生者之词！"

（1978 年 4 月 10 日）

那个所谓的傻瓜的定性函数—力量返回到场景之中—领域及主体的阻挠—四个概念、两个时刻、两种模式。

1

我们现在的理解如下：要么主体的计算完全遵循代数的规则，在这种情况下，既不存在预期也不存在反作用力；要么存在着一种关于确定性主观化的迫切感，然而届时我们必须预设关于最初非同一性的某个元素。它是哪一个元素呢？

当另外一个人开始移动时，我停下来了，我意识到我可能已经抢先一步了。这是因为在我看来，尽管我是根据 R3 来推理的，但另外一个人或许也不能够取得比 R2 更多的成果——尽管 R2 是 R3 的一部分。

因此，经验主义的领域包括这样一个事实，即每个主体都意识到另外一个人可能的非同一性。在这种情形下，事实就是存在着不同的推理速度。

在这里，我仓促意识取决于，"另外一个人可能是一个傻瓜"这样一种可能性。

你们可以发现，最为迫切的是，尽管（速度）可以通过算法来测量，却并不属于它。

我的迫切性以及由此而来的过程的整个历史分期，都来源于这个与行动密不可分的洞察力，即在每一个主体决定中都存在着性质。

我的迫切，我的停止。如果你们排除了关于另外一个人有差别的异质性的怀疑元素，那么，你们将没有任何可相信的迫切性了。

当然，正是在这个将其移植到算法中，出现了其原则不能被归为算法规则的某物：我与另外一个人邻近的问题，在这里被划分为 R3 与 R2 之间差异的问题，其中，我同伴在推理速度上体现的低等智力提醒我，当他开始走动的时候，我需要特别谨慎。

因此，我必须将他开始走动的经验过滤掉，通过将他与我的推理连接起来的代数来完成，同时，通过围绕在这种推理周围的拓扑学来决定一组（关于速度、迫切、愚蠢等）的主体邻域，由此我将继续对另外一个人作出判断。

我们必须观察拉康所提及的"竞争"是怎样对主体施加影响的，除了算法的测试以外，还要对可区分力的演奏进行一种性质的关注，只要它是一种被恰当言说的行为，这种力就会将自身缝合到推理之中。

进一步来说，我必须将主体看作——我们在一开始已经说过——在解决算法问题的张力中力净化的结果。

主体化根据力的元素而操作，由此，位置（我从 R3 中得出的结论）发现它自身改变了。

这个故事仅仅在一个关于可能邻域范围的假设中，才会以拉康所言的方式呈现出来，即通过传播贯穿算法性质的确定性，来对主体进程的历史分期进行规定——暂停的时间。

在哪里产生了这种普遍存在的拓扑学？它阻断了这样一种算法，即如果没有这种算法，这种拓扑学就会走向其机械且真实的结局。答案：在归位总是已然成为主体轨迹这样一个事实中。

通过另外一个人处于一种可能不同的力的情形这一假设，我的经验臣服于这样一个观点，即每一个位置的获取都修复了基于出位基础的律法。

这种智慧力量差异的标志将成为我的救赎——如果那个监狱的看守人在我成功且合理的推理离开后将我释放了。然而，这种差异作为主体必要概念，为了使我的对手的脚步呈现出一种警醒的价值，必须从一开始就建构起整个邻域。

在力量的差异中，主体总是先于自身而存在的。

我所确定的主体，它基于其业已存在的假设，通过对另外一个人的评估，也仅仅只是我所能预期的主体。而且，只有通过迫切的反应，在其位置上使主体获得控制权，我才能反作用地奠定主体在力矛盾之上的基础。

2

最后，我将"迫切"作为在代数中的一种拓扑学介入。由于将其起因置于无序元素之中，因而就如同将其置于秩序元素中，主体是连续的。

一个傻瓜就是推理中的一种无序。难道不是吗？

我们应当知道，在那里存在着连续的秘密。

然而，如果迫切不能够从算术规则中推导出来，如果不存在迫切的纯粹逻辑功能，如拉康所宣称的那样，基于函数是拓扑学的这样一个事实，那么，我们应当将其可能性置于何处呢？

如果是另外一个人的脚步促使我产生怀疑，并且提醒我，他可能拥有不同的力量这样一个事实，那也是因为我先前并没有想到这一点，因为我不能够想到这一点。

由于我与另外一个人拓扑学般构建的差异程度，并没有落入任何稳定且暂时的测量之中，且当它涉及是否知道那个所谓的傻瓜或许不会在那个最直接的前提中迷失时，总是让我对此进行思辨，因而我又怎么会想到这一点上来呢？

在我推理暂停的第一个时刻，由于没有将其归入关于其持续计入的合理计算，于是我就不能肯定其所包含的不同力有什么用途。

因此，我一旦完成了 R3 的推理就应当马上离开，如此邻域的逻辑只有根据另外一个人的脚步声才会是有效的。

我们假定，邻域的逻辑与实在界是密不可分的。仓促并不能够从象征界中推导出来，它是一种样态，其中，主体通过将自身暴露于实在界之中而超越了它。

另外一个人行动的事实并没有使我行动，而是使我停止了行动。

然而，更残酷的是，实在界定义了那个赌注，即主体自身是自由的主体。

我急于行动只是出于这样一个简单的原因，即第一个离开的人才是最重要的实在。行动先于推理而发生。

你们会发现：在这个本原性中存在着主体化所有的秘密。群众起义爆发绝不是因为这种起义已经到达了其可计算的时刻，而是因为除了起义以外，做任何事情都是徒劳的。这也是列宁所说的：革命的爆发是因为"那些来自底层的人"不想再像以前那样了，且到处都很明白地显示站着死比躺着生更有意义。

我们的故事说明了：正是一种算术规则的介入，而不是其执行产生了一种主体的效应。

至于主体的进程，它只有在介入所产生的结果重组中才会产生。这绝不是算术规则的目的，因为进入阶段中的力由于存在其归位的事实，（便）随着规则一起断裂了。

因此，正是伴随着其政治连续被置入群众起义测试的政党，主体进程才会被永久地改良。

3

迫切性是可分割的。

在没有思考另外一个人定性差异的前提下，我可以离开，因为实在界使我臣服于一种不可忍受的压力，且拓扑学所掌控的空间是无效的。我对自由的热情使我在没有忍受任何介入的情况下，仅仅相信最简短的算术规则。

这里是它所呈现的外观：因为在所包含赌注至关重要的重要性的伪装下，实在界摧毁了我，所以我仅仅需求并没有支撑我到最后的规则。

如果我绕过了另外一个人离去的模棱两可的信息，在没有评估这个信息可分割意义的前提下，气喘吁吁地朝门口奔去，那么毫无疑问我纯粹是根据一种呆板无活力的代数来将其主体化了。我坚持 R3 的推理结果，并没有考虑邻域的逻辑。

从另一个不同的角度来看，我们在这里获得的是焦虑，其主要的概念我们先前已经介绍过。

相关联的主体进程将监狱看守人作为我存在的关键。我不顾一切地跑向他，请求他将我释放。如果那个傻瓜是根据 R2 来推理的，如果他想要把我放回无底洞中，那么对此将存在一个严峻的事实。

焦虑—主体化—呼唤超我—主体进程。

迫切性的另一面在没有设法到达一种有充分依据的确定性的前提下，在一种策略性的预测中找到了支持。我花了一些时间，在实在界的赌注中发现了这一点。

例如，如果我认为，作为一个优秀的拓扑学家，我的竞争者与我差不多优秀，那么唯一获胜的办法就是不要等到推理结束再动身，否则，竞争者们将与我同时完成推理并行动。结果可能的不可判定性即我所计算的结果这一点必须被打破，它是通过在这样一个事实中的基本自信来实现的，即我将在监狱看守的面前完成这个推理。

毕竟，这是唯一被允许的事情。

胜利属于那个不断思考而获得优势的人。

我们已经遭遇了这种突然平衡的时刻，通过将自身暴露于实在界的方式，在没有依靠规则确立的暂停前提下：它的名字叫勇气。

主体化的两种通用形式是焦虑与勇气。

请注意行动是一样的。仓促是为了勇气/焦虑断裂而生成的大"一"的形式。然而主体的模式是相反的，只要人们在实在界溢出的效应之下阻碍了一种刻板的规则。在那里，另外一个人在一种预测的计算效应之下在实在界中下了赌注。

至于监狱的看守人，在勇气的主体化事例中，我并不希冀从他那里得到救赎。相反我认为，我所有计算之上的溢出，被赌注于实在界的赌注中，且使律法臣服于它。自信心允许我在这样一种信念中与自身联系起来，即从长远来看，主体化进程会重建一个世界，其中规则一定会消亡。

勇气呼吁正义的到来。

因此，双重的主体事件获取了它的名称，以及它与主体进程双重特征的连接。

存在着四个基本概念（焦虑、勇气、正义、超我），两种暂时性（主体化、主体进程），以及两种形态——形态 ψ，它将焦虑与超我连接在一起；形态 α，它将勇气与正义连接在一起。

作为一种代数的拓扑学剧变，主体在划分形态 ψ 与形态 α 的行为中实现了自我价值。

不存在之物

（1978 年 5 月 8 日）

主体的累积定义—康托尔定理与国籍规定—空位置的指示。

1

主体臣服于决定位置的规则，它绝不会用其效应的介入来打断后者。

主体化的本质就在于这种介入。由此，位置规则被解除了管制，并包含于摧毁之中。

从介入、另外一个位置以及其他规则的角度来说，主体就是一种重组的进程。

主体受到了影响，只要在除了这个被规定的位置——归位的名称——之外，什么都不可思考。因为主体所破坏之物同时也在其位置中决定了它。

存在这样一个事实：主体进程发生于介入的角度，表明了主体的律法是摧毁与重组的辩证分割。

这保证主体进程在某种程度上逃脱了重复。同一性的效应被破坏了，而这种摧毁所组成的是另外一种同一性。

仅仅是拓扑学就能够衡量这样一个事实，即在介入的因果关系中，一个连续接着另一个连续地出现。

主体将唯物主义的分割物质化了，由于它不能在没有算术规则的支撑下被理解，这种算术规则被主体化的预期及主体进程的反作用过度决定，而且混淆了。

2

主体是这样一种代数元素，由此决定着主体的结合律向偶然敞开了大门。

正如下层社会的权势所经常宣称的那样："我们永远不知道这些人脑子里在想些什么。"

我知道，某些前殖民主义者们长期被他们仆人受过训练的冷静（即仆人们对种族奴役制度的逆来顺受）所困扰。他们不能够停止——也只有这样做——对这样一个事实的信仰，即在第一个信号发出之时，也即在周边效应发生之时，这个友善的人——一个优秀的厨师，一位热爱孩子的人——会卸下他胸前旧枪零碎的金属碎片，这把枪通常是为军官的早上狩猎而准备的（除此以外，这个小恶魔会很殷勤地将游戏与点心带到场景中去）。

这就是殖民者的古老的主观定理，认为中国人无能。

代数的拓扑学干扰正是这些植根于归位极端代数化恐惧的确切名称。

所有这些仅仅给予了你们最随意的定位。主体仅仅存在于那些将自身秩序放入另外一个位置中的扰乱它的事物当中。

天下大乱达到天下大治。对这种说法的支撑便是主体效应。当暴动有机会进入解放战争的连续性时，当位置的偶然性在力的差别中被表达之时，主体便产生了。

你们拥有四个前提。

（1）主体位于内部排斥的代数情势中。尽管能为之指定规则，但主体将注意力聚集在规则效应的介入上。

（2）主体位于在位置之上的拓扑学的溢出情势中。尽管作为一个单独的术语，主体直属于归位，然而作为一个集体项，它包含于使其位置模糊的邻域系列。

（3）主体即摧毁/重组，因为绝不会存在一个非位置。位置之上的溢出决定了一种替换。

（4）主体化在介入的主要维度上指定了主体；在重组的维度上指定了主体进程。

3

关键在于理解溢出的拓扑学概念。我们将（代数的）内部排斥概念归功于拉康。

两个概念在同一个地方出现，这正是问题所在。

一旦人们将空位置的结构规则视为溢出位置的定则时，主体理论便出现了。

这种定则的秘密，在其产品处于整体存在的、不存在之物的、唯物主义的辩证分割中。

这是两个概念，而不是一个：这构成了辩证逻辑与能指逻辑之间所有的差异。

如果你们愿意的话，让我们回到代数与拓扑学之间差异的那个例子——在元素之上的溢出部分，即康托尔定理。

我们把集合 E 看作一个整体，它属于一种复多类型，其集合论的操作，允许我们详细列举且将这个集合的基数称为 Card（E）。大体说来，"集合 F 拥有比集合 E '更多的'元素"可以表示为：

Card（E）＜Card（F）。

我们可以这样来总结康托尔定理：集合 E 子集的基数总是大于集合 E 本身的基数。

让我们把 E 的集合 Card（E）作为一种集合规律。例如，我们可以这样说，我们不容许一个集合比属于 E 的结果的集合更大。

$$\sim（\exists F）[\text{Card}（E）＜\text{Card}（F）]$$

通过纯粹逻辑的结果，$\sim（\exists F）[\text{Card}（E）＜\text{Card}（F）]$ 也可以被写作（$\forall F$）[Card（F）≤Card（E）]，它表明了这样一个事实，即所有的基数都被限制在 E 中。

你们在这里所拥有的是对整体的一种辩证分割，它取决于你们是否将其与普遍存在的（$\forall F$）或不存在的（$\sim（\exists F）$）连接在一起。

在形式逻辑中，如果（$\forall X$）（P（X））的所有 X 都是 P，且在 $\sim（\exists X）\sim P$（X）中，没有 X 不与 P 是等同的，那么能指逻辑就在书写这个等式的代沟中建立自身，也正是在那里，辩证逻辑紧随其后。

拉康在这种双重连接中获取了两性的形式逻辑。男性位于"所有的 X 都是 P"这边，女性位于"不存在不是 P 的 X"这边。这就暗示了女性的确是不存在于整体之中的。

黑格尔也曾说过：女性是共同社的反讽。

所有这些都可参阅拉康的《失言》（L'Étourdit）（《即是4》）以及让-克劳德·米尔纳（Jean-claude Milner）的关键注释（《语言之爱》）。

请注意，唯一与之契合的无产阶级的普遍性要求一种对所有人都有效的特定政治学形式（阶级的解放将是全人类的解放），同时这种共产主义的政治学是一种不存在之物，它适合于仅仅从国家角度上才有意义的政治整体。

共产主义的政治学并不存在。存在的仅仅是共产党。

第三国际中有着某种无法消除的男性气质。

通过假定 $(\forall F)\left[Card\,(F)\leqslant Card\,(E)\right]$，我们使得 E 进入一种归位。

假设这是一个国家通过其国籍规则所作出的决定。直属于国家-民族的事实被这些规则代数地编纂了，它将法国人复多的类型固定下来了：它被禁止将"法国人"指定为任何一种超级的复多。例如这些移民的工人们，他们尽管从经验上内属于生产力阶级整体的基本成分，但在民族的复多中仍然是无权利的一方。通过"法国国际无产阶级"的概念，我们坚持认为这些移民的工人们在政治上内属于这种多。

——你们扰乱了国际法；

——你们摧毁了仅仅知道"移民"的帝国主义共识的根基；

——你们为复多重组了一种不同的规则；例如，凡是工作的人或践行了革命政治学的人，都有成为民族一分子的权利。

从这一点可以看出，移民工人是政治主体性当代进程的核心，其关键在于，法国移民政治的团结一致。

移民的无产阶级是专属于民族整体性的非实存（l'existant）。

我们抽象的归位 E 也有其非实存：这是一种更高阶的集合类型，包含 E 的以及在基数值变大中绝不会成为其后续事物的集合 F。规则决定其上升的上限，其最大值是规则下的无效客体。

在我们当中，这是由反移民驱逐的法律与实践守护的，它总是提醒后者注意民族集合内部关于内在性的禁令，以及由此而呈现的关于整体方面民族集合组成的不可能性。

我们应当怎样理解限制整体的合法的非实存呢？这是由规则决定的空基数值的位置，该位置分配并封闭了基数值的可能性。规则声称，在 $Card\,(E)$ 之外，什么也没有。归位决定的空集成为封闭的条件。它是一个无概念的限制点，保证了归位在其复多中的牢固性。

拉康与米尔内对此十分清楚。所有的整体性要求至少非实存一个不属于整体的项。这个不可能性的直属开启了整体空的边界。对于整体来说，它是非实存的，然而作为一种不可能性，它又是存在的，而且在这种不可能性中，整体的每个实存之物都获得其规则。

我们的社会——帝国主义社会——通过宣称移民工人们从来就不可能属于这个社会，将其定义为一个整体。

空位置标记的实存边界成为出位的代数位置。

在这个阶段，移民起义的目的就有了一个名称："平等权利"。

这是一个关于占据不可占据位置的事件。

在这里，我们拥有了非实存的第一个概念，规则引入两极分化，并摧毁了整体，它要强制占领那些无法占领的位置。

在抗议斗争中，作为特殊社会力量的移民，要求与法国人同样的政治权利，并强迫其民族复多决定，将其终止的非实存为帝国主义，也即，它强行施加了一种大众的国际主义。

同样，我假定存在一个大于 Card（E）的基数值，通过占有一个空的位置，我并没有计算作为最大基数而被归位的 E 的基数总数。因此，在由 Card ∗（E）所标识的新封闭中，其基数值大于 Card（E）。

不管 ～（∃F）规则创造了何种空集，现在都被填满了。

无论如何，主体通过力迫空的位置而得以在主体化中前行，由此，一种新的秩序通过占据位置并作为位置，反作用地奠定了自身的基础。多民族国家的人民以及主要的继任者，是由通过非实存强行的存在而被预测的进程。

因此，任何一个归位都是另一个摧毁的后续结果。

主体化是一种预测，是结构为空的位置；主体进程则是放置了力迫的反作用力。

主体是通过非实存在其被摧毁之物中所产生的归位。

溢 出 逻 辑

(1978 年 5 月 15 日)

除了空的位置以外，移民到处引诱邻域—康托尔定理再次出现了—作为代数目的的连续统假设—（哥德尔的）不可建构全集与（科恩的）归纳逻辑—骰子一掷所带来的不可估量的影响。

1

这就是所有吗？在关于主体的问题上，所有的不存在之物都是存在着的吗？

人们所忽略的，往往都是值得引人深思的。那些移民工人们仅仅依靠空的位置来决定他们的存在吗？如果我们想定义他们并借此触碰政治主体的视角，那么我们可以说他们是被法国社会内部所排斥的吗？鉴于此，法国人及其移民者的统一，将被限制在理智的有权人士允许与起义的无权人士联合的表演中。这是一种服务于社会力量的、无力的、"支持"工会主义的政治学。

从他们在阶级斗争中的实践内在性角度来说，还有很多很多。移民工人们的起义拓扑学，在性质上破坏了所有的政治邻域。那些经历修正的并不是移民工人们自身，尽管他们夺取了与法国人同样的选举权：对于那些民族同一性被破坏的法国工人们来说，如果他们在进程中被清除了，他们就会把政治学的另外一个版本及实践主体化。

多民族阶级统一的政治建构定义了这样一种拓扑学，它超越了帝国主义的内部法律，且绝不能被归于空的位置的力迫或者禁止性法律规范的失败以及驱逐性的实践。这种驱逐是国家公民权利规则的一部分，即使这种力迫与失败标志着一种义务的、策略性的韵律分析。

存在着一种对内在整体溢出的依赖，其中，对不可占据位置的占据仅仅是一种结构的限制，或者是一种被规定的时机。

集合理论赋予这种力迫断裂以一种抽象的体系。

如果你假定 Card（E）是最大的基数值，你将用所获得的结构资源来精确地找到其后续事物空的位置。然而 E 已经在自身内部拥有了在这种禁令之上的溢出，因为康托尔证明，E 的子集拥有一个大于 E 自身的基数值。

拓扑学地思考一下，通过其部分附属，E 破坏了本应该成为复多最大程度的累加法。

现在情况是这样的，数学家的欲望——从康托尔的开始——可以将我们导向包含其中的辩证风险的认知。

那些想要将移民的暴动限制在工联主义主体元素中的人们，宣称权利的平等，也即，对不可占据位置的占据是行动的出发点。他们忽略了邻域的实在界；他们将异于同一性的存在物限制在代数学的范围之内。

尽管大多数人都是疯子，数学家们也感受到了在他们背后秩序战争所带来的压力，但他们仍然想这样假设，即属于一个集合诸子集的集合的内在溢出，正好落在其上限的空的位置上。简而言之，他们想要假定，分区的基数正是基本基数的接续基数。也即，如果 $P(E)$ 表明 E 诸子集的集合以及 Card * (E) 大于原先的集合的基数值，那么以下这个等式就成立了：Card $P(E)=$ Card * (E)。

这就是著名的广义连续统假设——数学家们对集合理论的最初关注点，康托尔更是用尽毕生精力完成了对其不可能性的证明。

处于争议中的是代数（基数的有序连续）与拓扑学（在基本基数之上部分基数的溢出）的融合。连续统假设将使这种融合成为一个规则，即集合内部的溢出除了对空位置的占据，以及存在于适合原初集合的非实存以外，就再也没有其他内容。从内部超越整体的事物，除了为这个整体的临界点命名以外，再也不会做其他事了，从这个意义上来说，连续统假设维持了连贯性的分支。

然而连续统假设并不能被证明。

政治学的数学胜利在现实主义工联主义逻辑之上。

2

我们现在在哪？

1939 年，哥德尔证明连续统假设与集合理论是一致的。如果我们愿意，我们可以将其加入相关的定理。

为了消除人们对其证明的疑虑，哥德尔使用了一个内在于集合论的模型——可建构全集。这是一个典型的能指。它意在表明，在何种程度上，其目的是要获取在集合资源之上的运算，以及通过有秩序扩张的程序，推导出一步步建构的更加复杂的集合。因此，子集溢出潜在的无秩序被抑制了，而这也的确是以集合论资源的极端限制为代价的。哥德尔模型的特征便是十分狭隘的集合类型。

逻辑学家们对此十分清楚。例如 K.J. 德夫林在《数学逻辑指南》中指出：

> （……）关于无穷集中幂集的观点太过含混不清了；我们知道 $P(x)$，幂集中的 x 组成了所有 x 的子集——但在这里"所有的"意味着什么呢？ZF 体系以及 ZFC 体系并没有给我们提供太多的帮助。在不违背 ZF 体系的前提下，集合幂集取得越小越好，从而得到可建构全集。更确切地说，我们注意到在任何一个其他给定集合中，被一阶定义的给定集合中的子集都必须"存在"（于任何"全集"中）。如果这个给定集合"存在"的话，同时定义可构造等级（将可建构全集作为其界限）。这种定义是通过这样一种方式来实现的，即在 α 阶段，我们并不拥有全部的子集，而仅仅是带走那些我们现在所拥有的被一阶定义的子集。这种可建构全集的最小值导致了这样一种结果，即对任何基数值来说，2^k [k 子集集合的基数] 是尽可能小的（因此广义连续统假设抑制了可建构全集）。（HML454）

显然，以上文本建议我们建立区分集合子集的秩序。对于德夫林来说，这样一个事实，即 E 中"所有的"子集都"太过含混不清"的观点，显示了他在面对溢出无法分配的资源时的困惑。解决的办法在于，仅仅保持那些来自整体内部、根据整体自身而被清晰定义的存在。

人们以最小值结束的事实显示了他们所逃避的事物。

在生态学家们盛行的挑战之前，逻辑学家们就指出，在拓扑学"含混的"溢出面前，有必要认为"小即美"。

小即层：可建构全集以这样一种方式建立在层之上，即每个层仅仅只包含能够在以前层级上被标准定义的客体。当然了，我们所关注的客体是一个植入了溢出的客体。也即，它是一个从整体中分离出来的子集。哥德尔的建构需要一个名副其实的可兼容的子集，或者可兼容性政党的教化，人们通过在一个既定集合可以忍受的代数稀疏作用而前行。

让我们对此予以简化，以便能够进入问题中去证明反辩证法的本质。

给定一个集合 M，集合 M 中的一个子集 X 被认为在 M 中是可以被定义的，如果存在一个单独变量陈述 Ψ（x，a，b，c，…），其中 a，b，c，…是业已被定义的 M 的集合，那么 X 中的元素是唯一在 M 中满足这个陈述 Ψ（x，a，b，c，…）的元素。

换句话说，X 是 M 的一个子集。由此，根据仅仅属于 M 的系数而构建的清晰陈述，描述了一种仅仅为这些元素所共有的特质。这样一个陈述表明了 X 的特征。可以说，M 在语言学方面掌控了其子集 X。它保留了其规则。

由此开始，你们将通过在递归结构中的序数列举法，从一个集合理论层进入另一个集合理论层。

广义说来，每个层将允许所有来自先前层的部分，根据这些先前层而被定义（"可定义的"这个词从严格意义上来说以前已使用过）。我们可以在第一术语为空集的无限递推的定义中，来表述这个观点。

同时，你们也将仅仅接受那些属于确定层的集合。

用这种方式建造的可建构全集，在强制推行集合的内在自我限制过程中步步前行，其公式必须能够根据整体系数而被赋予。

例如，人们能够要求，任意一种政治组织都能够在基于议会制度独有的系数基础之上被定义（选举中的参与权，"左"与"右"的明确划分，等等），所有工人群体都能够将自身刻写于工联主义的制度当中。

在这种域中，集合的溢出最终被归于任意一种它所容忍的代数之中：复多的溢出仅仅在为整体划分界限的不存在之物的概念下才适合。通过这种方式，连续统假设被证明了。

此付出的代价便是复多独特的贫乏，正如在议会选举沉闷的景象，以及在工会"会议"中用他们的个性天赋，为我们祈福的气喘吁吁的群众中所展现的那样。

确实，对溢出子集的代数编码，将主体上的溢出归于秩序上的匮乏。

任何一个位置本质上所拥有的主体化，一旦被特别地重新排列到其边界的空位置，就会回落到位置与溢出之间的均衡之中，这仅仅重复了这样一个事实，即在没有性质上突破的前提下，位置拥有成为主体位置的权利，而通过这种性质上突破，扭曲中的主体效应逃脱了具体的尺度。

一个真正令人惊讶的定理（罗伯托姆定理［théorome de Rowbottom］）呈现了禁止的力量，由此可建构集会破坏集合。

为了获取其意义，我们必须知道，哥德尔的结果并没有让一般的数学家们满意。他们所要的是用集合原理规定，是作为必要结果而不是被允许补充的连续统假设。其目标并不是添加的空洞的自由，或者相对于集合理论的连续统假设。

其基本理念是这样的，即不可能在溢出与空位置的占据之间，制定出一条同一性的定理。对于实在界来说，它所需要的就是向我灌输其不可能成为其他事物的观念。如果不这样做的话，全集辩证法便会盛行：在空位置的逻辑连续与集合内部的溢出之间，存在着某种异质性。

同样，那些捍卫支持移民社会力量理念的工联主义者们，为了在某种程度上使移民的地位在帝国主义社会内部合法化，希望历史能够将他们的方案强行作为唯一可想象的政治方案。对他们来说，危如累卵的是阶级简单、形而上且永久的本原，其地位定义了他们直属的意识形态。

因此，人们找到了一种通过改组定理来抑制连续统假设的方式。例如，通过调整巨大基数看似真实存在的假设来实现。在某种程度上来说，它是一个有秩序地引入溢出的问题，不再是从下方通过可建构全集的下级层，而是从上方通过直接承认某种被希冀整理一切先于它们事物的卓越集合的方式，来完成这种引入。

沿着这条道路，与那些资产阶级试图将危机及大众起义回火点燃的，民族独立主义者、好战分子以及帝国主义分子所设计的"宏伟蓝图"相比，再没有其他价值的发现了。

不仅如此，测量在何种意义上"来自下层"的控制，即哥德尔式的可建构性因其关于集合资源的内在匮乏，对那个庞大的存在主义假设没有进行任何的支持。

如果存在"非常巨大的"基数的话（其机械的定义我在这里无法获取），那么不可构建的无数集合的存在就很有必要了。

来自上层的压力与来自下层的压力是不可比拟的。你们不能同时既炫耀——工联主义者为在和平时期顺利通过帝国主义的扩张而欣喜不已，又灌输战争以及对胜利阴暗诉求的风险。

罗伯托姆证明，如果存在一种特殊基数——一种"巨大"类型的集合，那么，在整数最小集合（最小的无穷集）的子集之间，不可构建全集比可构建全集更多。

这表明这样一种程度，即假设任何一个集合都是可构建的。这也是哥德尔建立连续统假设的方式，意味着将集合的内在力量阉割掉，且对那些在封锁印记方面太过野心勃勃的集合进行打击。

3

1963 年，柯亨证明连续统假设的否定与肯定一样，与集合理论（定理）是一致的。

"地球上的动乱"通过示威游行建立起了自身。

最不可思议的是，为了建立一种溢出的代数规则逐渐衰退的模型，柯亨使用了一种他称之为"力迫"（forçage）的技术：力迫促使连续的规则不再被运用，这使得主体的力量处于争议之中。

柯亨的模型构建方式正好与哥德尔的相反。如果没有与这种模型相匹配的直觉的话，我们就对此一筹莫展。这是其证明溢出实在的一个症候。

为了研究它的支路，读者们可以参阅 J. P. 伯吉斯《数学逻辑手册》中的"力迫"章节（404-52）。

正是通过这种稳定的最初模型（基础模型）"想象"的扩张，我们才得以获取复多无限中的部分资源。

溢出的这种作为指示物被添加的、"想象的"集合功能，可以从其名称中窥见出来：类性集合（ensemble générique）。

当然了，任何一个主体都能够引起类与可构建全集分裂的统一。

类的增补仅仅是最低限度地被描述了。这才是关键：整体语言最不可能的神秘也凌驾于被期望使其扩散的事物。正如柯亨自己所言："在当前形势下，我们是以集合单独的症候为开端的，并且在某种程度上希望给予关于它最少的信息。"

相反，哥德尔要求对每一个阶段都进行最大限度的描述，因为他仅仅保留那些清晰公式所提供的一种单独特质的部分。

为了将信息尽可能稀有地予以保存，柯亨用具有更加委婉特质的力迫代替了蕴含（如果 p，那么 q）：如果存在某种情形，那么陈述 q 就被迫成为那种情形。

一种条件事实上仅仅是通性集中的一个元素。允许我们将扩张作为理论模型的信息可以被这样总结，即直属于增加的"想象"集合中的元素，力迫了这种扩张的属性。

这种回避逻辑（logique évasive），或者说柯亨所探索的系统信息不足的典型例子，全称量词优先于存在量词。

为什么这样说呢？因为如果我拥有一个 $(\exists x)(P(x))$ 类型的陈述，那么根据模型的真理我就需要指定一个关于这个模型精确的元素，使 $P(a)$ 满足于它。这种精确与通用的灵感是背道而驰的，它致力于在溢出资源内部做尽可能小的区分。

从这个意义上说，类性的基本与拓扑学的类似，正如我们所建立的那样，它未能识别支持它邻域的那些元素。

由此可见，"当面对 $\exists xB(x)$ 这个命题时，我们应当认为它是一个假命题，除非我们已经有了一个症候 x，为此我们有充足的理由认为 $B(x)$ 是一个真命题"。

萨特曾多次断言，知识分子与革命的关系，就在于他或她普遍化的功能。萨特的观点是正确的。作为主体化拓扑学规则的溢出，导致了普遍性优先于实存性，而实存性决定在旧世界里什么是可以辨识的。

一旦被放任，政治力量将不再像以前那样可以辨识。在那里只存在着共同体主义的美德——类型的美德。

同样，它也不再对同样否定的空间进行任何规定了。它将其旧的对立规律转化了（例如，议会的对立）。它教会我们在不同场合下说"不"。

在这一点上，我们仍然不得不打破可能结果不可抗拒的效应。

在经典的逻辑命题中，P 包含否定的 q，纯粹且简单地意味着 p 与 q 不可能同时为真。如果 p 为真，那么 q 必须为假。这个否定的隐含式表明，两个陈述之间是无法比较的。从这个意义上来说，p 为真就从严格意义上决定了 q 必须不为真。

相反，在力迫的逻辑中，p 力迫否定的 q 意味着，并不存在比 p 更强且力迫 q 的情形。正是从不存在与陈述 p 有相关性之物这一点来说，$-q$ 的力迫被决定了。

什么是一种"更强的"情形？即使柯亨严格按照一种秩序的关系来定义它，我们也可以将它阐释为赋予比先前条件"更多信息"的情形，或者，一种比类性模式特征更严格的情形。

因此我们认为，如果不存在比 p 更多信息的条件的话，p 力迫—q 就反过来又力迫了 q 本身。可以说，陈述 q 在比 p 更强的条件中发现了自身。

因此，否定 q 的力迫——与其可能结果所导致的不可比拟性相反，是这样一个事实的结果：在定位且包含了 p 力迫 q 的真命题条件中，什么也不存在。

这被认为是一个突破，主体化当然是在力迫逻辑内部运转的。暴动的"反抗！"并不是由当地的条件所暗示的。它是通过一种绝对限制的非实存之物被力迫的，用超越的方式迫使其服从当下的条件，这成为一个绝对的前提。

在正式的隐含条件与力迫之间，存在着所有辩证法在决定论古老问题中引入的矛盾。

主体的起义是位置内部力迫所带来的效应。但这并不意味着位置蕴含着它。

对于通过力迫获得的类性扩张，增加的想象集合使一切可以被它陈述的事物都臣服于它，产生了数量惊人的新集合。

事实上，我们可以如我们所愿地制造尽可能多的集合。结果证明，拓扑学的资源是无限的。

由此我们证明了，一个集合诸子集的集合的基数值是无限的。它的值远远大于原集合的基数值。它可以是后续的事物（如哥德尔所展示的那样），或者它可以发现自己仍然远离了基数系列，并最终（伊斯顿定理）远离到差不多如我所希冀的那种程度。

因此，一个集合的内在资源取自于它的子集，不会受到量的规则的约束。它可以经过一切人们所声称的将其指定为边界的事物。溢出的逻辑是实在的，只要它不可能对其进行限制。

这也是为什么一个弱小的民族，仅仅依靠其自身的力量也能将一个强国击败。当然，它仍旧需要其社会子集的政治凝聚，即政党的存在。

对于这样一个政党，基数——幂（pouissance）：数学家们已经很有远见地将其命名为一个集合基数的幂——超越了一切人们可以从中希冀的事物。

请注意，柯亨摒弃了数学家们所希望的旧序数链条，最终将它们转换成内在溢出的超幂（surpaissance）：

> 最终可能被人们所接受的CH（连续统假设）显然是错误的。现在X1是可数序数的集合，且这仅仅是一种产生更高级基数的特殊且简便的方式。相反，集合C（连续统）却是一种完全新的、更有说服力的原则，即幂集公理所产生的。[……] 这种观点将C（连续统）作为一种通过完全新颖的公理给予我们的非常丰富的集合，它绝不会通过任何零碎建构的过程而被获取到。

在这里，柯亨意识到，在位置与溢出逻辑之间，存在着一个辩证的断裂。

由此，溢出发现自身没有数字的联盟。在其运算法则与邻域的双重记录中，主体完成了自身进程的矛盾断裂。我们欢迎那些其中部分复多被"溶解"的"含混的附近"，将它们认为是这样一种证明，该证明由那些欲求其对立面的人管理，存在着对实在界的一种赌注。如果在这个赌注中，刻于骰子上的数字是一种思辨的结果，那么它就不能与链条相连接。在这个链条中，掷骰子人的姿态产生了推理结果所能企及的不可计算性。

第六部分

伦 理 问 题

在 哪 里?

(1979 年 3 月 9 日)

主体十论点—给予与限制—歇斯底里，暴动—无产
阶级在哪里？—无意识在哪里？—马克思主义的数元—
面向主题。

1

如果我将我们现阶段的注意力放在关于我的主体的十个问题
上，我就必须将它们列举出来：

（1）主体效应是对在一个空的位置上，以及在这个位置之上
的力迫溢出附近，结构性波动的分裂的关联。

（2）从唯物主义的角度出发，主体效应同时提供了其位置的
代数及其力迫的拓扑学知识。它坚持由那些从其位置中消失的事
物中消失，且包含于其目标的邻域之中。

（3）我将主体化称为溢出所导致的波动的介入。它是一种
摧毁。

（4）我将主体进程称为，将放回于溢出的位置放入以溢出自
身为中心的归位之中的行为。它是一种重组。

（5）主体效应仅仅是主体化与主体进程可分的统一。每个这种时刻都是抽象的。只有根据摧毁—重组进程来言说，主体才是可被接受的，这在第二次阐释中反过来涉及匮乏与溢出的辩证法。

（6）在两个分割阐释的交叉中可以发现，主体化被分裂成焦虑与勇气。

（7）同样的道理，主体进程将其统一归功于正义与超我的二重性。

（8）主体效应在四个概念的拓扑学中被完整表示出来了，这四个概念是：焦虑、勇气、正义、超我。

（9）拓扑学给以下两对组合打了结：焦虑-超我组合表示效应 ψ；勇气-正义组合表示效应 α。只有根据分割制造了 ψ 与 α 同一性的进程来言说，主体才是合适的。

（10）主体不能在任何地方被赋予（给知识），它必须被发现。

2

我想要关注这十个问题，它们聚集了我们为之奋斗的后笛卡尔哲学特质。

贯穿唯心主义经典伟大的传统，在直接的自给的情形中，主体指定了存在的清晰易懂观点，由此，通往存在的所有道路都必须畅通无阻。即使被证明是空无，所有的证明也都是在主体的基础上被决定的。在这里你会意识到我思的形式功能。在康德看来，主体在没有自身经历的情况下组成了经验可能性的条件，其中仍然存在着道德的迹象，在那里我们发现了主体本体论透明度的意义。

因此，经典的主体是一个天生具有双重函数的算符。一方面，经典的主体指定了一种不可简化的实存物；另一方面，经典的主体限制了实存物的剩余物得到认知。经典的主体区分了直接被给予的事物与间接被经验所拒绝的事物。

用唯心主义经典传统的话来说，这两个函数似乎是反向的，主体存在物的存在被证明是一种非实存物。这是萨特的理论。知识的界限被证明是一种无限制。这是黑格尔的理论。

然而这种颠倒并不是真实的。萨特自由意识的非实存实际上就是其透明度的名称。我们假定了在透明度中给予他身的事物，我们对此仍然说得太多了。意识是其透明度的透明度，其意识"并不在自身的位置中"。这样一个空无的存在表明一种本体论在何处是可能的，也即，单单在给予我们空无的地方，也就是在其本质中实存的我思便可以了。

黑格尔式知识（绝对知识）的无限性必须包含一种整体性原则，即无休止的"圆圈中的圆圈"。由此，它对无限制进行了限制，并授予了它可以整体书写的百科全书式的书的形式。现在，对于我们康托尔主义者来说，大量黑格尔式知识缺乏真正无限性的观念，是在所有可理解的整体性之上溢出的内在运动。

双重函数（即实存与限制）代表最彻底的古典主体概念。正是在这样一个基础之上，主体可以成为一个起点。

我认为在实际生活中，我们仅仅能够到达主体。这是马克思与弗洛伊德时代的标志，即，主体不是给予的，而是被发现的。

然而，政治学上的马克思主义以及哲学上的弗洛伊德主义所概述的结构重要性，在于对主体元素的不离不弃。尽管主体既不是一种透明度，也不是一个中心、一种物质，且没有什么可以证明主体对于经验组织的必要性，但主体仍然是这样一个关键概念，该概念表明我们可以思考伦理学以及政治学等方面的问题。

对于马克思主义的每一个阶段（共有三个），以及弗洛伊德主义的每一个阶段（共有两个）来说，我们不得不解决对发现且获取主体有效的调查算符的详细问题。

当马克思把认真思考其时代的革命活动，以及大众历史起义作为其责任时，他就必须按照严格的理论与实践工作，在实践中准确地描述诸如政治主体的辩证形式。对于一般活动的推断仅仅是以 19 世纪的暴动为前提的。由此，很有必要展现一种秩序（资本主义秩序）的完整拓扑学，扩大其逻辑的差距，且自始至终贯穿异质性，以便将无产阶级命名为几乎不能在事件混乱状态表面发现的主体。

弗洛伊德思考歇斯底里症患者的话语与身体语言，发现其行为当中显现出：在最后，处于争议中的是诸如神经症患者的主体，而不是谁患有神经症。"无意识"这样一个主体的名称，在这里也困于精神生活的拓扑学。

尽管精神分析与马克思主义之间没有联系——它们之间形成的整体性是不连贯的，但毫无疑问，弗洛伊德的无意识理论与马克思的无产阶级理论在主体支配理论所引入的断裂中拥有同样的认识论地位。

无意识"在哪里"？无产阶级"在哪里"？这些问题也没有机会被一种经验主义的指派或者一种反思的透明度来解决。它们需要简明扼要的精神分析和政治工作。

开明且有组织的概念，就如同开明且有组织的机构。

唯一一个将我们置于主体轨迹上的表面效应（人们在政治暴动与歇斯底里症患者的戏剧中，均可清晰地发现），是业已在一种分类唯物主义前提下用其排列扰乱了真理代数的真实陈述的存在。

主体既不是起因，也不是基础。它维持使其两极分化的事物，并且支持在归位中领先于自身的效应——总是在其可见性的溢出中不可见。

3

我们决不能一次又一次地重复这样一种观点，即认为马克思主义的文本是最首要的激进政治学文本。这种重要性的符号是刻写在主体迫切之中的一种急迫、灵光乍现的写作。正是在那个因犯寓言中看到，人们开始勤于思考了。我与朱利安·格拉克的观点是一样的（顺便说一句，也与塞缪尔·贝克特这位当代散文大家的观点是一致的——如果格拉克没有将夏多布里昂带向终结，贝克特没有将帕斯卡尔带向终结）：

> 我们用一种欣赏的眼光，甚至是不带一丝杂念的欣喜，重读了《法兰西阶级斗争》与《路易·波拿巴的雾月十八日》。没有什么能够接近这种高调与尖锐的特性——自始至终毫不费劲地横跨了这些文本——马克思这位记者令人吃惊且轻快的喜悦［……］这种革命的欢呼仅仅发生在最伟大的——一种优雅的姿态中，一种启示录般的快乐的科学［……］。

那么剩下的呢？大象即资本？这是真正的游戏框架，不要把沥青路面与文字游戏混为一谈。马克思可以成为沥青道路工程师，以及为了工人们而成立《国际先驱报》及《泰晤士报》的捍卫者。

当马克思、列宁将自身投身于被历史症候毁灭的实在之中时，并紧跟着一个连接直到他们获取了两个连接之间的衔接之时，你们才能迅速解密政治主体。

首先，请阅读《法兰西阶级斗争》；然后，阅读《危机已经成熟》；最后，阅读《湖南农民运动考察报告》。

一个拓扑学的问题：资产阶级在何处？更确切地说：无产阶级在何处？它在哪里呢？在其被代数地规定的位置中（政党-国家），是（新兴的）资产阶级其自身感觉安逸？

不存在一个单独的马克思主义的主要文本，其中不能发现在"无产阶级在何处？"这个问题上的主要动机。由此可见，政治学是（当前形势的）话题与（我们任务的）伦理学的对立统一。

在《法兰西阶级斗争》中，当在凶猛的辩论与紧急的调停之间被捕捉到时，发现主体的运动便创造了奇迹。例如：

> ……尽管不同的社会主义领导者们，在围绕他们自身的斗争中，提出了所谓的作为其反对彼此社会革命转接点之一且自命不凡的附属的体系，——无产阶级在革命的社会主义与共产主义之间越来越团结了，对此，资产阶级也创建了其自身的布朗基体系。这种社会主义宣布了革命的持久性、无产阶级专政作为废除一般阶级区别、它们所依赖的生产关系、与这些生产关系相一致的所有社会关系的转折点，以及来自这些社会关系的所有思想革命的转折点。（SWI，282）

在这里，马克思主义四个基本概念位置的提取是与其历史拓扑学的劳动力联系在一起的。

这四个概念是：

——政党（无产阶级的团结一致）作为历史大"一"中的大"一"而出现；

——阶级斗争（革命永久的宣言）作为主体的位置；

——无产阶级专政作为聚集于摧毁之上的练习；

——共产主义，不是作为一个封闭的乌托邦，而是作为经济、社会以及文化摧毁—重组的三重过程。

自然，如果在无产阶级专政的法律下，在阶级斗争的名义下，（无产阶级）主体得到了说明，那么你们就获取了我们早在两年前所预测的这个 Z 形图：

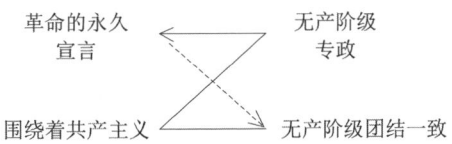

你们不得不承认，在十字路口以这种方式来表达，句子开始"坦白"了。

如果我们懂得无产阶级专政是主体进程的超我形式，其正义的名义是共产主义，我们就处在一种使其言说更多的情势当中。"过渡"这个词仅有一种指示价值。如毛泽东所反复强调的，没有共产主义者的运动，就没有共产主义。如果不是在被认为导向它的"过渡"中，且在其支持修正主义律法的对立面，那么这种运动又集中在何处呢？无产阶级专政与共产主义是捕获于其在超我与正义同一性中断裂的同样的事物（阶级政治学的主体进程）。

至于"革命的永久宣言"，不难看出它是如何将革命的永恒勇气添加到起义当中的（1848 年 6 月工人的静坐示威活动）。后者意味着位置中阶级斗争的主体化。那些仅仅保留了其勇气的人忘记了它也位于历史焦虑同样的时点。

也就是说，存在着一种革命，任何一种群众的节日——奔腾的，优雅的，春天般的——都离这种革命不远。

我们可以这样说，在对历史的反抗中，宣布革命的永久性就意味着，于实在界的心脏处将自己从对其时机完全成熟的挑衅中撕裂出来。

当令人困惑的起义举起了法律的禁令之时，追寻在其迟钝的暴力之间的承诺就促成了一种完整主体化的勇气。

由此可见，这四个明显的概念（政党、阶级斗争、无产阶级专政、共产主义）被组织进四个不同的概念，加上一个，政党——主体群，它是另外四个概念的结点所能让我们想到的任何事物的类性名称：

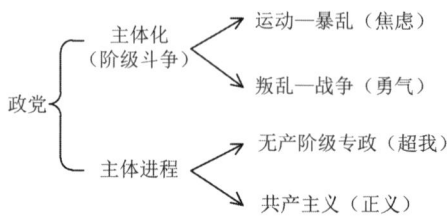

你们也可以用以下方式将这四个概念进行分类：

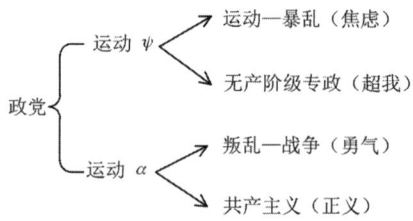

来自这些表格中的文章定义了整个主体发现的问题。

这就需要两种表格的叠加——第一种关注的是主体化/主体进程的辩证法，这在一定程度上遵循了主体效应显现的规律；第二种关注的是主体内部的在性质上的不对称，这围绕着推进的代数 ψ 的同一性的逐渐消退——α 的拓扑学重组——摧毁——重组而进行。

实际的调查发现，所有这些都来自拓扑学之间的运动。

我们知道弗洛伊德接受了其规则。当他从无意识—前意识—意识的体系到达本我—自我—超我的形态中时，我们忽略了从哪里可以找到与以上两个表格相类似的客体。这是因为它是一个归纳问题，从一个到另一个；"加一"的正确情势——询问"主体在何处"的正确方式。

　　对马克思来说，当我们从政党—阶级斗争—无产阶级专政—共产主义到诸如生产观念学的生产关系模式时，也同样如此。

　　无产阶级在何处？

　　主体的秘密并不包含在一种又一种的拓扑学中。它存在于彼此模糊的运动中，因此重建了主体是代数的干扰这样一个事实。

主体的缠绕： ψ 与 α

（1979 年 5 月 4 日）

关于不可判定的主体—荷尔德林，半途中将另一半点燃了—静止的拓扑学—身体，政党—四个概念的现象学。

1

在其形式原则中，主体效应绝不能被归于一种简单的矛盾。除此之外，这是奋力争取其理论的拓扑学之需背后隐藏的原因。你们必须自行处理一种概念的网络，其中，主体在没有能够于这种网络内部将包括这个术语之下的点联系起来考虑的情况下，总是指定了这种接合。

不管是政治学领域还是心理分析学领域中的主体事件，对于这两种秩序来说，还有其他的吗？两个详细的术语，一个置于阶级中，另一个置于无意识中。通过一种我们在其中调查的归位（资本，象征界）理论，我们总是以一种错误的方式前进。在一种反作用的干扰中，对于那些症候（叛乱，神经症），正义都是在出位被安置的情况下才得以实现的。

　　因此，依靠唯物主义的两个角度，以及用必要的方法来思考位置占领的制度，我们必须用其干扰的逻辑来强化位置的逻辑。

　　这也是拉康不得不在象征界（位的规则）、想象界（位置的自我认同）以及实在界（分布）的三位一体之下约束主体的主要原因所在。他不得不在某些方面不加逃避地用一种拓扑学的近似值来填充这种秩序，因为对结的切割并没有真正将（客体的）匮乏辩证化。

　　在其三个主要概念（阶级斗争、无产阶级专政、共产主义）的基础上，马克思主义向所有政治学的主体支撑靠近了，在马克思看来（参阅他著名的于 1852 年 3 月写给魏德迈的一封信），这三个概念的复杂阐释定义了其贡献的独创性。

　　就我而言，我担心在拉康理论之外将动因与连续性关联起来，我认为主体过程是诸矛盾的矛盾，是两个过程的扭曲。其中，一种进程 ψ 臣服于位置的溢出，另一种进程 α 则将这种秩序颠倒了。

　　既然双重的统治使这两种进程叠加了，那么主体理论的关键点就在于决定那个支配项的不可能性。

　　经典的政治辩论可归结为这样一个问题：它是一条基本的或者组织的路线吗？这个辩论实质上是无限的，它将"正确的路线"置入"政党总是正确的"思想之镜。毛泽东政治学思想的核心在于它认为政党的建设需要有组织的群众路线，即在政党的群众路线之外，它认为群众路线高于政党。以此它明确宣称那个古老的问题是不可通约的。在这个层面上，它使主体理论生效了。

　　在根本没有向不确定性屈服的前提下，我们认为主体进程于不可判定中得到解决。不可判定即其建构的概念。

　　哥德尔那个著名的定理认为"存在无法判定之物"，可以作为这个证明的结果。这表明存在着一种不可判定的概念，由此我们坚定地将主体的教条与一种计算的可能性联结在一起。我们证明了主体。不可判定并不意味着自由。它是任何一种秩序的内在点，我们在 ψ 与 α 两种进程的交叉处决定了其必要性。

如果自由是基础，那么相反，不可判定就是推论得出的结果。

同样，我们也被禁止这样思考，即在 ψ 与 α 这两种进程之间存在着一种客体层。溢出与匮乏都不具有任何固有的特权，顶多只是主体化或主体进程。我认为应当将实在界归于因果关系客体的形象，因为对我来说，这种马拉美式的心得，以及其他耗尽消失项所取得的宏伟建设，远远优先于连续的辩证法。我们并不能由此就得出结论说，主体理论将再次以溢出为中心。主体的交织并没有中心。没有匮乏的搁浅，溢出仅仅是一个左翼分子的幻想，很快就被倒转到其对立面：一种自然的哲学，正如我们在德勒兹的事件中所看到的。

我认为伦理学并不会对这种扭曲结构漠不关心。它在线与线之间作出了区分。然而它仅仅允许作出以下结论：存在着某种无法判定之物。

伦理学就等同于以下格言："最终，要从无法判定之物开始做决定。"

如果不可通约的事物没有被包括到拓扑学中，我们将在没有说任何话的情况下谈论。

2

荷尔德林是德国辩证学家中第二个伟大的人物。在黑格尔制造圆圈的地方，他制造了挠。

黑格尔从国家中推断出普鲁士为一个概念性的术语，该术语也可能是拿破仑，且黑格尔对拿破仑马背上的精神理念不屑一顾（那个戴着两角帽的人正从他的窗下经过）。

对于荷尔德林来说，德国是站在反希腊的立场上的。它所有康德式的现代性，就在于从正式中制造出非正式之物。在那里，原始的酒神将他们"亚洲人的"愤怒，转变为了无与伦比的神庙形式。德国被分成希腊与自身的怀旧曲，而不仅仅是一个单独的概念。

荷尔德林了解主体的拓扑学：

> 在一天的课程或一件艺术品之中，最险峻的时刻即当神圣的自然与时间精神掌控了人类以及他感兴趣的客体激烈地反对彼此之时，因为感觉上的客体只延展了一半，而精神却在另一半骤然燃烧的地方强有力地苏醒了过来。在这个时刻，人类不得不最大限度地维持自身：因此，他也将最大限度地暴露出其性格特征。（ELT 110）

这段精彩的文本是那四个概念隐喻的凝缩。

荷尔德林正在对柯亨和安提戈涅的提问作出评论：从哪里可以将她的能量与勇气，用以在法律的分割中维持自身呢？她怎么能够在这个精确点上承受对正义的幻想呢？在那个点上，打着柯亨的幌子——我的意思是，在安提戈涅的名义下，它是柯亨效应规定性的存在吗？它是超我的暴力对重复的需求吗？

为了阐释这个问题，荷尔德林直奔主体化的辩证法本质。整个文本承受了不可承受的挠。

在那个冒险中，在那个"险峻的时刻"，其矛盾是什么呢？一方面，是掌控人类的"时间精神"；另一方面，是"他所感兴趣的客体"。

很显然，在"掌控（人类）"的连续与导因（客体）之间，存在着本体论的不一致。一方面，荷尔德林假定了溢出的存在；另一方面，他又假定了位置的存在。"掌控"——由于其位置是出位，被称作是"神圣的"——与在人们所感兴趣的客体掩盖下按照需要从匮乏所规定的位置中逃离出来，是同样的事情。它不是一个起源，一个中心，或一个起因。它是作为替代的力量进程。荷尔德林后来这样说道：时间的精神"最强有力地苏醒了"。

与感官上的因果关系客体相连接的、归位的人类定义仅仅只进行了"一半"。多么不寻常的一个表达！代数仅仅是主体的中场。对这个中场的克服，起草了一幅并不是偶然出现的拓扑学画面。如果矛盾"最凶猛地"出现了，那也是因为位置必须被战胜，以致"另一半燃烧起来"。令人惊讶的隐喻的简洁性！"另一半"是另一种维度，是任何位置的拓扑学关联。代数确实是由溢出点燃的。

接下来会出现什么呢？人们必须"维持自身"，在那里你们会马上知晓用以反对"凶猛"焦虑背景的勇气的必备要素。勇气是位置与兴趣拓扑学消耗的名称，只要它臣服于愿意"最大限度地暴露"的姿态，这就是允许人们"维持自身"的条件。因此，在新事物的开启中，为了维持自身，明显无限的辩证特征即有限。这是因为在位置之上溢出的燃烧沉淀物（人们已经"将其最后一轮燃烧了"）是正义的主体进程。主体转矩线 α 解释了为什么"最大限度地暴露"与"维持自身"是同一件事情。

对于第二个特征线 ψ，其与线 α 的交织解释了为什么从主体的角度出发，你们拥有白日与冒险、凶猛与暴露、一半与特征，即焦虑、超我、勇气与正义。

在这之中不存在"美德"。荷尔德林的这些话并没有指定任何一种能力，并且从某种意义上说，柯亨并不能为他的问题提供答案。它是一个关于穿越与逝去瞬间的问题，其中，一半与大火永久地给主体效应赋予了诗意。

3

这个话题依次被划分为静态的与动态的。

那个基本的正方形仅仅倾向于将主体进程的两个划分联合起来：

——主体化/主体进程组合，通过原因与连续将我们带入摧毁与重组的逻辑；

——ψ/α 组合，关于匮乏与溢出交替的首要性。

这四个概念变成了关于主体为双重的阐释，或者更确切地说，为双重的轨迹命名的网络的顶峰。

如果你们认为主体化/主体进程是主体的精神分析的观点，那么你们便拥有了焦虑/勇气与超我/正义这两对组合。

如果你们认为 ψ/α 是综合性的理解，那么你们便获取了焦虑/超我与勇气/正义这两对组合。

对主体的认知需要两种轨迹的伸展。任何一种理论实践的神经学或群众起义的分析都清晰地表明了这一点。

在所有情况中，对交叉的支援是物质性的一个可命名的项。这个项是双重进程中的一个。

对于心理分析来说，它是性的躯体。

对于马克思主义来说，它是政党。在马克思心中，它是无产阶级的团结，它是在其形而下学中的政党。

从严格意义上说，政党是政治学的躯体。躯体存在的事实决不会保证主体的存在，不管是在动物躯体还是在机构躯体中。然而，由于主体即将诞生，即将被发现，躯体的支援必须存在。

主体的静态——作为一系列概念的结果。这些概念同所有那些结构辩证法（归位、出位、消失项、匮乏的随意性、匮乏之匮乏……），以及所有那些溢出的逻辑（力迫、摧毁、律法的分

割……）、通过唯物主义基本类别而重复的整体集合（代数与拓扑
学）等一样复杂。于是，我们得出以下结论：

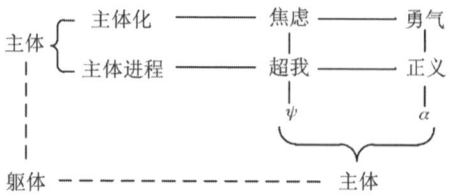

对于这种形式安排，基本的马克思主义翻译是可建构的。这
就需要一整套调解的概念（历史与政治学，革命、节目、资产阶
级的划分、人民、联盟、生产模式、统治、国家、群众等）。参见
下面的图解。

在这些图解中，对线条的必要使用不应该掩藏这样一个事实，
即焦虑与勇气从同一个点运转，正如正义与超我。这个点是关于
摧毁与重组的点。

在这里，静态将自身颠倒为动态。

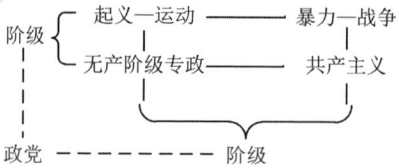

主体不可图解的一面在于从线条中制造出一个点来。

4

我说过这四个概念既不是美德也不是能力。更好的是：它们甚
至都不是经验。两年前我给出了关于它们抽象的公式。在那里你们
可以明显发现，它们除了仅仅是某些进程的名称以外，什么也不是。

焦虑、超我、勇气、正义都不是意识的形态。它们是主体效
应的类别。这些类别使我们想到一种特殊的物质区域，它是支持

其任何一种摧毁的首要原则。

（1）焦虑是阻断的形式，作为溢出被实在界侵占了，这使得其秩序成为一种无生命力的秩序。在这里，实在界的溢出通过阻挠打断了围绕着空位置的波动。在那里，勇气，就其自身来说，通过违规的方式运转。

我们或许会认为焦虑指定了实在界埋葬象征界的时刻，而不是将其断裂。

因此，主体化在没有废除其空间的前提下阻止了规则。在这种秩序本身的概念之下，这种瘫痪的空间将无序转变为秩序的死亡。

从历史上来说，焦虑作为"权力真空"提名而存在，这种痴迷将政治学家们缠绕住了。当然了，对这种空的位置的统治——仿佛突然间不可占据的位置到处都是——是对无序的偏见，因为后者在法律正式的维护以及秩序（消亡的）形象中被保留了。

在"五月风暴"的末尾，《世界报》做了一个完全的转向，将这场革命推向了反革命的一边（"够了！"伯夫-梅里在标题中写道），它从革命混乱的点出发，将焦虑作为对戴高乐主义者超我的暴力诉求而传递出去了。

未被分配的法律尽管不再具有统治效力，却依然在远方闪耀，以这种形式，焦虑影响了作为混乱的摧毁的意义。焦虑在拓扑学附着的内部保证了溢出。对于这种瘫痪的秩序，法律指示我带走整个的躯体。阻断被粘连于归位的内部作为葬礼的象征。产品位于焦虑的起源处，通过溢出的方式，产生了一种没有答案的问题的方式（就自身而言，勇气是一个没有问题的答案）："人们想从我这里得到什么？"然而，尽管受到致命的打击，处在位置中的这个问题听起来仍然是一个位置的旧秩序。

焦虑，正如我们在沉默且毁灭性的暴动中所见到的那样（例如 1848 年 6 月），在其影响中暗示了摧毁本身的死亡，摧毁中的摧毁。它是最具自反性的主体概念，它包含位置由此崩溃的溢出形式。

（2）焦虑号召超我的到来。作为主体化不可避免的一面，焦虑于死亡秩序之网中被捕捉到，它呼吁对法律加强支持力度。在这里，弗洛伊德学派将提及自我惩罚的焦虑实践。溢出是焦虑对其自身存在的忍受。这种溢出被其自身的原则——拓扑学附着所牵制。将溢出奉献于位置的修复，就相当于使主体臣服于保守的主体进程——超我。这种关联定义了主体转矩线 ψ。

超我类型的进程是什么呢？作为连续的一个图像，它根据可用的位置，通过将溢出到处分发的方式，使其放回位置之中。超我是溢出结构的一面。由此，拓扑学的代数化发生了，就如同充满了主体化的焦虑，位置自身在地点恐怖的指示中将自身重组了。

事实上，超我是恐怖的主体进程。黑格尔直接参与了因罗伯斯比尔统治的恐怖行动而进行的描述，由此足以说明超我是恐怖的主体进程。这个描述带来了以下结果：

——"对现行组织的摧毁"；

——死亡的一般秩序。

溢出的普遍性使得每个在其位置之上的人，都变得多疑起来。

在这里我们发现，在超我的作用下法律惊人的形象——其非法律的本质是怎样被释放并变得无所不在的：

> 既然［普遍性］已经实现了对世界真实组织的摧毁，且只为其自身而存在，那么其唯一的客体将不再具有任何内容、领地、存在以及外部扩张，仅仅只是作为一种绝对纯粹且自由个体本身的知识本身。［……］
>
> 因此，普遍自由仅有的工作与行动便是死亡，这种死亡也不具有内部意义，因为所否定之物是绝对自由本身的空指（洞）。因此它是所有死亡中最冷漠且不重要

的，除了砍掉一颗卷心菜或吞掉一口口水之外，别无其他意义。

在这个平面上，常见的单音节词包含在对其自身的充实中、在政府的智慧中，以及在普遍意志的抽象智力中。

政府实际所做的是反对普遍意志的罪行，普遍意志将这种罪行维持了，而就政府自身而言，它没有什么特殊且显然的东西，以此让普遍意志反对它的罪行得以被描述。因为作为真实普遍意志反对的，仅仅只是一个不真实的纯粹意志、目的。因此，被怀疑的占据了位置，或者具有意义与效应，并成为罪行。反对这个事实的外部反应在于目的的简单本质，在于这个存在本身冰冷的已灭绝事实，从中除了其自身的存在以外，没有什么其他的可以被带走。(Ph359-60)

在没有考虑现实的前提下，被放置的暴行将目的根除了，它足以证明其是多余的。因此，在行动可分割的客体性的基础上来研究恐惧是无用的。相反，我们必须从焦虑不能影响分割这里开始。

在黑格尔的完美文本中（不仅如此，它拒绝判断：恐惧是自我意识生成的必要时刻），我们要记住，恐怖是属于主体而不是国家的一种现象。政府仅仅是成为普遍存在的模式（即，对我们来说，成为分布于整个死亡帝国位置溢出的普遍性模式）。这意味着恐怖是政治学的一种形态，而不是当代国家的机械结果。如果你们致力于理解并禁止古拉格集中营的话，你们就把在其合理的主体决定中的斯大林政治学作为你们的目标。相反，如果你们致力于在古拉格集中营的基础上，从一般意义上来定义斯大林甚至马克思主义政治学的话，这就仅仅会导致一种低俗的伦理主义。

现在这种低俗伦理主义的困难在于其虚弱无效。任何一个致力于终结恐怖行为与古拉格集中营的人，都必须循着马克思主义政治主体的道路。其中，恐怖行动是一种辩证的行为，一个恰当的修正主义者形象。现实中的道德抗议为恐怖行为的复辟开创了道路。

恐怖行为的本质是政治学的。我们必须在政治学样态中、主体连续的基础上来理解恐怖主义国家，让我们回到其根源处：主体化、苏维埃的焦虑、内战以及新经济政策的焦虑。我们必须在恐怖行为的基础上来思考国家，而不是相反。

对政治学样态压抑且血腥特征的谴责，并不相当于这种政治学的现实批判主义，它也不曾使人们与之周旋。

我们马克思主义者是唯一连续且有效的反斯大林主义者，因为我们是唯一完全攫取——为了重铸——斯大林政治学的人。我们惧怕低俗的"反斯大林主义者"，不是因为他们厉声谴责集中营与酷刑——他们这样做是对的，而是因为，通过国家客体性或"极权主义意识形态"无效力的主题，在恐怖行为主体逻辑面前，他们成了当前的缺陷。是的，我们惧怕他们的政治学缺陷，他们对关联 ψ 无意识的默认，即使被转化成修正主义者的焦虑，也是在没有对其主体内在性、其意义深远的政治力量中将后者进行了规定。

（3）勇气位于同焦虑一样的点上，由此它倾斜到溢出之中。然而它在法律的分割与现实的赌注中找到了支援，用这种方式，它影响了作为意义秩序的无序。勇气的帝国即溢出的生命。其反思的关联是焦虑所掌控的死亡秩序。

勇气影响了支持溢出的无效律法的介入，因此，通过将其邻域完全覆盖的方式划分了对位置的规定。所有的勇气意味着，任何人都可以在原本并不可见的情形中找到一条道路。

绕过死亡的威胁（这种威胁仅仅曾意味着，"其不再位于其位置之中"成为新的律法，这使得生命从死亡之中逃脱了出来）。

焦虑是去意识化的，它基于为了被封锁的律法而存在的归位。

勇气是非去意识化的，它基于断裂律法之下的溢出之中。

当焦虑将你慢慢吞噬时，你是否想要一种简单的规则，从中你可以勇敢地展现自己的坏情绪？你认为不可能实现实在界。对于这个原因而言，这是真实的。寻找你们当前的无礼行为，其精确性会使你们吃惊，且焦虑就在这里指导你们通往真理。

所有这些在斯蒂芬·克莱恩的小说《红色英雄勋章》中很好地体现出来了。这是一本关于匿名主体化的真正指南，其中焦虑与勇气之间对立的联合，的确在书中英雄与其主体事件的双重意义上制造了主体：

> 他发现在早期的福音书里面可以回忆起黄铜和棉絮，并真实地看到它们。他很愉快地发现现在他对它们不屑一顾。

> 这种信仰给了他极大的自信。他感受到了一种安静的男子汉气概，一种温和却又刚毅的热血沸腾。他知道他不会再在其指导者面前畏缩胆怯了，不管他们指向哪里。他已经触碰了那个伟大的死亡，发现它毕竟只是那个伟大的死亡而已。他是一个男人。［……］

> 然而年轻人笑了，因为他发现世界是为了他而存在的世界，尽管很多人发现世界中充斥着老弱病残与诅咒。他使自己摆脱了战争中的猩红热。狂暴的噩梦已经是过去式了。他已经成为在战争的激烈与痛苦中被拷打且汗流浃背的动物。现在他转身了，带着对宁静的蓝天、新鲜的草地、凉爽的小溪恋人般的渴望——一种柔和且永恒和平的存在。

> 在河的上方，越过厚厚的沉闷雨云层，一缕金色的阳光照射下来。

为一种与焦虑同勇气相结合的方式赋予更好的表达是不可能的——一种在任何事物中都不明显的实践断裂，将对法律的宁静消耗融入正义。

被实在界所阻塞的焦虑，通过对位置的划分为缺席的起因命了名。这种划分将法律置入测试之中，而不是呼唤对法律的修复。

（4）正义，混乱起因的连续，相当于将法律相对化了，尽管超我使它变得绝对。这一次重组的结果遵循了这个原理："更多的是实在界的，而不是法律的。"如果在超我中，非法律仅仅是法律普遍的野蛮，那么在正义中，它就是法律本身的衰败。它是权利衰败路上的主体原则。

正义的动力源泉与超我相反，是代数的拓扑学化。在这里邻域使基数臣服于自身。正义使位置变得模糊，因此，它是正确位置的对立面。

正义是有追溯效力的——关联 α，通过将勇气近似合法化的方式，尽管超我——关联 ψ——规定了焦虑的严格。

主体进程的分割是根据溢出的分配而进行的，不管是在每个位置内部秩序的一边，还是作为在其前进过程中衰退方式。

无法判定之物存在于这样一个事实，即这种"或者……或者……"形成了一种交织，而不是一种交替或一种简单的并存。

超我是重组的修正主义者面孔（这并不意味着它是重复性的：斯大林不是沙皇，罗伯斯比尔也不是路易十一世）。正义是它建造中的面孔。

所有的制度都在复辟。

不得不承认，在这里你们拥有了一个令人愉悦的现象学漫谈。我请求你们将它与赋予你们理论的冰冷数元联合起来。

尽管总是盲目的，但一个决定总是允许人们在政变事实后，陈述其不可判定性的本质。

想象界的对角线

（1979 年 5 月 11 日）

水平线，垂直线：对角线？—作为主体静态饱和度
的想象界—对角线的例子—教条主义与怀疑论—想象界
的贫乏—回忆，回忆！你们想从我这里得到什么呢？

1

让我们再花一些时间来研究一下主体的静态。

我们已经建立了水平线的关联：焦虑-勇气是主体化的断裂；
超我-正义是主体进程的对立。

我们也已经建立了垂直的关联：焦虑-超我定义了转矩中的线
ψ；勇气-正义定义了转矩中的线 α。

我们已经假设了这两个连接的阻断——干扰：躯体，主体效
应的一般根基以及不可判定的载体。

这里有对角线的关联吗？勇气-超我以及焦虑-正义组合的意义
是什么呢？

包含连接所有体系的静态被称作是饱和的。这是主体的模
式吗？

是的。我会立即回答。让主体静态得以饱和的就是想象界。

对角线使得这两个伟大的想象函数形成了，同时也组成了教条主义与怀疑论意识形态的正式概念。

对角线的饱和正是想象界定义的观念，与拉康的教导是完全一致的，就好像它是来自马克思主义意识形态理论血统的合理分割线的一部分。

当托马斯·闵采尔用共产主义的平等主义口号号召德国的乡村居民时，在反对死亡的背景中，他勇敢地主体化了，并呼吁正义的到来。

当他为其基于基督寻找这种设计实现的、绝对信念之上的勇气命名时，托马斯提出了基于其寓意是"全能之神"的超我之上的暴动勇气的想象界阐释。

作为政治学共产主义直接现实性的群众民主制度，由反对"间谍"与"叛徒"的恐怖主义拟人法陪伴，这是因为法律的不稳定性，例如组成它的正义类型进程使得焦虑显露——一种冒险想象界膨胀的补救，作为对其模糊的位置激起了过剩经验现实的聚焦立刻成为需要。

当非法律的理想形象，空想的共产主义者们，正如我们在傅里叶的例子中看到的那样，被规则与责任的无限细节陪伴着。傅里叶激情地整体性建构起了一种规则的组合，且在事实上并没有为任何邻域留下空间。这是因为，理应被普遍化的、禁止违反通过所有真实性中严格推断而得来的规则是很容易的。

由此，想象界在线 α 与线 ψ 之间提供了连接，在理想的痕迹中，为其各自统治的无尽实践的颠倒命了名。想象界在匮乏与溢出之间制造了相似点。

通过想象界，勇气唤起了超我同时又召集了正义。在正义与勇气可以被推导的点上，想象界阻挡了焦虑。

由于想象界使得主体的两条线能够进行对角线式的缝合，它处理了与自身相同的非存在。回到我的例子上来，在每个事例中你们会发现，想象界的要害在于给勇气以慰藉（通过超我的方式），或者给正义以慰藉（通过焦虑的方式），通过一种固定的同一性原则——不管它是一个关于神的法律或乌托邦式的狂热的问题。

对角线制造了"自我"的函数；它们制造了 ψ 与 α 联合的相似且丰富的虚幻，由此主体在产生它的分割中萎缩了。

拉康很公正地祝贺自己："通过将与自身相同的、具有迷惑性的真实性放回其位置的方式，而在那里制造了分裂，这就意味着在自我的一般意义中存在，这与假定的实在有一些关联。"（E69/54）

一方面，这种"断裂"除了就是水平的（概念性的）连接与垂直的（实在界的）连接之间的静态区分，另一方面是对角线的（想象界的）连接。

想象界由在主体交织中的匮乏与溢出之间转换支配项触发，错误地代表着无法判定之物已经得到了判定。

或者是（教条主义）因为存在着一种在勇气之上的、不可破坏的合法控制，或者是（怀疑论）因为正义的非法律仅仅只象征着法律的永恒不可判定。

想象界包含了两条准则："由他者保障，我能够且我一定是万物"以及"由于不存在他者，我能够且我一定是虚无"。

在每一个例子当中，这都意味着道德的统治，这刚好与伦理学相反。

可叹的是，我们都非常道德。没有人能够逃脱饱和的状态。

2

在想象界中，勇气在一个固定的点上支持自身，由此，重组（进入正义）成为超我的对立面。起义的聚会们实现了一种逃避法律的断裂，但很快只剩下等待处决的叛徒们。

萨特在其《辩证理性批判》中已经很好地预测了这一点，当基于联合的群体时（这个观点宁愿不得不被记录在 ψ 中焦虑的主体化的一面），他使得有保证的群体产生了，在那里友爱-恐怖主宰一切。他的缺点在于，已经作为同一个现象的两个连续形象展现出来了，而这事实上是这种现象垂直与对角线连接的共存，由此它错过了想象界与实在界分离的点。这是因为，萨特坚持一种简单的主体概念。萨特列举了其线索，但无法思考二者的交织点。

事实上，在群众民主中，在表面上，恐怖的非凡作用在于，允许想象界对代数化勇气的绝对信念，而这种勇气的本质是拓扑学的。尽管根据客观但未被知晓的邻域，你们戏剧性地转变了且跟随着溢出的内在资源。你们假设在伊朗，上帝是通过你们适当的介入来驱逐伊朗国王这个撒旦。

这种不可避免的对角线将勇气教条主义化了。因此，与焦虑相关的事物发现自身被一种超我预期的艳丽陈列调解了，这在任何情况下都是它所号召的。焦虑需要恐怖中同样位置的溢出，这种需要是关联 ψ 中实在界的点。勇气从一种理想的教条化开始论争，想象界的对角线在同一点上，保证勇气在没有破坏摧毁的前提下，将自身暴露于实在界中。

相应地，正义的进程意味有益于实在界的规则的削弱，它产生了一种关于主体位置基本的不确定性。对勇气的主体化并不是那么的忠贞，正义激发了关于规则力量的焦虑以避开实在界。正义绝不是宁静的程序。确切地说，它诱发了《传道书》中"所有的河流都将流入海洋"的观点，是混乱的无意义想象。

正义伴随着一种不果断的确定性，其中，位置的模糊在想象界中被自身的永恒所支持。"从来不存在任何的规则"：这就是相反的对角线虚幻，由此正义避开了被焦虑所极化的修正主义驱赶。

每个人都同意用观念来过度诠释正义，以此使未来的非法律臣服于某种规则，且从远古的时代开始，来为所有已知的命名位置，将会有一个接一个的被毁坏的事件无限期地命名。这是因为每个人都会基本地怀疑正义的现实自治权。每个人都将固定点的教条主义对角线连接起来了，这种保证来自未来，而在无序的怀疑论的对角线中，这种保证是从过去传递下来的。

我们需要马克思那样的勇气来拒绝为共产主义立法，而不是从政治主体性的实在点出发。我们需要的是拉康的严谨，永远不要在个别治疗案例上争论。

3

到了这一点，我承认不怎么想继续前进了。尽管它多么的传奇，在最后，再没有比想象界更具有结构性且无创造性的了。同时，也的确不存在更加明显必要的事物了。我明白，有一种诱惑，要我们穷尽所有的轨迹，也就是用自然的隐喻来装饰好与坏的命运，一方面，对其内在光彩的记录致力于确认存在（事实上不存在）某个全能的神。另一方面，其无政府主义的冷漠，是为了建立起我们被抛在这个世界上没有房屋与壁炉的形象（然而总是存在着一个位置以及荷尔德林所说的火焰）。

帕斯卡尔已经详细论述了这个问题的苦难与宏伟。作为一个优秀的辩证学家，他致力于找寻这样一个可分割的点。由此，这种交替的代表，为了主体化纯粹的实在界而消失了（基督徒便是这样一个主体的名称）。这个点被证明是不存在于上帝之中的（和笛卡尔一样知足于上帝存在的事实，只是一种盲目崇拜），且在原著中超越了自身（因为只有通过对《圣经》拓扑学式的阅读，使文本中的信件消失于将它淹没的形象之中，人们才会发现这些经文是世界中的一个例外）。

《圣经》是不存在的上帝的剩余物的痕迹。

对于帕斯卡尔的基督教来说，很容易建立焦虑的结（想一想

《耶稣的秘密》："他承受了在夜之恐怖当中的折磨与被抛。")、超我的结（上帝毫无疑问就是恐怖）、正义的结（爱的责任就在于使位置中所有世俗的规则变得优雅），以及勇气的结（我们必须打赌，反对单一的转移）。

苦难与光辉是这样一组对角线，其中，帕斯卡尔精准地辨认出了怀疑论的想象界与斯多葛学派的膨胀。因此，我们应当和萨奇先生一起将爱比克泰德与蒙田颠倒过来。将想象界中的道德片面性驱散，是主体辩证法的一个很不好的开端。

马克思主义的意识形态理论，承受了对角线无法阻挡的贫乏之痛。在这里还需补充说明的是，除了它们交织的明显黏度以外，对"人类状态"的零乱构想来说，是将它们教条主义地作为绝对的（艺术与宗教），还是将它们怀疑主义地置于其缺陷以及死亡的冷酷之中呢？为了表明所有的这些以一种超验的、对阶级斗争否定的形式附着在我们的身上，我们不应当怀疑某个唯物主义执行官有保证的报道。

世界"颠倒"了，仅仅向我注入了将它再颠倒过来的热情。

同时我承认，一旦我们辨认出其规则，来自想象界的压力就绝不需要我们变得愤慨起来。即使是在其与正义勇气隐晦焦虑的关联中，对我来说，著名的"个人崇拜"也是起源于对大"一"无可避免的思辨，而不是专政独裁的恶行。这种独裁被认为是真实的，且如果有必要的话，与最平凡的图像是共存的。在阿尔及利亚战争中，为了让众人同意对数以百万计的阿尔及利亚人实施酷刑、进行集中营式大屠杀，没有人需要对居伊·莫莱进行个人崇拜。与斯大林致力于建立一个庞大的苏联的目标相反，这些前所未有的、明目张胆的恐怖行为，仅仅为了将那个无可避免的独立耽搁六七年，由此，严格说来，人们被毫无意义地屠杀了。

与成千上万的人一样，我画出了那个固定的点，通过这个点来判定勇气的转向，以及我在 20 世纪 60 年代中期与 70 年代初期，这些辉煌年代——如果存在的话——中的实践存在与坚定信仰。回顾往事，我逐渐发现了其荒谬的一面，即其主体轨迹的非真实。由此，这种崇拜追溯了一条暴露于实在界中的想象界的对角线，我现在可以清楚地将其标出。然而，我承认并没有因为有了这种经历而感到懊悔，更不用说当我记起这些岁月时，我会怀有一种无法控制的怀旧情绪。毕竟，所谓的左翼知识分子们，差一点就成为当年斯大林统治之下精力充沛且具有革新意识的人群，而不是如今这样处于琐碎的情绪与陈腐习惯的偏狭贬质中。我既不会买加缪在萨特死后的复仇之书，也不会买其对雷蒙·阿伦过度赞扬的书，因为他们都是"最少被误解"之人。当人们除了遵循世界本其所是的方法以外，再不会冒其他的风险时，这一点很容易做到。至于"五月风暴"之后的左翼分子们，我不认为他们是他们当今所佯装的、一种毁坏幻影的受害者，而是认为他们超越了自身并由历史带走了。在那里，他们画出了一些图像，这些图像使得结果，而不仅仅是他们下定决心的虚幻原因，统一了起来。由此，想象界巩固了实在界，而不仅仅是建立起一种表象。

这是否意味着我们应当高唱想象界的颂扬之歌呢？当然不是。很显然，只有在作为有效进程的主体中并处于所支持的基础之上时，我才会表彰想象界为去意义化的无意义的对角线，或者在非去意义化的位置之中对不在场的遗弃。

与任何追随其后的学术解释相反，即使是诗歌，也依赖于语言的拓扑学维度，而不是依赖于想象界。这是马拉美的指令之一：

> 我们生活在那些真实的小树林中，在那里制定了我
> 们的道路，
> 伟大而谦卑的姿态，纯粹的诗歌必须对作为其信仰
> 敌人的梦想保持警惕。

我们不必保持警惕或禁令。让我们来总结：

既然它是饱和的了，主体的静态就仅仅等待着它的动力。

这就是，上帝著名的手指轻弹使得机械发动了。上帝就是我。

如同当代的任何一个人，我将满足于自己作为工程师的话语。

图　解

（1979 年 5 月 18 日）

　　不能实行的—形式主体化的—准时性—轴的废除—
轨迹—行动，反应，稳定—法国蜗牛。

1

　　若有人认为主体是无法判定之人，那么，亦不可能对其进行
图解。因此，摆在我们面前的任务是不可能完成的。我将要画的
图必须根据其投影及其极限点来进行阐释。这为不可图解之物建
构了一些症候。

　　不管是其操作完全是实践性的质的突破，还是其术语并没有
共享一个统一平面的矛盾，都不能被放入图像中。

　　辩证法的几何学并不存在。

　　作为一种不可能图解的起草者，拉康完成了它的话语研究。
在没有言说的前提下，他展示了实在界无法创造的那个点。

2

于是，首先作为主体位置的归位便变成了出位。

由此，位置的分配界限被空的位置固定了，这个空的位置是不可占据的，它是出位的结构锚地。

我们怎样来描绘那个不可占据的位置呢？我们将通过一个洞用一种倾斜的方式来展现它。

因此，我们将穿过洞的平面作为我们的出发点，由此我们立刻忽略了这样一个事实，即那个洞是一个位置，一个空的位置，于是，一个像他者的点如果没有在其位置中匮乏的话，就会在他者中消失掉。

然而，我们怎样来展现这样一个事实呢？即如何在其内部排斥的情势中，使得主体围绕着它不可占据的空位置左右摇摆呢？这仅仅给予我们一个通俗的近似值。为了表明对空位置的占据是一种结构的运动，也即一种摇摆的或重叠的运动，我们需要一种方法来扼要地表示归位中的"某物"占据与非占据、填充与非填充平面中的洞。

我选定的是没有起源、朝向空位置的矢量方案。这种矢量的极化在其极限处被移开了，使得占据（是洞掌控了方向）与非占据（矢量并没有将空填满）成为一个整体。

我们接下来的任务是通过用图示表示溢出、出位形象化的方式进入拓扑学。在这里，我们需要的是某种既不纯粹属于归位，也不简单占据空的事物，而是某种在归位与空之间产生邻近，并由此将自身固定在主体结构面的事物。

我用这样一种生硬的描述来加强这个观点：通过引入平面与空间，这种描述象征溢出所获得的任何事物，在关于一种从平面的整体摧毁性的撕裂中，同时如其所是地高于矢量而站立，它仍然是通过摆动而被建构的，这种摆动的平坦是被它所阻挠的。

这种构架的装置需要以形式主体化的名义展现出来：

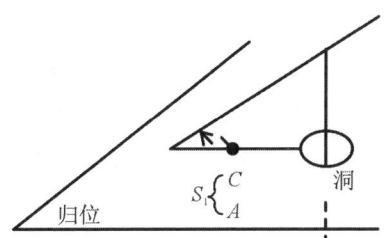

形式的主体化将矢量朝向空的极化运动，与将自身从归位中减去的生硬展示结合成一个独特的进程。

一个主体化的点就是一个 S_1 点，这是用同样的方法在矢量化中被捕捉到的（根据这样一个事实，即它是关于其所运动的空位置的，由此，它被排斥的同时也被归位了），它支持在角度、与 S_1 的空间邻近中有争议的鸿沟（因此它位于并凌驾于将它带向对洞的、非占据的、摆动溢出的阻断）。

这个 S_1 点在本质上是主体化了的，由此成为摆动的最小单元、代数直属的阻断以及拓扑学附着的代沟。

结构吸引力的事实被指定为焦虑 A，由此，在溢出中冒着使自身匮乏丧失掉的风险，A 解释了为什么它呼吁归位。实际上，它同时是过多的排斥与匮乏极化的欠缺，这个事实被写作勇气 C。

在矢量与角度双重约束下的 S_1，在同一个点上被分裂成 A 与 C，其中一个在某种程度上"朝向底端"，另一个"朝向顶端"。

3

我们应当怎样描述主体进程呢？其目的就是为了制造一条整体的轨迹，例如，通过将从 S_1 一路推向本应该标识（关于溢出的）形式主体化的对角线中，我们把这个点称作 S'_1。主体进程就

是从 S_1 到 S'_1 的旅程。

这个必要假设极端简化，并存在于这样一个事实中，即摧毁与重组都没有清晰地出现。

我们应当怎样弥补这种辩证法的缺陷呢？重组意味着一个新的归位。为了从重组于主体进程中前进这样一个事实中，制造出一个图像，我们将设置一条包括其在前一个之上的、空位置的重组轴线作为其轨迹的矢量式未来，它是基于圆圈的完成之上的。第一个角度的轴线持续标记最大限度的溢出，由此将摧毁轴线展现出来。这些轴线的双重性，在其第一个矢量化的一般固定处被统一起来了，在形式框架的层面，象征着主体是一个摧毁—重组的过程。

为了将超我与正义安置好，我们将一条垂直轴线作为标记所有可想象摧毁极限的参考点。这条轴线被恰当命名为"废除轴线"，它包括将空位置推回的无限。正是根据这条轴线，律法将不复存在，存在的只有实在界；关于超人勇气、不可忍受的焦虑、整体正义以及死去的超我的轴线：

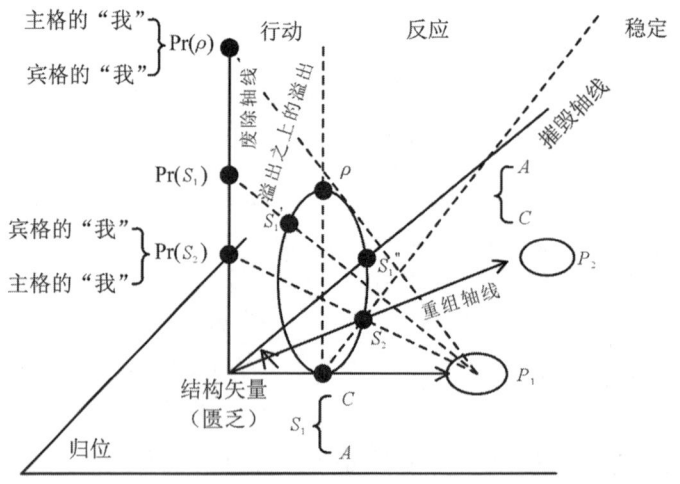

主体进程的概念图从空的位置开始，通过使一个主体化的位置投射到废除轴线的方式前进。投射点在某种程度上给了我们一种与轨迹相关的尺度。在这里，它再一次地被双重定义了：通过投射的归位起源的方式，这是它超我的维度；通过它自身的废除轴的方式，支持了它正义的维度。

4

什么是一个主体进程？让我们循着它的部分来。

在有差别的 A/C 中被赋予的摧毁推动力，将 S_1 的溢出一路带向 S'_1，实际上在我们将其称为溢出之上的溢出的曲线碎片中，在 S'_1 与 S''_1 之间进行了超越。后者在某种程度上是任何主体交织都无可避免的左翼实例，这样一个当摧毁提高报价并超越了自身的结构形式以及其分配到归位的角的时刻，就好像它在废除的眩晕中被捕捉到——其焦虑的主题，需要人们首先将自身的头掷于世界的地狱之中。

在点 P，这个勇气能够承受暴露于实在界中的极限，以及主格的"我"/宾格的"我"投射的最大高度点。所开启的一种在 S''_1 中表示的"下降"，基于这样一个事实，即在这里焦虑优先于勇气，喜爱优先于厌恶。我们可以称之为回归的主体化时刻。在严格的关联中，投射为我们提供了评判这一事实的标准，即超我的例子优先于矫正错误的正义"升起"。

最终，在 S_2 中，存在一个匮乏所决定的关于重组的矢量化的停止点。

如果在 S_1 中，我们追寻到将其与最大溢出点 P 以及实在界自身溶于部分内在性的停止点 S_2 的轨迹，那么我们就能够从废除与保存正确的角度开拓三个区域。左边的是行动的区域，它由勇气的首要性与主格的"我"/宾格的"我"投射的日渐增长的矢量统治。中间的是与退化的主体化相关的反应区域，其中 A（焦虑）压倒了 C（勇气），主格的"我"/宾格的"我"再一次下降了。右边的是稳定的区域。你们将明白，在任何一个主体进程中，这三个时刻都是同时发生的。优先于时间的空间正在讲述关于这种共存的事情。

显然，我们可以这样继续：

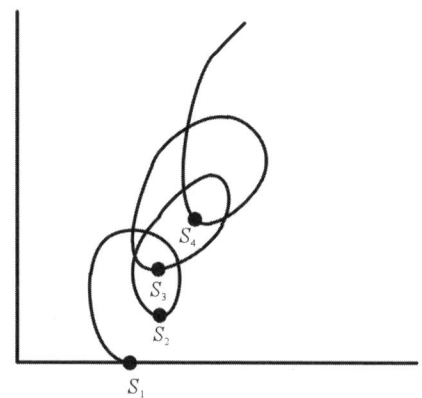

在那里，你们拥有了准备分解的完整的法国蜗牛式的周期化进程。

伦理学，消除了党派悖论

（1979 年 5 月 25 日）

安提戈涅再次登场—伦理学是政治学的剩余物—不可预料的结果的逻辑—放弃还是存在—莫斯科大审判—党的精神。

1

从黑格尔到拉康，伦理学的参考点是索福克勒斯式的悲剧。谁是安提戈涅？这正是问题所在。

你们可以想象得到，我并不打算告诉你们，对于我们马克思主义者来说，安提戈涅是古代社会关系的表达。反对长期专制的城市权力，这些力量呼吁古老的、未成文的血缘与家族权力。现在那种权力对你们大有裨益！你们将获取马克思主义类型的真相——因为它是真的。这多亏了在没有朝向一种有活力的突破挪动一步的前提下，我们是落后于资产阶级历史智慧的。

制定这个同样点的另一种方式如下：不存在马克思主义的伦理学。至多存在这样一种马克思主义的伦理学，我们可以反作用地将它作为政治学理性计算之后的实践原则。

在实践的首要性中，伦理学履行着作为无法被理论穷尽的剩余物的作用。以巴黎公社领导者的优缺点为例，一旦他们通过了关于下一个阶段的理论反射，所保留的将是这样一个事实：它们体现了任何一种历史叙事无条件的美德，即那个让人难以忘记的决定。

我们可以从黑格尔的两条轴线中找到对此的支撑：

——"［……］伦理秩序基本上存在于这种决定的直接牢固性中"（Ph280）；

——"因此，伦理学意识的绝对权利即契约，其中，它将自身现实化的外形变为除了是它所了解的事物以外什么都不是的东西。"（Ph281）

伦理学关心的是在其实践绝对性中的决定，这仅仅可以从同时代中可获得的知识里推导出来。在既不能等待也不能被延期的情形中，伦理学制造了一个话语。它没法应付所给定的情形。

在这里，我们再一次遭遇了在黑格尔文本中被格式化了的、仓促的主体化功能。

伦理学基本上触碰到了主体的不可判定性。的确如此，即使当所有的智慧形式都致力于这样做时，它也是从这样一个论点出发的，即这种不可判定性实质上是对事实的一种纯粹接纳。

伦理学是不可计算的决定逻辑的观点，解释了为什么对于黑格尔来说，它比领域属于反射的道德要低等。

正是在这个层面上，我们将颠覆黑格尔。道德的确是可计算的，因为它在来自归位的统治着主体进程的消失（即其下降到痕迹的状态）中被捕捉到了。我们的兴趣在伦理学之上，而不是在为了一种优越性而进行的论争之上。因为我们知道，将极度不关心政治的维里耶·德·利尔-亚当（Villiers de L'lsle-Adam）以及兰波带入公社的一边，或者将来自勃艮第的这种或那种反动的农民带入地下反抗运动，代价有多么的大，而这些纯粹基于黑格尔所言的"我们必须做些事情"。

没有这些决定，甚至都不存在任何为了政治学而产生的事件。

那些在这些情形中等待"绝对反思"的人们，总是在世界中存在着，他们是福楼拜或纪德这样的人，就为了对两边政党所做的错事给予一个宁静的评估以及告诉他们自己，梯也尔或贝当先生尽管采用的方式比较有争议，但客观上保护了某种需要。然而，另外一些人，毫无疑问是那些空想家们，当他们将一个好的主教处死，或当他们无耻地将古代习俗与现代条约所保护的、占领军的一个军官屠杀了之时，他们的确很夸张。

无论何时，当主体化的焦虑仅仅处于特殊的、意在放弃理想来慢慢研究事件的完整状态之时，伦理学就被提上日程了。

显然，在将伦理学归于"主体屈服了吗？"这样的问题上，拉康的做法是正确的。为什么是"屈服"这个动词呢？因为在一个决定中，危如累卵的并不是主体的质量，而仅仅纯粹是它的存在。

屈服意味着消失。除了位置以外什么也没有发生。

于是整个当代政治学的问题可归结于此：法国国际无产阶级会存在吗？一个理性的政治学目标仅仅是为了在拓扑学中，将共产主义道路这种存在——存在的连续性——维持下去。

如果我们使伦理学成为政治学的剩余物，我们也可以将这个问题明确表达如下：有必要继续屈从于工会会员——议会的归位优势吗？

一旦准则屈从了，主体的存在便消散于法律的无意义之中了。拉康有说服力地说道："欲望，被称为欲望的东西，如果它使得某人成为懦夫，那么便足以使他的生活毫无意义。"（E782/660）

换言之，这就相当于将勇气定义为问题的核心。

人们总是为了自己或他人的利益而屈服。对此拉康称为"利益的侍从"。请注意，为了他人的利益而屈服，并不比为了自己的利益而屈服有价值。伦理学决定的对立面并不是自私的决定，远远不是。伦理学的合理对立面是背叛，其本质在于，在不存在于利益的侍从中背叛自己。

我将提出四个定理。

（1）人们以古老的主体进程的名义放弃了主体化。

（2）伦理学概念框架的基础是 ψ 与 α 的主体交织。

（3）有必要屈服，因为任何一个主体都包含进程 ψ。伦理学是可能的，因为任何主体都包含进程 α。

（4）马克思主义伦理学的基本概念就是自信。

2

如果政治主体是作为身体的政党，它能够承受关于不可判定的事物，且如果背叛是伦理学恰当的对立面，那么我们能够不把伦理学与党派关系等同起来吗？那些屈服的可辨认的形象将会是脱党者。这是自犹大以来对任何装置的古老诱惑，在这些装置中政治主体发现了他们的根基。

在这种逻辑当中，国家潜在地定义一种充分的形式，它不再是政党的主体，除非需要将政党主体作为国家的伪装，它绝对有必要让政治的敌人，或者甚至是普遍的怀疑，被暴力地保存在叛徒与间谍不可命名的空的位置当中。

我们可以发现关于这个事实的证词，即在这种隐喻令人难以置信的混合中，这个位置是不可命名的。通过这种隐喻，"社会主义的"实践者维辛斯基想要将其作为一个纯粹的不存在而忽视掉：

> 我们整个国家，上至老下至小，在等待且要求一件事情：将那些把我们的国家出卖给敌人的叛徒与间谍射杀！

　　我们的人民只需要一件事情：镇压那些可憎的卑鄙小人！

　　时间流逝。那些可恨叛徒们的坟墓会随着野草一起生长，他们会被忠诚的苏维埃市民，以及整个的苏维埃人民所鄙视。然而在我们的上空，在我们幸福国度的上空，我们的太阳会闪耀着和从前一样明亮且欢乐的灿烂光芒。在其过去的最后糟粕与污秽被清理掉的道路上空，我们，我们的人民，与我们挚爱的领导者与老师，伟大的斯大林一起，在他的带领下，将和从前一样朝着共产主义前进！

在莫斯科审判这个作为"大清洗"与"血腥的""自我毁灭的"政党连续进程的戏剧性上演中，国家就是既不畏惧上帝也不畏惧人类的法律，它宣称自己是共产主义正义光明的整体实现，将从位置中逃脱出来的叛徒掷进一个无名坟墓，仅仅纯粹地将伦理学溶入恐怖当中。

　　当其中一个特指的叛徒布哈林，通过偏离他的义务脚本来阻止最坏事情的发生时，看看他是怎样更换了伦理原则的。这连同计算、错误以及政治学的归位原则，便能够证明恐怖主义的超我存在。

　　维辛斯基绝对地希望，布哈林宣称他自己是一个英国或德国的间谍，因为那样的话，就可以将这个被指控的人从这个国家空间中的任何一个地方给排斥掉，这是唯一一件伦理学可忍受且将死刑合法化的事情。布哈林臣服于所有形式的暴力，且被剥夺了作为政治抵抗者积极的主体性，他用一种罕见的顽固在这个精确的点上保卫了自己，这无非使我们将他的告发者当作破坏分子来对待罢了：

　　维辛斯基：我想要问你与警方有何联系。

布哈林：然而我同任何警方都没有联系。

维辛斯基：那为什么对于你来说，加入一个间谍集团是如此容易呢？

布哈林：关于间谍的事情我绝对什么都不知道。

维辛斯基：你说不知道是什么意思？

布哈林：就是不知道的意思。

维辛斯基：那么那个与之相关的集团呢？

布哈林：两个人在这里证明间谍事宜，沙朗古维奇与伊万诺夫，也就是说，两个煽动者。（383）

当一个牵强地引出霍贾耶夫的声明提及了关于间谍行为的对话时，为了不屈服，布哈林在其作为知识分子的身份中寻求帮助。

——正如在某种程度上他在其最后的声明中用著名的双重意识理论所说的那样，这使得他在没有取消自己作为主体的资格的前提下政治性地投降了：

维辛斯基：你在霍贾耶夫的国家所在地与他进行对话了吗？

布哈林：我参与了一次对话并保持一切就绪，但并不能由此就推断出我参与了霍贾耶夫所说的事情。这是第一次谈话……

维辛斯基：是不是第一次谈话并不重要？你确定有这么一次对话吗？

布哈林：并不是这样的一次对话，而是不同的一次，这是一个秘密。

维辛斯基：我并不是笼统地问你关于谈话的事情，而是问你关于这次对话的事情。

布哈林：在黑格尔的《逻辑学》中，"这个"（ce）被认为是最难的一个单词。

维辛斯基：我请求法庭向被指控的布哈林解释一下，他现在不是一个哲学家而是一个罪犯，如果他在这里不谈论黑格尔哲学的话会表现得更好，而这也对黑格尔哲学更好……

布哈林：哲学家也有可能是罪犯。

维辛斯基：是啊，那些认为自己是哲学家的人结果都被证明是间谍。哲学在这里出位了。我问你的正是霍贾耶夫所说的那次对话。你承认有那么一次对话还是否认它呢？

布哈林：然而我并不理解"那次"（cet）这个单词的意思。我们是在一处乡舍里进行了一次对话。（421）

在伦理学与政治学用对立的言说来决定主体的不幸地位那里，这一点症候的重要性体现在维辛斯基明确地以反对这两个术语来结束了谈话：

维辛斯基：我不得不暂时中止审问，因为显然你在采取明确的策略来回避真相，在一群文字后面玩躲猫猫的游戏，进行无耻的诡辩使得谈话进入政治学、哲学、理论等领域——这些你也可能会彻底忘记，因为你就被指控参与了间谍活动，且根据所有的调查资料，你显然就是情报部门的一个间谍。（423）

因此，为了取消布哈林作为主体的资格，绝对的关键就在于使他忘掉政治学。

这些事情精确地与在两种道路（当代修正主义道路、资本主义道路，它们最终都背叛了工人阶级）之间的斗争可想到的框架中的政治学，以及从纯粹政治学余数（秘密代理人，帝国主义，罪犯）中吸取活力的事物交织在一起。

在所有这些情形中，仅仅在对手是被反对的客体的基础之上，是不足以打败对手的。然而在政党的分割之下，在对代表其灵魂的背叛之下，也有必要将无法命名的伦理学错误激活。如果这种错误不存在的话，那么就有创造它的理由了。

这些单调——如他们的错误所显示的那样——且完全空洞的恐惧所警告我们的是这样一个事实：作为自我定罪唯一可能原则的伦理学的形式认知（因此莫斯科灾难性的剧院需要忏悔与驱逐），转变成了其对立面——如果在其中，伦理学被认为是余数的政治学内容恰好被归为政党-国家的客体性。

为了能够真正地抵达伦理学，我们必须至少不放弃作为主体进程的政治学以及共产主义政治学。如果在所有的表述中，人们选择了错误的政党，这就是不可能的了。

效忠的思想当然包括抵制与顺从，或者，如斯大林所言，"意识的服从"与"意志的统一"。伦理学的勇气相当于横越焦虑的力量，因为这仅仅意味着将自身看作空的能力。在没有这种废除的主体化的前提下，谁会说我们是否能够继续的话呢？

然而党派精神也可能相反。当它臣服于政治学而不是组织之时，它需要对实在界中运动的绝对参与，以及对由此陷入激进摧毁之中的破裂的发现。

中国共产党用最纯粹的安提戈涅风格，向我们表明与"投机牟利"不同的社会道路是什么样的道路。

政党自身的存在是非常最重要的。因为它的存在，人们会获取其静态的去主体化，其反革命的终止。

马克思主义的伦理学致力于在主体理论坚固的领域中解决党派悖论。

这种解决在对自信概念的分割中完成了，这种自信依赖于其运用的点，包含纪律与革命必然性的需要。

经典的迂回

（1979 年 6 月 2 日）

既不是太阳也不是死亡—极点与衰落—四种类型的
伦理学—不久前发生的事情—话语—自信还是信任他人？

1

你们总是能够熟练地区分两种类型的伦理学，无论你是从来
自世界秩序的伦理学中推断出来（主体在没有排斥为了改变信仰
而弯曲之需的前提下，与世界秩序保持一致），还是从主体意志中
推断出来（这种主体意志在没有对世界可能的这种意志重复命令
的前提下，绝不依赖世界的可能性）。

这种说法与根据归位或出位、主体化或主体进程、可能性与
不可能性而讨论的问题一样多。

我顺便说一下，在议会政客中，尤其是在"左翼分子"中，
非常流行的一句格言是："政治学是一种可能的艺术。"真理的阶
级本质在任何地方都不会如此直白地显现出来。这则格言当然是
真的，且对于他们（议会政客）来说，甚至可能是非常精彩的。
在我看来，政治学是不可能的艺术。

第一种伦理指向的外部边界断言，对世界知识的整体掌控是可获得的，因而在正确位置上的主体在那里代表着善。从绝对知识出发，得到完全的和解。一旦通过了认知的转变，智慧的主体进程就是永恒的。在那里我们可以辨认出垂直轴线的严谨性，其中，实在界与规则是可以互换的，没有任何剩余。

共产主义思想的几种不同版本与这种和谐的主题类似。由此，与主体相连的正义成为存在的一种类型。

若不再有任何的溢出，溢出实际上就被结构所锚定，化为虚无，因为智慧的所有形式的本质在于假设人们能够消除匮乏。它们的教义是整体空间中的一个。

在伦理学领域的另一个极端处，我们发现，不要从关于主体意志的存在那里有所期待。世界仅仅向你提供了屈服的诱惑。这是所有 19 世纪小说中的故事套路：年轻人无限的、伦理的主体性，必须学习其对所有客体性激进的不适应。为了成为一个有身份且被人尊敬的人物，他必须放低姿态。小说家是具有讽刺性的、背叛自身历史的编纂学者。

仅仅在与世界断绝关系的悲剧中，在纯粹主体化不变的道路中，这种形象才能够支撑伦理学的进程。这一次我们可以辨认出在溢出之上的溢出的本质稳定性，在那里，它是一个关于在没有让自身回归到退化的主体化与重组的前提下维持自身（通常是在死亡中）的事件。

一般而言，第一种类型伦理学的隐喻是白天与太阳，正如我们在柏拉图哲学中所看到的那样。在移去洞穴的阴影之时，人们是看不见的，白天在对其自身光线的超越中出现了。第二种类型伦理学的隐喻是夜晚与月亮。想一下瓦格纳，在《特里斯坦》第二幕中，在那里，人们坐在欲望长凳上谈论夜晚与死亡形而上学的优势。至少，那个高贵的外遇者只要不将令人尴尬的第三个象征原则引入歌剧中在罪恶的男女高音之间默默奉献的众多男低音，就可以以此来阻断这种可憎的哲学重聚。

对于这样一个事实，即如同黑格尔反对谢林那样，在这种黑夜当中，所有的奶牛都是黑色的，这对于那些在侵犯规定的位置与服从当地的差异当中，不想对牛科动物有一种明确的歧视的人来说，的确是一种美德。

"太阳与死亡都不能被凝视。"拉·罗什富科说道，并由此否定了伦理学的两种极端形式。这是因为他选择的是虚无主义的版本，在其优势点中，另外三个可以用一种特别尖锐的语气评论。

另外，拉·罗什富科将两种隐喻简化的做法是正确的。白天与夜晚属于同一个纪元。所有的智慧形式，如同所有存在的异议，涉及高度的时刻与危机的时刻。因为如果一个精力充沛的上升的阶级能够塑造其力量推测的历史与概念的话，这显然是基于这样一个事实，即它将其意志具体化到对世界智慧的整体确认中，而对于反对者来说，它仅仅留下了一般否定与激进冲突的位置。相反，如果我们处于一个毁灭性且缺乏思考能力的新纪元之中，且其中没有新的政治主体是内部的排斥或位置的溢出，那么其对立的诱惑——使自身听从于世界的进程就应该是必需的，或从它那里完全地撤退——就会开始全面地交流。当古希腊城邦沦为一片废墟之时，对于军队的唯一受益方来说，首先是马其顿人，然后是罗马人，这是与伊壁鸠鲁学派及斯多葛学者所致力于的事业既相反又类似的事业。

当既不是善也不是恶的世界是主体，从并不需要人们放弃的、不可判定的主体化点那里得以重组世界之时，这种情况仍然存在。这种不一致的事实于是被视作主体化的出位条件；这种同时也出现在近似值进程中的不一致，指定了主体进程的重组；而且，存在于这种进程中的不一致意味着一种退化的主体化，不管它在关于主体进程的重复中引诱了什么。

在白天与夜晚之间，这种隐喻是火的载体，由此马拉美诗歌中的星星在没有溢出的前提下被固定下来了。埃斯库罗斯从中制造了一个悲剧:《普罗米修斯》。

2

存在着四种类型的伦理学。

(1)赞美的伦理学。其中,人们在等待评价的世界内部有一个自己的位置。

(2)顺从的伦理学。其中,人们在一个贬值的世界中保持自身的位置。

(3)冲突的伦理学。其中,人们位于本质贬值的位置的出位当中。

(4)普罗米修斯式的伦理学。其中,人们假设位置尚未来到等待被再次评价的世界中,这种再次评价是正义溢出的火苗所重组的。

前两种伦理学指的是整体,后两种指的是非整体。这是一个长方形的辩证分割。

另外一个观点迅速跳入页面:赞美的伦理学是乐观的(根据存在),和在普罗米修斯式的伦理学中一样(根据进程);顺从与冲突(的伦理学)是悲观的。

很显然,这两种态度涉及将它们置于测试的历史背景内部主体的初始表达。

你们进行以下的辩论不会有任何困难。

——赞美意味着正义,只要它遵循规则真实消散的轴线消散的定理。但是,它的想象界限是绝对位置,一个现实归位的主题,而且这个界限与焦虑呈现一种饱和的状态——看看那些对角线。

——顺从挑选出了超我,这样一个为了将主体归因于作为非法律的律法,而没有必要将自身作为价值区分开来的恐怖秩序。

——冲突触碰到了焦虑，它了解只有通过对死亡世界极为伤心的丧失，才能触碰到实在界。

——普罗米修斯是这样一个人物，它无视上帝，保持生成奔向空的勇气。

在这个基础上，我们假设前两种将伦理学缝合到主体进程中，另外两种则将伦理学缝合到主体化中；而乐观主义与悲观主义之间的区别，也只不过是线 α 与线 ψ 交织的重复。

这种方法唯一的好处便是，确定了伦理学为以话语形式被历史实现的主体给予我们一个名称。

由此得出存在一种勇气的伦理学、超我的伦理学等结论，是一种谬误。沿着结构的斜坡前进，则是误入歧途。

只有通过四个概念的一种历史化的连接，主体才得以存在。伦理学是在其四个极点（赞美、冲突、顺从、普罗米修斯）的完整领域中的一个位置，在那里，它们中的每一个都是接近另外三个的一种方式。

由此，德斯坦追随者的结合见证了危机时刻伦理学的辩证是怎样东山再起的。这是否意味着顺从突然间仅仅依靠自身来影响自身呢？并非如此。首先，我们必须意识到，仍然存在一种普罗米修斯式的参照物，其否决是问题中结合的本质。"激进主义的批判"，马克思主义的辩驳以及"主人话语"的攻击，是道德与权力重建的必要通道，且通常是其唯一的内容。其次，我们注意到，欲望的哲学通过倚靠在先前剧变的廉价的削减上——资产阶级道德观念的解放——传播了一种不和谐的虚无主义，它起破坏作用的权力是作为日渐增长的顺从的批判性结盟而被指定的。最后，似乎知识分子对法国帝国主义社会的赞同（议会的"自由"、人权、工联主义、对第三世界的歧视，等等），尽管它首先被局限于一种个人行为的伦理学。在没有隐藏于这种世界秩序共同的赞美的前提下是行不通的，这种赞美将在纪念玫瑰的欢宴时刻爆发

（这种未来的先前，在 1981 年 7 月被补上了），在那里，在知识界的平民得到平静力量的外省徽标之后，理智的群众一致地在国家中集合了。

因此，一种伦理学的框架总是在一种复杂饱和的整体性中产生。那场伦理学的辩论涵盖任何一种特殊的伦理学。因为，如果伦理学就是主体使关于其连续性的事物成为规则，那么它只有通过对其可能性的必要命名才能获取这种合成的位置。

于是，除了我曾使用的描述性的种类，我们必须规定伦理学的主体化构造，这种构造并非与主体概念相一致。

这些构造组成了话语，在那里存在着它们与主体进程的差异。伦理学直接指定了一种主体的普遍性阐释，由此进入其连续性并根据其后来的政权行使功能。

它也并不是想象界秩序中的一部分，因为它并没有追溯线 α 与线 ψ 之间的对角线。教条主义与怀疑论对主体的影响，与它们使主体饱和的程度是一样的。

伦理学是现存的主体效应的大名。

为了吸引你们的注意，我把其大名中的两个给予你们。

信仰是赞美伦理学的话语，自信是普罗米修斯式伦理学的话语。

当任何人都能够意识到信仰意味着归位中的自信，而自信是出位中的信仰之时，事情就变得更加复杂。

在普罗米修斯式的伦理学与赞美的伦理学之间，似乎差异仅仅只是矢量的方向而已。

如果马克思主义是从自信的点来触碰到伦理学的，正如"我……相信"的例子，那么它向信仰的回归就不会使我们感到惊讶了。自信是这种前政治的安排，没有这种可计算行为的余数，马克思主义绝不会开始或重新开始。

失败并不算什么，它经常发生。失败是政治学的一种类型。

唯有屈服才属于伦理学。那些放弃在失败基础上争论的人当然也属于伦理学。然而那些人仅仅只是话语罢了。真相是作为原因组成失败的，事物是屈服的事实。

在政治学中，失败将连续包含自身。

在 1973 年以后，人们目睹了 1968 年 5 月至 7 月的人民起义的"失败"，它也仅仅是从一种政治进程的点出发——政党将作为阶级主体的连续性到来——来测量为任何主体化所需、仅仅以它消失作为原因的群众运动终成为可能。

为了一种有秩序的生活而在这种消失的基础论上论证，实际上意味着放弃主体自身。由于远远不能够将这种放弃原因的"运动失败"激活，我们必须足够诚实与精力充沛地承认这一点，即人们没能够在 α 中保持平稳。由此，分离的矩阵——纯粹是通过孤立 ψ 得来的——不再具有主体的配价，且简单纯粹地将你们放回位置。

在关于马克思主义政治学与阶级主体的问题上，只有一种屈服的方式，那就是丧失自信。

我们的知识分子全体都丧失了自信心，相反的观点却认为——在对此没有完全错误的前提下——他们一直都是信仰者。为了拥有自信心人们就必须拥有信仰吗？在我看来，我对人民群众与工人阶级的信心，与我对他们信仰的缺失是成正比的。尽管我相信他们，这通常会诱发对一场相当大规模的民众运动的期望，然而我的信心却开始动摇起来了。尽管如此，我并不会停止对他们的信任，因为我非常清楚，动摇定义了主体的结构。这将其历史留给了我们，与我所自信的事物是一致的。

爱你绝不会相信两次的事物

(1979 年 6 月 9 日)

信仰与信心—愚公是怎样移山的—从昨天到今天—
虚无主义与宿命论—信心的划分—"然而，这才是紧要
关头。"

1

如果信仰使救赎成为可能，由此，在归位中，主体潜在的永
恒最终成为现实，那么信心就集中于对勇气的忠贞上，这被认为
是重组的差别，相较而言，它更能渗透到实在界中，而较少暴露
于律法之中。

关于马克思主义的理论，你们将发现以下的论点：

"并不是人的意识决定了他们的存在，相反，他们的社会存在
决定了他们的意识"（马克思《政治经济学批判导言》）。

这个论点或许会维持这样一个信仰，即共产主义的意识将在
必要的时刻出现。其演进是由制造它的一种生产样态的对立生成
规定的，以至于在资本主义之外，仅仅存在着自由工人的联合以
及"按需分配"原则的统治。究其本质，这种确定性意味着，随

着生产力发展的结束，我们将迎来国家的消亡。当人们认为一种完整的科学装置能授予确定性一种当代的信仰之时，这种确定性就更加让人接受了。

然而代数定理是不可逆的，它的确是一种在政治经济学中起作用的马克思主义代数。从主体的立场出发——如果它存在，经济主义的科学式的宁静必然会抒发自己的情感。

为什么呢？因为吐露正义作为存在生成的秘密反过来意味着正义是一个人，只有一个人本身超我的谦卑，才能将律法即将来临的客体必然性终结。

有较强影响力的宿命论中的信仰与个人崇拜，是同一种历史伦理学中的两面。斯大林给了我们一个它们的混合版本：五年经济计划。他制造了同样固定的信仰点，并组织了一种现世仅存的赞美。然而，为了与生产资本的绝对性作斗争，最迫切需要的是一种思想的绝对性。信仰反对信仰。

总之，不要认为我所说的含有任何讽刺的意味。在实在界的运动中，被捕捉到的共产主义的重组猛烈地探索它的道路，这些文本用一种辩证与道德的庄严，来反对我们痛苦的满足所不能反对的事物。事实上，为了清除障碍，主体化遵循着信仰的话语命令。

与障碍之间的关系是信心与信仰、普罗米修斯式的伦理学与赞美伦理学之间的限定标准。"愚公移山"正是集中在这个限定之上的。试图用一把锄头将大山移走，年迈的愚公将此变成了一种不可能自信的托词。他勇敢地在言说实在界的某点中主体化了——这被认为是关于规则的一种可能性——且自己承担起划分这种规则的责任，即在无数人的嘲笑中攻击实在界。如果神仙将山移走了——信仰的交替现在臣服于信心，那么人们根本不应该在其中发现多国的智慧——在那里"自助者，天助之"，而应当看见对自身自信的信仰，以当地束缚摧毁性断裂的方式使主体的进程一般化。神仙就如同成千上万个扛着锄头的人的化身，每个人都愿意成为这样的神仙，只要你们在反对他们的顺从当中，已经是一种特殊摧毁的普罗米修斯了。

在这里，没有什么能够让人想起逻辑学的例子。与实在界的触碰才是最重要的事情。没有人会模仿你们。你们将破坏困境中的信仰，你们将取代那个不可能的位置。

信心的本质在于对信心本身有信心。这就是为什么革命总是正确的。换句话说，不存在无用的勇气。无用的勇气理念，如同其焦虑的对立面——民族主义者"死亡万岁"的口号，仅仅是反动伦理学的拙劣的模仿。

信仰否认困难的存在，正是因为它对困难的信仰。如果神仙不帮助愚公移山，那也是因为山有其存在的理由。显然，我可以在它周围转个圈然后回到喇叭声中。喇叭或者锄头就是所有的问题所在。信仰用讽喻性的话语使得困难变得更加形象。位于同一点的信心毫不犹豫地挖掘得更深，且将注意力放在了规则没有对其所有的邻域进行控制的前提下，放在了所规定的非占据的洞之上。

那些放弃了革命的人，不管他们谈论的是古拉格集中营还是群众的撤离，都表明了这样一点：如果他们是运动的一部分，是"五月风暴"及其结果的一部分，那么他们绝不会正儿八经地参与到主体的事件中来，并在那些事件中注意到其逐渐消散的原因。那些人是属于结构的。他们生活在自我同一性的体制之下，竭尽全力地获取最完整的非同一性。他们仅仅受益于一种观赏性的信仰。现在他们告诉我们，他们已经将"群众"作为一个主人能指了。的确如此。然而他们应当承认，事件并没有对此有过呼吁。事实上，除了帝国主义归位中的一个轻微断裂以外，什么都不存在了。其中，总是渐进结束的运动便是其代数的原因。那些和我们一样首先看到了匮乏（主体化与政治的不稳定，政党的缺席）而不是丰满的人，就有一些培养他们信心的事物，而另外一些人除了拥有背叛其信仰的可能性以外，什么都没留下。

2

那些位于信心与信仰之间的伦理学——既不是普罗米修斯也不是哲人——都具有一些共同点：它们都宣称，主体化的评估与世界准则之间的代沟是无法消除的。这些是伦理学的疑难杂症。它们的存在是有必要的，因为的确每一个准则都是实在界的疑难杂症。

它们之间的差异存在于这样一个事实当中，即顺从是关于整体的问题——必要性的王国——而具有反射性的冲突，维持了对冒险死亡点的评估——自由的夜间王国。

顺从的话语是一种宿命论。冲突的话语是一种虚无主义。你们应当围绕主体性的交织来安排伦理学的四种话语，如下图所示。

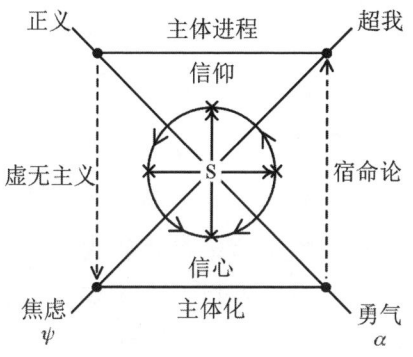

让我们来解释一下箭头记号。

为了坚持这样一种观点，即善与恶之间的对立并不是一种基本的必要性，宿命论从超我的点（法律＝非法律）开始辩论。如同所有的转移话语，它是不稳定的。在一场伟大的风暴之中，不屈不挠可能将那些除了向自身以外的所有事物吐露心声的宿命论者，导向对勇气主体的支持。经过一段时间的迷惑与命令，他们朝着信仰学习去了，因为他们并没有为僵局与浸渍提供牢固的停泊处。这是属于超我之美的时刻，从远处看且在宿命论者的眼中，它依稀与正义类似。我们不应该对宿命论者的话语丧失信心，而是有必要与其作斗争且直指它的弱点：在信仰与信心之间的摇摆。

在工厂中，宿命论的话语被很好地植入了。"工人永远是工人""我们总是被不公平对待""在这里没有人想做任何一件事情"，等等。失败主义是无产阶级自生自发的哲学。尽管这种粗糙愚昧的话语让人丧失了信心，但对于那些被主体理论所启蒙的人来说，失败主义是一种可分且不稳定的历史产品。一种有组织的极微小的信心（共产主义工人团体）从局部上瓦解了其规则。

我们必须能够预测的问题更多关注的是信仰的突然引诱。对顺从阴郁话语的怀疑并没有对其毫无节制的未来的赞美来得重要。政党，那个所谓的政党，并不能满足它所信任的事实。我们并没有承诺任何事情，因此，没有理由跟随我们的步伐。我们需要并组织了对信心的分割。由此，宿命论者是可接受且有风险的对话者。

至于虚无主义，它了解两种显现的形式。

作为一种危机与重要分解的形象，如果它仅仅只是将焦虑安排到超我的话语当中，那么它（虚无主义）便是消极的。我们都知道这些内向且被毁坏的立场会迅速屈服于恐怖的魅力。消极的虚无主义的转移行动起源于这样一个事实，即它总是一种被打败的、不太完美的信仰。以信仰开始的轨迹，通过已经成为我们这个时代重要组成部分轨迹的消极虚无主义的方式，导致了宿命论的产生。这种进程的最终格言是"我们满足于一无所得"——例如，与弗朗索瓦·密特朗一道。这就意味着从一开始，"革命是对的"就仅仅通过一种虚构的赞美被支持着。较之于宿命论者，消极的虚无主义者更加与我们大相径庭，因为在其前面的正是宿命论。

相反，积极的虚无主义在其论证的最晦涩的点上，被一种不适用的信心给极端化了。人们会说这是一种领先于其客体的信心危机，而在消极虚无主义内部的信仰危机紧随其后。

如今，年轻人都是欢快的虚无主义者。然而，只有通过一种暂时的误解，消极的虚无主义者们才会支持他们。尽管是徒劳的，但他们仍旧希望将这样一种理念传递给年轻的一代人，即冲突的本质在于信仰被击败、意识形态的危机以及马克思主义的瓦解。因为充满活力的、积极的虚无主义，致力于寻找一种信心的形式，如果我不再能够像消极的虚无主义者那样，将那种理念直接传递给它的话，我们可以充满信心地……等待。

积极的虚无主义只对自身进行了限制。这总比以忍受世界为结局要好多了。消极的虚无主义者都已经是现实主义者了，为他们的社会事务奔波忙碌着。积极的虚无主义什么也没有继承。它（积极的虚无主义）从来都没有什么信仰，此即它所有的力量。除非它加入宗教派别，否则它将迅速做出最令人作呕的信仰产品。它是一个不带行李的"旅行者"，其仅有的未来是勇气，正是在朝向这种勇气的过程中，它的焦虑通过实在界中的安宁指导着它。

积极的虚无主义者尤其可憎但又充满希望。每天他们都在驱散大声宣称自己是受难者的生存能力。与他们交谈会有很多让他们轻易赞成的结果。只要世界还没有被一种集体清算所攫取，或被先锋派受限的行动所触碰，他们就会对世界的重组无动于衷。

作为居伊·德波情境主义电影标题的回文——积极的虚无主义二十年来（1955—1975）电影成就的平衡表——是这样来谈论积极的虚无主义者的："我们一起游荡在黑夜里，然后被烈火吞噬"。

我们将所有的希望都寄于这样一个事实，即这种大火或许会吞噬世界，通过被提供的政治信心的调解，再一次成为普罗米修斯的火把。

难道我们不是在这样一种情形中——这里存在着主体结构的位置——与塞缪尔·贝克特一同宣称"在任何情况下，我们都在正义中存在，我从未听闻与之相反的情形"吗？

3

让我们将信心置于伦理学的辩论当中。它（信心）自身是面向信仰的，且为积极的虚无主义者打开了一条出路，而宿命论则是它的停顿点。

信心对整个伦理学领域进行了规划。同其他三种话语一样，它为其极点规定了一些功能。

毛泽东对信心进行了划分，对马克思主义政治学的伦理学进行了划分——两个最基本的原则：对党的信心和对人民群众的信心。

这两个原则的基本特征必然是它们的伦理学意义。如果没有这两个基本特征，马克思主义政治学甚至都不会开始。我们什么也做不了，因为动词"做"的主体仍然是变化无常的。信心来源于阶级政治获取它（作为余数）的原因以及它（作为主体话语）的连续。

信心是双重意义的。在人民群众中，"信心"是什么意思呢？它意味着群众的消失造就了共产主义的事业。政治的主体不仅在 ψ 中，也在 α 中迂回前进。想象界超我的对角线可能会被简化。

人民群众中的信心可归结为这样一个事实，即它有可能也由此需要在呼唤超我的想象界中，通过在对正义的预测中获取一个据点的方式与勇气分离。这样一个被预测的实施，将主体的任务委托给积极的群众——历史规则内部的现实切口。

相反，政党中的信心实质上详述了超我的效应（特殊的纪律，内部的规则、奉献……）。它意味着要认识到重组并不是一种绝对归位的出现。它意味着通过主体进程与无产阶级政权的精确性，避开正义所引诱的焦虑。它意味着发现主体也与 ψ 交织在一起。政党中的信心通过对超我的限定维持了关于焦虑的正义。用这种方式，它脱离了直接将正义归于焦虑的想象界的对角线。

（对正义的）预测及（对超我的）限定组成了信心话语的可分割运动。

预期的一面——群众——欢迎积极的虚无主义。它总是乌托邦式的民主，一种抛弃的姿态，且其历史的脆弱性轻易地将它融合到承载了主体令人痛苦的主权的虚无主义中。被长久收入这种痛苦中的信心是一种不太理智的信心。通过对信仰的简化，它承担了转变成消极的虚无主义的风险。

划界的一面——政党——是面向信仰的。它是愉快的绝对论者，对其领导者充满了赞美与崇拜。它是政治主体不屈不挠精神的载体。其功能的重要性——作为来自消失的群众的守卫，在自身法律内部保持边缘化的一种效应——不应当使人们忘记这一点，即当信心与积极的虚无主义相隔绝时，它改变且僵化了。政党中未被分割的信心仅仅产生了一种普通的信仰。如果在其严酷的关口，历史向我索取某种盲目崇拜的溢出，对我们装置的某种真实的爱——一个成为主体四个概念牺牲品的躯体——尽管这样，我们仍应当保持警惕，并通过对虚无主义精神振作的常访以及对起义不友善的加入方式从中返回。

你不会相信两次的爱。

所有的信心都是放纵与纪律并行。由此，它开始在虚无主义与信仰之间循环。第四种形象总是虚无的，宿命论是信心循环的虚拟。

信心消除了党派之间的矛盾，因为只有通过共产主义，这个作为记录在群众风暴历史切割中的内在资源才能随后在政党以及对其严酷规则的接受中找到自信。

我们对政权的信心与我们对自身的信心是等同的，这可以在政治学的脚步中，通过国家阻止效应的主体在人民之间的存在中被测量。

每一天，在对其效应进行赌注式的有序劳动中，避开了教条主义与怀疑论的联合幻想，信心的话语小声对我们说："然而，这才是紧要的关头。让我们所有的人都接受新的力量与真正的脆弱。在黎明时刻，带着灼热的耐心，我们将拥抱城市的荣耀。"

城市的荣耀通常只是一种不可缺少的虚幻信仰的效益，尽管如此，我们仍能够推心置腹地说："这才是紧要关头。"

引用和缩写

就主要作者的主要作品而言，其版本与缩写如下：

卡尔·马克思＆弗里德里希·恩格斯，《选集三卷本》（莫斯科：前进出版社，1969）。此后对该著作都是按卷和页码来引用的。

弗拉基米尔·Ⅰ.列宁，《选集三卷本》（莫斯科：前进出版社，1969）。此后对该著作都是按卷和页码来引用的。

毛泽东，《选集》（北京：外语出版社，1961—1977 年）。此后对该著作都是按卷和页码来引用的。

G.W.F.黑格尔，《精神现象学》，A.V.米勒翻译（牛津：牛津大学出版社，1977 年）。此后对这本著作都是按页码来引用的。

《大逻辑》，A.V.米勒翻译（艾摩斯特市，纽约：人文学科出版社，1969 年）。此后对这本著作都是按页码来引用的。

斯特芳·马拉美，《诗选与其他》，E.H.布莱克默＆A.M.布莱克默（牛津：牛津大学出版社，2006 年）。此后对这本著作都是按页码来引用的。我会用尾注的形式来表明对《诗选》（亨利·温菲尔德翻译，贝克莱：加利福尼亚大学出版社，1996 年）的引用。

《流浪》，芭芭拉·约翰逊翻译（剑桥：哈佛大学出版社，2007 年）。此后对这本著作都是按页码来引用的。

弗里德里希·荷尔德林，《论文书信集》，托马斯·普福编辑翻译（奥尔巴尼：纽约州立大学出版社，1988 年）。此后对这本著作都是按页码来引用的。

《诗歌与碎片》，迈克尔·汉伯格翻译（伦敦：碾压诗歌出版社，1994 年）。此后对这本著作都是按页码来引用的。

雅克·拉康，《雅克·拉康选集》，第一版英文完整版，布鲁斯·芬克、爱洛依丝·芬克、拉塞尔·格里格翻译（纽约：W. W. 诺顿出版社，2006 年）。此后对这本著作都是按页码来引用的，英文版与法文版之间用斜线隔开了。

《雅克·拉康的研讨班（第一卷：弗洛伊德论技艺，1953—1954）》雅克-阿兰·米勒编辑，约翰·弗雷斯特翻译（纽约：W. W. 诺顿出版社，1988 年）。此后对这本著作都是按页码来引用的，英文版与法文版之间用斜线隔开了。

《精神分析学的四个基本概念》，雅克-阿兰·米勒编辑，艾伦·谢里丹翻译（纽约：W. W. 诺顿出版社，1981 年）。此后对这本著作都是按页码来引用的，英文版与法文版之间用斜线隔开了。

《雅克·拉康的研讨班（第二十卷：尚需，1972—1973）》布鲁斯·芬克翻译（纽约：W. W. 诺顿出版社，1988 年）。此后对这本著作都是按页码来引用的。

《在北美大学研讨班中的对话录》，《亦即》6-7（1975）：7-45。此后对这本著作都是按页码来引用的。

《数理逻辑手册》（阿姆斯特丹 & 纽约：北荷兰出版社，1977）。此后对这本著作都是按页码来引用的。

文本中所有其他的引用都在译者注释中列举出来了。

至于说保罗·桑德维奇的著作，读者们或许想参阅以下著作：

《什么是一个政治的马克思主义者？》（1978 年）

《五月风暴启示录》（1978 年）

《关于后列宁主义的工作笔记》（1980 年）

索　引

专 题 索 引

这个索引是一个基本的补充，起到了一个入门的作用。

Ⅰ. 艺术与文学

L'art et la foule 艺术与人群

La poésie comme annulation de l'échange 作为交换废除的诗歌

Explication du sonnet "A la nue accablante tu" 对十四行诗"令人窒息的云层下面"的解释

Le style comme requisit philosophique 作为哲学之需的风格

Le théâtre, d'essence supérieure 戏剧，优越的本质；opérateur du sophocléisme 索福克勒斯主义的算符

Explication en bref de *Un coup de dés jamais...* 对《骰子一掷，不会改变偶然》的简短解释……

Fonction de force des péroraisons 结束语的强大功能

Explication du sonnet "Ses purs ongles très haut ..." 对十四行诗"她光洁的指甲高高举起"的解释

La poésie comme topologie de la langue 作为语言拓扑学的诗歌

Explication de la fin des *Euménides* d'Eschyle 对埃斯库罗斯《欧墨尼得斯》结尾的解释

Signification éthique du roman de formation 小说构造的伦理意义

Le deuxième acte de *Tristan* 瓦格纳《特里斯坦》的第二幕

同时参见：S. Beckett S. 贝克特、J. Conrad J. 康纳德、S. Crane S. 克兰、La Rochefoucauld 拉罗氏富科、Pascal 帕斯卡尔、Rimbaud 兰波、Sophocle 索福克勒斯、Eschyle 埃斯库罗斯

Ⅱ. 历史环境

a. 几个常见的概念

Juin 1848 1848 年 6 月；angoisse 焦虑

La Commune de Paris 巴黎公社革命；analyseur inépuisable 孜孜不倦的分析者

son double bilan 它的双重评价；peuple et destruction 人民与摧毁；coinçage d'un double mode d'être 存在双重模态的楔入；anticipation et rétroaction 预期和反动

Octobre 1917 1917 年 10 月革命；comme bilan de la Commune 对公社的评价；l'insurrection comme violation de la politique 违背政治的起义；comme périodisante du marxisme 马克思主义的历史分期

identité de position avec la Commune 公社的身份地位；fonction artistique mallarméenne 马拉美式的艺术功能；comme signifiant d'exception 例外能指；première révolution communiste 第一场共产主义革命；forçage de la place vide du léninisme 列宁主义空位置的力迫；répète la Commune pour en faire le réel 对公社革命的重复以至于它能够进入到实在界中；sa diagonale dogmatique

其教条主义的对角线；et l'éthique 伦理学；et le surmoi 超我

b. 国家数据

La révolution de 1789—1793 1789—1793 年革命；nature de son matérialisme 唯物主义特征；la Terreur 恐怖行动

Première Guerre mondiale 第一次世界大战

Deuxième Guerre mondiale 第二次世界大战

Résistance 法国抵抗运动

Guerres coloniales 殖民战争

Mai-juin 1968 1968 年"五月风暴"；objectif et subjectif 主观与客观；mouvement, ou sujet（?）运动，还是主体（?）

c. 分散的引用

Guerre des paysansen en Allemagne 德国农民战争

Troisième Internationale 第三国际；comme domaine du possible 可能的领域；masculine 阳性的。Révolution portugaise de 74—75 葡萄牙 1974—1975 年革命

d. 其他

Concile de Nicée 尼西亚会议

Renaissance 文艺复兴

III. 上帝

Apories de la Création 创世难题

Théorie de l'Incarnation 道成肉身理论

Logique des hérésies 异教逻辑

Essentielle catholicité du théâtre 戏剧的基本共性

SaintPaul et la deuxième fondation du christianisme 圣保罗与基督教的第二次创立

Enjeu du premier matérialisme 首个唯物主义的利害关系

Le Deux chrétien 基督教的大"二"

En diagonale imaginaire courage-surmoi 勇气-超我想象界对角线内部

Islamique 伊斯兰教

Qu'il existence au monde et excède dans le Texte 他非在于世界中并超越了文本

同时参见：Malebranche 马勒伯朗士、Pascal 帕斯卡尔、Saint Paul 圣保罗

Ⅳ. 逻辑与数学

a. Mode d'emploi 方法

la transmission des mathématiques 数学的传播；de leur utilisation dialectique 它们的辩证用途；science du réel 实在界中的科学；au rasoir du barbier marxiste 马克思义者理发师的剃刀片；coup d'œil sur les âges d'or 黄金时代快速浏览

b. Logique et théorie des ensembles 逻辑与集合理论

ensembles extraordinaires et axiome de régularité 正则公理与非凡集合；théorème de Cartor 康托尔定理；quantificateurs 量词；arithmétique des cardinaux 基数算术；hypothèse du continu 连续统假设；cohérence de l'hypothèse du continu et ensembles constructibles 连续统假设与可构造域的一致性；théorème de Rowbottom，cardinaux immenses 罗伯托姆定理，大基数；indépendance de l'hypothèse du continu et ensembles génériques 连续统假设与类型集合的独立；théorème de Gödel 哥德尔定理

c. Algèbre et théorie des nombres 代数与数论

groups de torsion 挠群；l'extension du nombrable 可数的扩

N'argumente pas depuis la guérison 不要从治疗案例中得出结论

同时参见：Freud 弗洛伊德

VII. 政治理论

a. La politique et l'histoire 政治与历史

L'histoire：elle n'existe pas 历史：它并不存在

quels sontses acteurs 谁是它的表演者？

les quatre contradictions fondamentales du monde contemporain 当今世界的四个基本矛盾

La politique ：comme structure de fiction 政治：作为小说的结构

elle retranche 在倒退；lampadophore 基础；itérative et fracture de l'Un 大"一"的迭代与分裂；en exclusion interne a son objet 在内部排斥其客体；S'effet de ne pas être 力量关联的概念；de l'Un a l'Un Un 从大"一"到大"一"中的大"一"；sans nom propre 没有合适的名字；point de vue de classe sur l'État dans les masses 群众关于国家阶级的观点；inexistant propre de l'État 适合于国家的非存在之物；ligne et organisation 队伍与组织；et l'éthique 伦理学；échouer et céder 失败与投降。

b. Les quatre concepts fondamentaux du marxisme 马克思主义的四个基本概念

Lutte de classe，contradiction bourgeoisie-prolétariat：structure 阶级斗争，资产阶级与无产阶级之间的矛盾：结构

lutte≠contradiction 斗争≠矛盾；schéma 纲要；vue par Mallarmé 马拉美的视角；le rapport de classe comme impossible 不可能的阶级关系；point de vue de classe et vérité 阶级观点与真理；un des quatre concepts 四个概念之一

Révolution：faux temps pour conclure 革命：不合适的总结时刻

nom propre de l'impossible du marxisme 马克思主义中不可能存在的合适名称；autre de l'Autre 大他者中的小他者；angoisse et courage 焦虑与勇气；≠ communisme ≠ 共产主义；algébrique 代数；la classe saisit la masse 获得人心的阶级；interruption 阻扰

Dictature du prolétariat：réprochable au communisme 无产阶级专政：与共产主义互利

un des quatre concepts 四个概念之一

Communisme 共产主义；comme annulation de l'État 国家的消亡；fallacieux point d'arrêt 错误的停顿点；définition 定义；justice 正义；concret 具体；et dictature du prolétariat 无产阶级专政；révolution 革命；topologique 拓扑学；la révolution est son moment abstrait 革命是其抽象的时刻；un des quatre concepts 四个概念之一；utopique 乌托邦式的；n'est légiférable qu'en diagonale 除了对角线其他均不合理

c. Masse et classe 群众与阶级

Masses，mouvement de masse：clinamen 群众，群众运动：克里纳门

terme évanouissant de l'histoire 历史的消失项；nom du réel 实在界的名称；interruption 中断；en nœud borroméen avec les classes et l'État 在波罗米安结与国家及阶级之间；la révolte n'est pas impliquée mais forcée 不是被暗示而是被力迫的；confiance dans les masses 相信群众

Classe ouvrière：procédure de sa scission 工人阶级：其断裂的程序

elle fait nœud des deux définitions du capitalisme 它在资本主义的两种定义处制造了一个结点；comme classe sociale et comme classe politique 社会阶层与政治阶层；ses trois niveaux de consistance 其连续性的三个层级；le fatalisme spontané 自发的宿命论

Prolétariat : torsion 无产阶级：挠

ce qu'une révolution présente a une autre révolution 一场革命可以给另一场革命带来什么；nom de la vérité pas-toute 并不通用的真理名称；fait disparaître la classe ouvrière 使得工人阶级消失了

où est-il ? 它在哪里？

existence politique, existence éthique. 政治存在，伦理存在

d. La nouvelle bourgeoisie 新兴资产阶级

Révisionnisme moderne, PCF : détermine la classe 当代修正主义，法国共产党：决定了阶级类型

deux bourgeoisies, deux revolutions 两种资产阶级，两种革命；critique superficielle en 1968 对 1968 年 "五月风暴" 的肤浅批判；nœud étatique du parti 党中央集权论者的结；URSS 苏联；elle existe 它存在；démontrant la contradiction parti léniniste / communisme 展示了列宁主义政党与共产主义之间的矛盾；sa nouveauté 它的新颖性

Goulag, totalitarisme : le totalitarisme n'existe pas 古拉格，集权主义：集权主义并不存在

fausseté de la thèse "Un camp est un camp" "集中营就是集中营" 论点的错误性；la politique de la Terreur 恐怖政治；procès de Moscou 莫斯科审判

moteur immobile 不变的推动者

L'État：retournement du manque étatique 国家：集权匮乏的反向

et la révolte 起义；il ne prouve jamais l'existence du

prolétariat 它从来没有证明无产阶级的存在；surmoi 超我；et l'indivision de la loi 法律的不可分；objet du léninisme 列宁主义的客体；en nœud borroméen avec les masses et les classes 在带有群众和阶级的波罗米安结内部；n'est jamais garantie du communisme 绝不是共产主义的保证

e. La conjoncture 非常时刻

Société impérialiste 帝国主义社会

Peuple multinational 多民族人民；le prolétaire immigré comme place vide（égalité des droits）et excès（prolétariat international de France）作为空位置的移民无产阶级（权利平等）及溢出（法国国际无产阶级）

Syndicalisme, vision syndicale du monde 工联主义，工联世界观；élément abstrait du subjectif 主体的抽象元素；fait consistance de la cause capitaliste 与资产阶级事业保持一致；et l'État-nation 单一民族国家

Jeunesse : nihilisme actif 年轻人：积极的虚无主义

Les intellectuels 知识分子；plus grands a l'époque de Staline 在斯大林时期更伟大些

f. Le sujet，le parti 主体，政党

On ne s'y aime pas 一个人并不热爱他们中的另一个；léninisme universitaire 列宁主义的普遍性；rapport aux masses 与群众的关联；point subjectif de la politique 政治学的主体论点；en tant que communiste 作为共产主义者；comme schématisme 系统性；asymptotique 非对称；dans la contradiction révolution-communisme 革命与共产主义矛盾内部；comme Un Un 作为大"一"中的大"一"；nouant du nœud 试着打结；troisième niveau de consistance 连续的第三层级；supporte les quatre discours au sens de Lacan 支持拉康语境中的四种话语；corps de la politique 政治的躯体；signification éthique de l'esprit de parti 党派精神的伦理意义；confiance dans le parti 相信政党

专有名词索引

在以下索引中没有提到的人有：恩格斯、黑格尔、荷尔德林、拉康、列宁、马拉美、马克思等等。

当涉及由图解而简单提到的问题时，页码用斜体表示。

Voltaire 伏尔泰

Wagner，R. 瓦格纳，R.

Zola，E. 左拉，E.

在这里我也必须说一下加德纳·戴维斯，马拉美研究精彩的分析者，以及弗朗索瓦·勒尼奥，他传授了我关于戏剧的知识。